Valentina Corbani

Il cielo a Mauthausen

edizioni PARALLELO45

Collana Prima Linea
Curata da Fabrizio Filios
I Edizione Gennaio 2015

Progetto grafico: *Laura Calza*
Stampa: *Universal Book Gennaio 2015*
In copertina: vedi note bibliografiche pagine 5-6-7

Parallelo 45 edizioni - www.parallelo45edizioni.it
Via XX Settembre, 12 - Piacenza

Collana Prima Linea
www.parallelo45edizioni.it

Questo romanzo è, in parte, frutto di fantasia, in parte storia vera. I fatti di Angelica e Sergio che qui si raccontano non sono mai accaduti, oppure sono accaduti un migliaio di volte, tutte le volte in cui qualcuno ha tentato qualcosa, una qualche forma di resistenza e di opposizione alla macchina di distruzione fascista e nazista.

Queste persone, non solo ma in gran parte, sono stati i partigiani ed è per questo che il libro è principalmente dedicato a loro. A Satana, William, Paolo e Nord e a tutti gli altri che non sono stati fermi a guardare l'orrore ma, in qualche modo, hanno provato una via d'uscita dall'orrore. La storia è ambientata a Mauthausen ma potrebbe essere capitata ovunque, in ogni campo di concentramento in Germania, in Italia e in ogni luogo in cui si trovasse un campo di concentramento o l'idea che l'ha generato.

Tutte le notizie riguardanti persone realmente esistite che vengono citate o di cui si parla ampiamente nel romanzo sono, in qualche modo, sempre mescolate all'invenzione narrativa. Tuttavia, le storie raccontate nel Libro Primo sono assolutamente e totalmente prive di invenzione narrativa.

Per quanto riguarda, invece, tutte le informazioni e i riferimenti a Mauthausen e ai campi di concentramento in generale, si ringraziano la *Jewish Virtual Library* (www.jewishvirtuallibrary.org), l'*Holocaust Educational Foundation* con sede negli USA (www.holocaustef.org), la *Shoah Research Institute* diretta da Yad Vashem, il *Mauthausen Memorial* (www.mauthausen-memorial.it) e la *USC Shoah Foundation Institute* (www.dornsife.usc.edu).

Un ringraziamento speciale va all'*ANED*, nella sua sede di Bologna e nelle persone di Valeria Quadri e Osvaldo Corazza.

Inoltre si rimanda ai seguenti siti che sono stati usati per le notizie più pratiche sul Nazismo e l'organizzazione nazista e fascista in generale: *Binario 21* (www.binario21.org), *Olokaustos* (www.olokaustos.it) e il sito www.lager.it. Il testo della *Ballata di Mauthausen* (a cura di Asma Asmaton e Tumminelli), che viene riportato integralmente è consultabile al sito *ilDeposito.org* (www.ildeposito.org); il testo dello *Shema Israel*, invece, è riportato nella versione contenuta in Remedy - Wu Tang, *Never again*.

Un ringraziamento particolare va al lavoro della Scuola Secondaria di Primo Grado di Botrugno che ha allestito il sito *Coltiviamo la memoria* (www.comprensivobotrugno.it/giornata_memoria) in occasione della testimonianza di un sopravvissuto ai campi, Gilberto Salmoni (2010).

Un grazie enorme va all' ANPI (Associazione Nazionale Partigiani d'Italia), soprattutto nelle sedi di Parma e Cremona e a Renato Romagnoli (il partigiano "Italiano"), membro del direttivo ANPI di Bologna. Si ringrazia il nipote di Giovanni Tansini (il partigiano "Gianni") e il suo sito (www.partigiano.net).

Per le notizie più generali sull'organizzazione partigiana e la Resistenza in Italia si rimanda ai libri: Santo Peli, *La Resistenza in Italia*, Einaudi, Torino 2004; Pietro Chiodi, *Banditi*, Einaudi, Torino 1975; Claudio Pavone, *Una guerra civile: saggio sulla moralità nella Resistenza*, Bollati Boringhieri, Torino 1998; Roberto Battaglia, *Storia della Resistenza italiana*, Editori Riuniti, Roma 2007 (7 edizione) e *Un uomo, un partigiano*, Il Mulino, Bologna 2004; Giorgio Bocca, *Storie della Resistenza*, Mondadori, Verona 1976, (a cura di) Mimmo Franzinelli, *Ultime lettere di condannati a morte e di deportati della Resistenza*, Mondadori, Milano 2009 (7 ristampa).

Per le testimonianze che, in questo libro, vengono riproposte come ricordi di Angelica si rimanda in particolare ai video: *Primo Levi, Primo Levi. Ritorno ad Auschwitz. Parte I e II, Primo Levi. Rifarsi una vita. Parte I e II* (intervista di Lucia Borgia per il TG2) e *Memorie di un ex-deportato a Mauthausen. Parti I, II, III, IV, V, VI*, tutti consultabili su youtube.

In ultimo, e scusandosi per le eventuali omissioni, si rimanda ai libri: Aldo Carpi, *Diario di Gusen*, Einaudi, Torino 1993 e 2008; Primo Levi, *Se questo è un uomo*, Einaudi, Torino 1947; (a cura di) Israel e Bella Gutman e Marcello Pezzetti, *Album Auschwitz*, Einaudi, Torino 1998; Frediano Sessi, *Auschwitz (1940 – 1945)*, BUR, Milano 1999 e 2010; e al libro che, in maniera nascosta ma influente, ha dato vita all'intero romanzo e da cui la figura del partigiano William ha dichiaratamente e volutamente preso spunto: Beppe Fenoglio, *Il partigiano Johnny*, Einaudi, Torino 1968 e 2005.

Ringrazio di tutto cuore il dott. Michele Righini che con pazienza ha letto il romanzo manoscritto.

Il ringraziamento più grande e più sentito va al professor Federico Bertoni senza il quale molto di quello che è stato fatto e scritto finora non sarebbe stato assolutamente pensabile o minimamente possibile.

Alla memoria di tutte le vittime dell'Olocausto, in particolare del signor Lazzari di Cremona, di tutte le Angelica e i Sergio e di chi, come loro, ha tentato, con coraggio, una strada che, seppur a fatica e nel buio del periodo, portasse oltre lo sterminio, la disperazione e la morte, questo libro è dedicato.

Valentina Corbani
Bologna, 2012

L'umanità io l'ho divisa in due categorie di persone: uomini e caporali. La categoria degli uomini è la maggioranza, quella dei caporali, per fortuna, è la minoranza. Gli uomini sono quegli esseri costretti a lavorare tutta la vita come bestie, senza vedere mai un raggio di sole, senza la minima soddisfazione, sempre nell'ombra grigia di un'esistenza grama. I caporali, sono appunto coloro che sfruttano, che tiranneggiano, che maltrattano, che umiliano. Questi esseri invasati dalla loro bramosia di guadagno, li troviamo sempre a galla, sempre al posto di comando, spesso senza avere l'autorità, l'abilità o l'intelligenza ma con la sola bravura delle loro facce toste, della loro prepotenza, pronti a vessare il povero uomo qualunque. Caporale si nasce non si diventa: a qualunque ceto essi appartengano, di qualunque nazione essi siano, ci faccia caso: hanno tutti la stessa faccia, le stesse espressioni, gli stessi modi, pensano tutti alla stessa maniera.

TOTÓ

Il cielo a Mauthausen

Parte I
Angelica

C'è un albero che cresce a Brooklyn.

Alcuni lo chiamano l'Albero del Paradiso. Ovunque cada il suo seme, ne nasce un albero che lotta per raggiungere il cielo.

Cresce nei terreni incolti, coperti palizzate e su mucchi sporchi di detriti.

Cresce fuori dalle sbarre delle cantine. E' il solo albero che riesce a crescere dal cemento.

Cresce rigoglioso ... continua a vivere senza sole, acqua e forse anche senza terra. E lo si direbbe un albero bellissimo, se non ve ne fossero troppi.

Betty Smith

Uno

L'odore di Mauthausen io lo ricordo così: un misto tra il DDT per le mosche e le fragole.

Sì, lo so: le fragole? A Mauthausen?; però è così che lo ricordo quell'odore. E' questo l'odore e non è un altro.

Non ricordo invece le urla, i pianti, gli occhi rossi e disperati di cui molti hanno parlato poi. Potrei sbagliarmi ovviamente (il ricordo è sempre condizionato), ma lì, a Mauthausen, nessuno urlava, nessuno piangeva e nessuno aveva gli occhi rossi. Gli occhi non erano disperati perché erano bassi, fissi a terra, quindi non potevi vederli: nessuno vedeva gli occhi degli altri e nessuno sarebbe stato in grado di distinguere in quegli occhi la disperazione. Nessuno parlava a Mauthausen; ci si alzava e si lavorava e si prendevano le botte e si moriva e si andava a letto portandosi i morti sulle spalle lungo la "scala della morte" e poi di nuovo. Sempre così. Urli, io, non ne ho mai sentiti.

C'era chi gridava, sì, questo sì: urli e grida, tuttavia, non sono la stessa cosa. Le SS gridavano, i bambini che bruciavano vivi quando i crematori furono stracolmi gridavano, i cani pastore delle SS, in un certo modo, gridavano. Giacobbe gridò quando lo frustarono e lo impiccarono a testa in giù perché aveva rubato una patata, quei pochi che ancora ce la facevano gridavano nelle camere a gas. Urli, però, non ne ho mai sentiti. Solo grida.

Urli e occhi rossi avrebbero significato la vita: una vita disperata, tirata allo stremo; una vita trascinata, ma pur sempre la vita. La disperazione è un sentimento umano e di umano, a Mauthausen, c'era ben poco. La vita non c'era a Mauthausen. Oppure c'era e io non me ne sono mai accorta.

Autunno
Il sacrificio dell'eroe

Due

"È tempo che gli Italiani si proclamino francamente razzisti. Tutta l'opera che finora ha fatto il Regime in Italia è in fondo del razzismo. Frequentissimo è stato sempre nei discorsi del Capo il richiamo ai concetti di razza. La questione del razzismo in Italia deve essere trattata da un punto di vista puramente biologico, senza intenzioni filosofiche o religiose. La concezione del razzismo in Italia deve essere essenzialmente italiana e l'indirizzo *ariano nordico"*.

"Non si può spegnere quella radio?".

Ero tornata al bancone del bar e avevo premuto il tasto rosso che aveva finalmente zittito l'orrenda voce.

"Grazie".

Io le avevo fatto un cenno continuando a lavorare.

Perché poi dovessimo proclamarci "francamente razzisti", io proprio non lo capivo. Francamente io non ero razzista: non credevo d'esserlo almeno, non mi ero mai posta il problema. Non era la prima cosa che mi veniva in mente, il razzismo, la differenza, quando camminavo per strada e incontravo la gente. Io servivo il caffè a tutti, purché pagassero, e anche a Toni che non pagava quasi mai. Non vedevo una gran differenza tra me (italiana, ariana?) e gli altri (non italiani né tedeschi né ariani). La differenza, però, doveva esserci, oppure volevano convincerci che ci fosse. La differenza, enorme e insormontabile, qualcuno doveva averla vista o essersela inventata; qualcuno doveva aver deciso che doveva esserci questa differenza, che noi siamo "noi" e gli altri sono "altri", e che se questi "altri" non ci sono è pure meglio. Qualcuno, forse, aveva stabilito che non c'era abbastanza spazio, abbastanza mondo per tutte queste differenze, che è meglio che le differenze non ci siano, e tutti noi, che ora non la vedevamo la differenza, l'avremmo presto imparata. Anni dopo ho imparato che il razzismo, il nazismo, il fascismo sono solo questo: la paura della differenza e il tentativo d'annientamento di tutte le differenze possibili, nella stupida fede e speranza di annientare anche l'ultimo tratto che tutti ci accomuna: l'essere tutti, in un modo o nell'altro, esseri umani.

Subito, invece, ho imparato che l'arianità di cui tutti si riempivano la bocca aveva dei gradini, delle scale: c'era una differenza anche nell'essere ariani. Ad esempio, noi italiani eravamo meno ariani dei tedeschi.

Gli feci segno d'entrare e, come al solito, entrò. Sorrisi mentre sedeva al solito tavolino e, senza attendere l'ordine, gli portai subito una tazza di caffè e una brioches con le mandorle. Prendeva sempre le solite due cose: caffè e brioches con le mandorle da quando lo conoscevo e, puntualmente, ogni giorno alle quattro del pomeriggio arrivava, si sedeva, mangiava e mi chiedeva: "A quando il tuo ritorno?". Io non rispondevo quasi mai perché non lo vedevo possibile un mio ritorno, così scuotevo la testa e lui guardandomi sorrideva. Io sedevo lì di fronte a lui aspettando che terminasse di mangiare. Lo guardavo sempre incantata, tutto di lui mi rapiva completamente: come sorrideva, il fatto che arrivasse sempre puntuale, sempre alla stessa ora, che mai un giorno avesse mancato di venire; come ci si intendeva senza bisogno di dirsi nulla, la sua tenacia perché riprendessi il mio posto, perché tornassi a essere quello che ero; la tenerezza con cui mi faceva capire che mi ero persa, smarrita ma sarei senz'altro potuta tornare in ogni momento, non appena avessi voluto e, soprattutto, le sue mani: come le sue mani tenevano il cucchiaino con cui mangiava la crema all'interno della brioches era una cosa che, non riflettei mai sul perché, mi dava una gran sensazione di calma e benessere. Spesso non sentivo nemmeno quello che mi diceva ma percepivo nettamente le sue mani, il loro tremolio appena accennato o la loro presa sicura ma dolce, delicata. Anche se non ascoltavo o non riuscivo a concentrarmi, le sue mani, fedeli, mi riportavano tutto: le sentivo, non sapevo leggere quello che la bocca diceva, e che non sentivo, ma leggevo sul dorso delle sue mani tutto, ogni cosa che lì stava scritta per me.

Lo conoscevo da quattro anni e, da due, lo vedevo tutti i giorni perché il rituale del caffè e brioches alle quattro del pomeriggio si ripeteva ogni giorno, sempre uguale. Il suo sguardo, come mi guardava, era dolce, tenero, buono e speranzoso. Era lo sguardo preciso e inconfondibile di chi fu gravemente pessimista e triste da ragazzo e, col tempo, ha poi imparato che la vita è una cosa strana e imprevedibile ma, forse, bella (se lo è, bella) per questo; ed ora, quello stesso sguardo, pur conservando i segni della passata, ma non remota, tristezza, era totalmente investito da un inguaribile ottimismo. Sembrava dire, guardandomi, che tutto sarebbe andato bene.

"Dunque, vado", diceva sempre dopo aver finito. Io mi alzavo, lui pagava e, prima di uscire dal bar, sorrideva e faceva: "Arrivederci, Angelica", poi si metteva lo zaino sulle spalle e concludeva: "Domani è la volta buona per tornare, vedrai" e, sempre sorridendo, mi segnava con la mano il lato dirimpetto al bar dove stava l'università.

Diceva: "Arrivederci, Angelica" in un modo tutto suo, nessun altro mi salutava così. Era estremamente paziente, tenero e gentile, e quell' "Arrivederci, Angelica" era il sunto di tutta la sua tenerezza e gentilezza e dell'intera sua pazienza. Diceva sempre "Arrivederci" e poi faceva una pausa, corta, appena percettibile ma io avevo imparato a conoscerla. Subito dopo, appena si pensava che nessun'altra parola sarebbe seguita a quell' "Arrivederci", diceva "Angelica", quasi prendendo quel nome da chissà dove, dal più alto dei cieli e, piano, riportandolo a terra, dandolo a me, consegnandomi il mio nome mentre mi salutava e dimostrandomi che era inutile che quel nome stesse ovunque se non con me: era il mio nome, e io sola potevo fare in modo che diventasse ciò che volevo. Io scuotevo la testa, sorridevo e gli dicevo: "A domani, professore", guardandolo attraversare la strada e varcare il portone di legno dell'università sempre con un gran magone e una forte tristezza.

Sergio veniva a prendermi tutte le sere quando finivo al bar. Di solito chiudevo verso le 18, per via del coprifuoco, ma Sergio arrivava un pochino prima e mi aiutava con i conti della giornata e a chiudere la saracinesca.

La scena era la stessa tutte le sere, e era molto consolante, in un mondo che pareva cambiare e in peggio, questa tranquilla ripetitività: lui entrava, io correvo a abbracciarlo perché dopo una giornata senza vederlo avevo un forte bisogno di lui; lui mi sorrideva e mi dava un bacio, diceva "Dai, che andiamo a casa" e cominciava a sistemare i conti. A quel punto, io mi sedevo un attimo e lo guardavo e mentre lo guardavo pensavo sempre lo stesso pensiero: io, a Sergio, lo volevo sposare. Un giorno o l'altro, passata questa guerra, cresciuti (tutto il mondo, non solo io e Sergio) e tutti rappacificati con la differenza; la volta, insomma, in cui sarebbe stato palese che questa differenza non fa poi così danno, io e Sergio ci saremmo sposati. Era ancora presto, avevamo ventiquattro anni e, soprattutto, come unica fonte di sussistenza il bar di paese; però quel giorno sarebbe arrivato. Entrambi ne eravamo convinti. Entrambi organizzavamo in segreto il nostro matrimonio. Entrambi non avevamo previsto Mauthausen.

Quella sera, Sergio non arrivò solo ma con altri quattro uomini.

Ricordo di essermi voltata quando la porta s'è aperta e di essergli corsa incontro strattonandolo per allontanarlo da loro e, come una furia, di aver gridato a quei quattro "Portate via anche me!". Ricordo che nessuno aveva riso, ma nessuno s'era nemmeno mosso e, in effetti, nessuno sembrava voler portar via Sergio, tanto meno me.

Ripensandoci oggi, sì, la reazione doveva essere sembrata molto esagerata, ma tutto lo era, esagerato, ai tempi. Perché avrebbero dovuto portarci via, poi? Non eravamo ebrei, in fondo, e in quel periodo portavano via solo ebrei (o almeno questo era quello che dicevano tutti, perché io non sono mai stata in grado di distinguere chi era ebreo da chi non lo era); eravamo italiani, alleati (non io e Sergio personalmente, no, non noi) e non avevamo fatto nulla, anche se, lo scoprii poi, un uomo che ammazza un altro uomo non ha bisogno di motivi per farlo e sicuramente non gli importa se quello che sta ammazzando ha fatto qualcosa oppure no. E poi, cosa poteva aver fatto, quel povero ipotetico uomo, di tanto grave per venire ammazzato?

Comunque, non volevano portar via nessuno. Sergio mi aveva abbracciata e fatta sedere.

Dopo aver bevuto un bicchiere d'acqua mi sentivo già meglio e puntai lo sguardo su quei quattro che erano arrivati con Sergio: erano tutti alti, ma c'era uno più alto di tutti; decisamente magri e di una magrezza strana: la faccia gialla e le dita molto lunghe, gli occhi scavati e la bocca appena storta, si vedeva che era una magrezza imposta, una magrezza che lasciava ancora trapelare le tracce di una buona costituzione robusta ormai di tempi indietro. Ancora non lo sapevo né potevo immaginarlo ma di lì a poco avrei conosciuto, e bene, un'altra magrezza inerte e spaventosa. Loro non sembravano inerti e non erano spaventosi. Tutto in loro, però, sembrava stanco: la faccia, le mani, le gambe, gli occhi, persino il naso: avevano dei nasi stanchi come, tempo dopo, lo sarebbe stato anche il mio di naso, stanco di sentire quell'odore di DDT e fragole. Non parlavano, non ridevano, non si muovevano quasi né si erano seduti senza permesso. Non sembravano allegri o tristi, non pareva portassero una grande rivelazione o una grande informazione riguardo una gioia o un dolore: sembravano solo molto stanchi. I loro vestiti erano come loro: sporchi; però sotto tutta quella sporcizia si vedeva che non erano abiti borghesi che indossavano, si vedevano gli stemmi d'una divisa, si vedeva una specie di stella rossa sul berretto di quella sorta di divisa ... Scoppiai subito a ridere vedendo i vestiti. Erano partigiani! Loro non ridevano, io sì: senza un motivo, non riuscivo a smettere, ma la paura era così tanta e così costante che non riuscivo a fare altro. Erano partigiani e non ci avrebbero portato da nessuna parte. Almeno non per forza.

“Tutto a posto, signorina?”, mi ha poi chiesto quello più alto dei quattro.

“Sì, grazie”, ho risposto io. “Mi sono spaventata”.

“Non è l’unica di questi tempi”, e il partigiano sorrise.

“Prego, sedetevi”, ha fatto cenno ai quattro Sergio.

Tutti seduti, Sergio ha preso la parola.

“Angelica, ascolta, i signori qua sono partigiani, e ...”

“Centotreesima brigata Garibaldi <<Nannetti>>”, ha precisato subito uno. Era seduto accanto a quello più alto che mi aveva chiesto come stavo: lui doveva essere il capo, o il comandante, e questo una sorta di aiutante o di vice. In realtà, non riuscii mai molto bene a capire se William, questo era il nome del partigiano, era così vicino al “capo” per dargli aiuto o per essere tenuto sotto controllo. Capii sempre molto poco di lui, almeno fino a un certo punto.

“Sì, centotreesima brigata”, ha ripetuto Sergio annuendo, come se ne capisse qualcosa lui di partigiani e brigate. Io, d’altronde, ne capivo ancora meno.

Sergio poi ha continuato: “I signori, qui, devono parlarti, parlare a entrambi, in realtà”. E Sergio s’alzò e abbassò la saracinesca del bar, accese una luce in più e, sedendosi di nuovo, tacque, mi prese la mano tra le sue e non la lasciò più fino a che i quattro partigiani non finirono il discorso.

Alla fine del discorso, io ebbi la conferma di quello che avevo sospettato già quando Sergio mi aveva preso la mano: non avrei mai più riaperto il bar. Non domani né mai.

Ci misero un tempo lunghissimo a dirci quello che dovevano. Avevano un modo di parlare che un mio affezionatissimo scrittore dei tempi indietro avrebbe riassunto con: “le passioni che proviamo dilatano il tempo”, e quelli, a quanto potevo vedere, ne provavano parecchie. S’interrompevano di continuo e continuamente si passavano la parola come se il discorso fosse troppo pesante, fisicamente pesante, per reggerlo un uomo solo. Dosavano le parole, forse perché avevano timore di spaventarci ma più probabilmente perché quello che stavano dicendo era talmente spaventoso, talmente lontano da ogni concezione umana che, ne sono sicura oggi, temevano che non avremmo compreso. Sergio sì, ma io no: io, all'epoca, non avevo capito nulla.

Alla fine, uno di loro, quello seduto alla destra di Sergio aveva chiesto: "Cosa ne pensate?".

Sergio mi guardava e non parlava: lui aveva già deciso per sé e li avrebbe aiutati. Io ero talmente stordita che non capivo nulla. Non ricordavo già nulla del discorso, a parte le parole "infiltrazione", "Mauthausen", "alta Austria", e provavo a metterle insieme, quelle parole, ma non ero sicura di comporle nel modo giusto, invece, per dire un "sì" o un "no", avevo bisogno di capire realmente quello che volevano.

"Mauthausen", poi, avevo capito che doveva essere uno di quei campi di lavoro o di concentramento o di sterminio o rieducazione in Germania o in Austria, ma era la prima volta che lo sentivo pronunciare e era proprio brutto come nome. Non so perché ma mi ricordò immediatamente un nuraghe: una di quelle costruzioni da difesa che si trovavano una volta, anni addietro, in Sardegna. All'epoca non lo sapevo, ma la radice *nur* della parola "nuraghe", secondo alcuni, dovrebbe significare un cumulo cavo formato da grossi blocchi di pietre. Mauthausen era una cava di pietra, o almeno questo era il lavoro che ci facevano fare. Questa, però, era l'unica assonanza tra il nuraghe e il campo: Mauthausen, infatti, era tutto fuorché un luogo di difesa. Era un nuraghe al contrario: era un luogo da cui difendersi.

"Angelica?", aveva fatto Sergio.

Ripensandoci ora capisco che Sergio è stato sempre molto più svelto di me, molto più buono, molto più legato alla vita. Sergio aveva già deciso. In cuor suo, lui sapeva che doveva aiutare quei quattro partigiani, aiutare quei poveri soldati che combattevano anche per lui, aiutare quei poveretti a righe, e non aveva avuto un solo attimo d'esitazione. Era già a Mauthausen, Sergio. Anche io provavo tristezza e sconforto per i soldati, per quei quattro partigiani stanchi e per quegli uomini a righe, lontani, persi nel freddo a lavorare e morire, ma non avevo il medesimo attaccamento alla vita di Sergio: nessuno che conoscessi o che ho conosciuto poi l'aveva. L'attaccamento di Sergio alla vita era qualcosa che lui provava per tutti; Sergio si faceva testimone e portatore dell'attaccamento alla vita di tutti: non aveva paura di sacrificare la sua di vita perché aveva un forte senso di collettività. Sapeva che nessuna vita sarebbe andata persa. Io non sono ebrea, non sono cristiana, non sono cattolica né credente in nulla e nemmeno Sergio lo era, ma per lui, davvero per lui, eravamo tutti uguali. Non credeva che fossimo tutti fratelli, o almeno, per lui, non aveva importanza alcuna: l'uguaglianza, il fatto che, sì, eravamo diversi, unici ma, nelle cose essenziali, nei diritti, nei bisogni eravamo tutti uguali, per lui, era molto più significativa. Sergio credeva alla vita e si sarebbe sacrificato per questa: per la vita di tutti e alla vita di tutti lui credeva. Credeva nella vita mia, sua, dei quattro uomini stanchi con noi al bar; credeva alla vita di Toni che non pagava quasi mai, della donna che giorni prima mi aveva chiesto di spegnere la radio; Sergio credeva nella vita dei poveretti a righe e dei loro custodi (che lui definiva custodi e io aguzzini), e di più Sergio credeva che tutte queste vite fossero collegate e per tutte queste vite, alla fine, lui avrebbe speso la sua.

"Angelica", mi disse un partigiano, "cosa ne pensa?"

Ci davano del lei e in tempo di guerra non era scontato: ricordo di aver fatto questa considerazione perché non pensavo che dei soldati o dei partigiani ci dessero del lei. Nessuno dava più del lei a nessuno, tanto meno i soldati, ma non per il "voi" imposto da Mussolini: i soldati, se ti parlavano, ti davano del "tu" e comunque, in genere, non ti parlavano proprio.

"Non ho capito nulla, mi scusi", dichiarai io.

Sergio sorrise e il partigiano più alto (imparai, poi, essere Satana) disse: "Quello che chiediamo a lei e a Sergio è di aiutarci in questa missione d'infiltrazione. Lei, Angelica, dovrebbe infiltrarsi a Mauthausen, come deportata, e lei, Sergio, tra i nazisti che operano a Mauthausen".

"Un attimo", fece Sergio alzandosi e risedendosi al gesto del partigiano. Satana lo bloccò, infatti, con la mano e scosse la testa come se già sapesse cosa volesse dire Sergio. "No", disse poi continuando a scuotere la testa, "no, Sergio, non si possono invertire i ruoli. Abbiamo bisogno di un uomo tra le SS".

"Le SS?", chiese Sergio.

"Sì, e non creda che sia poi tanto meglio, per lei, stare lì. Dovrebbe infiltrarsi tra i gradi minori, tra quelli che fanno il lavoro sporco, insomma", continuò Satana. "In questo modo, noi possiamo continuare con le nostre azioni partigiane con un aiuto in più: lei, Sergio, e, soprattutto, possiamo pensare di salvare qualcuno direttamente all'interno del campo se lei sta lì e fa il doppio gioco. Lei sa il tedesco, Sergio?"

"No, nemmeno una parola. Però posso impararlo. Posso iniziare subito. Io, in effetti ..."

"Un attimo!", gridai io. "Lei sa il tedesco?" "Posso impararlo": dunque, era deciso. Saremmo andati a Mauthausen. No, non saremmo andati a morire così: ero molto dispiaciuta per gli uomini a righe ma non saremmo morti anche io e Sergio così. A cosa sarebbe servito? No, no, non saremmo affatto andati da nessuna parte. Ora lo riconosco: ero abbastanza egoista all'epoca. Sono cambiata, però.

"Angelica", cominciò Sergio.

"Non dire niente. Non ti ascolto nemmeno. Io non vado da nessuna parte. Non m'infiltro in nessun campo, capito?", gridai alzandomi.

"Angelica", disse il partigiano Satana. "Abbiamo bisogno di lei".

Doveva essere estremamente stanco perché non gridava né si era alzato in piedi. Mentre io ero lì a gridare tutta la mia paura e la mia preoccupazione, Satana e compagni, stavano seduti, fermi, calmi o troppo stanchi per qualunque movimento.

"Io non vado in nessun posto: non vado a Mauthausen né a

Auschwitz né da nessuna parte", continuai. "E nemmeno tu!", dissi guardando Sergio. "Voi adesso alzate il culo dalle mie sedie e uscite dal mio bar. Fuori!"

"Angelica!". Sergio si alzò a sua volta. "Adesso basta!"

Non sopportava gli urli né le brutte parole, Sergio, e mi guardò come se io non avessi capito nulla e lui tutto, ed era così: io non avevo capito nulla né credo d'aver davvero capito poi, nonostante gli sforzi enormi che ho fatto per capire; ma Sergio, lui, aveva già capito tutto.

Si rivolse ai quattro che si erano alzati: "Chiedo scusa". Ma Satana scosse la testa e mi sorrise. "Quando avete bisogno di una risposta?", continuò Sergio.

"Prima è", disse Satana sistemandosi il bavero della giacca, "meglio è".

"Entro domani mattina, comunque", precisò l'altro partigiano, il vice o il sorvegliato.

E fecero per uscire dal bar.

"Ah!", disse ancora Satana già sulla porta. "Angelica, nessuno vuole obbligarla, non noi comunque, ma la sua presenza per l'operazione è fondamentale. E non solo per l'operazione".

"E a cosa vi servo io? Non ne muoiono già abbastanza?", chiesi. Mi sembrava una domanda ragionevole e pensai che aggrappandomi a qualcosa di logico, inconfutabile e ragionevole, forse, li avrei fatti desistere dal loro piano senza essere o dovermi considerare egoista e cretina o poco coraggiosa, comunque.

Mi sbagliavo, naturalmente: la guerra e i campi erano tutto fuorché ragionevoli e i miei discorsi logici e inconfutabili perdevano qualsiasi logica e inconfutabilità in tempi simili.

"Appunto", disse Satana annuendo. "Appunto. Non ne resterà nemmeno uno per ricordare, per testimoniare; e quando tutto sarà finito, perché finirà prima o poi, e ci sarà un assoluto bisogno di non dimenticare, di raccontare e di testimoniare che cosa è stato e che queste cose sono state davvero perché, creda Angelica, è sicuro che ci sarà chi negherà quello che è stato, non ci sarà nessuno che potrà contraddirlo. Quando l'orrore sarà affievolito, con il tempo, e qualcuno dirà che erano tutto storie, che non ci sono stati i campi e, lì, dove adesso la gente soffre e muore, s'andranno a fare le gite in famiglia ignari di chi è morto e giace ancora là sotto; chi potrà impedirlo? Chi dirà "Andatevene a festeggiare da un'altra parte! Non qui!"; chi ricorderà ai figli dei figli che queste cose sono state, se non sarà rimasto più nessuno? Angelica, vuole farsi lei voce di queste persone?"

Io non risposi e loro se ne andarono e, mentre uscivano nel buio, qualcuno borbottò un "porco diavolo", o almeno mi parve di sentirlo.

Tre

Le cose diventano all'improvviso belle se sai che le vedrai per l'ultima volta. Così la strada verso casa che io e Sergio percorremmo insieme quella sera, come mille altre sere, mi sembrava molto più bella, più luminosa, e la notte non sembrava nemmeno tanto fredda. Forse perché in cuor mio sapevo che avrei aiutato quei quattro partigiani e mi sarei internata al campo, o forse perché Sergio, per tutto il tragitto, mi ha tenuta abbracciata.

"Allora Angelica?", mi ha chiesto Sergio dopo cena. "Cosa facciamo?"

Io l'ho guardato, mi sono seduta sul divano e, ricordo, ho pensato subito che, mentre io stavo lì a mangiare, lavare i piatti e sedermi sul divano, qualcuno, in quel momento, stava prendendo le botte o morendo o combattendo in una montagna chissà dove. Dovevamo decidere in fretta, perché è necessaria l'urgenza quando si trattano, seduti al caldo, questioni che riguardano chi lotta, lavora e muore fuori al freddo. Quando anche Sergio si fu seduto: "Perché noi?", chiesi stupidamente io. "C'è tanta gente al mondo!"

"Angelica, la storia ti riguarda: tutti noi e, se non lo facciamo noi, nessuno lo farà. Di tutta la gente che c'è al mondo, i tre quarti sono internati in qualche campo, gli altri sono i loro custodi e qualcuno cerca di liberarli. Vedi da sola che non rimane tanta gente che possa farlo al posto nostro ..." E sorrise.

"Ti sembra il momento di scherzare?". E lo guardai malissimo.

"Sì", disse Sergio serio. "Ora più che mai".

Io non dissi nulla: internarmi a Mauthausen, volontaria ... Non avrei retto. Sarei morta subito. E se non li avessimo ingannati e avessero scoperto tutto? A questo Sergio e i suoi amici partigiani avevano pensato? O credevano che fossero stupidi i tedeschi?

"No, Angelica. Non ci scopriranno", disse sicuro Sergio.

"Come fai a dirlo? Non sono stupide le SS e controllano tutti da cima a fondo!"

"Sono pieni d'odio, Angelica, che a volte è peggio della stupidità. Non ci scopriranno, credi".

Sergio aveva ragione su tutto. Ha sempre avuto ragione, ma su una cosa si sbagliava: le SS non erano affatto piene d'odio. Anni dopo avrei saputo riconoscerlo: non odiavano gli ebrei né i rom né i bambini che gettavano ancora vivi nel fuoco quando i forni erano pieni. C'erano SS che non odiavano affatto nessuno e che erano mosse, a inerzia, quasi contro la loro volontà, avanti e indietro in quel meccanismo di cui tutti, anche io e Sergio, avevamo finito per fare parte. Le SS, i tedeschi nazisti e gli italiani fascisti erano mossi, alla fine, dalla stessa inerzia, dallo stesso automatismo che muoveva i poveretti a righe nei campi: loro, avanti e indietro, a rispondere ai comandi e a lasciarsi uccidere e picchiare e gli altri, avanti e indietro, a rispondere ai comandi e a uccidere e picchiare.

"Angelica", aveva continuato Sergio, "facciamolo! E' un modo per chiedere perdono".

"Io non ho ammazzato nessuno, non le ho fatte io le leggi razziali, Sergio. Non dobbiamo chiedere perdono a nessuno", gridai.

Anche questa volta, Sergio aveva capito molto più di me: il suo attaccamento alla vita gli aveva detto che quando una vita, anche una sola vita, viene uccisa, tutte le altre vite sono responsabili e devono chiedere perdono. Hitler aveva iniziato questo meccanismo di morte ma, Sergio lo sapeva, non avrebbe pagato solo lui; non solo a Hitler e Mussolini e compagnia sarebbe stato chiesto il conto di queste vite ma a tutti. Tutti, anche io e Sergio e Toni e la donna che aveva fatto spegnere la radio (lei, forse, più degli altri), tutti noi, tutti noi tranne il mio professore che sarebbe venuto domani al bar e l'avrebbe trovato sprangato, chiuso per chissà quanto tempo ma avrebbe capito, avrebbe subito capito tutto e sarebbe stato contento di me, a lui non sarebbe stato chiesto il conto di nulla, ma noi dovevamo chiedere perdono e sperare che questo ci sarebbe stato, prima o poi, accordato. Ogni uomo è colpevole, e già lo diceva Voltaire, di tutto il bene che non ha fatto. Sergio estendeva in modo talmente grande, amplificava talmente questa cosa che, per lui, ogni uomo era colpevole e bisognoso di perdono per tutto il bene che non aveva nemmeno pensato di fare, tutto l'amore che non l'aveva sfiorato neppure e tutte le teste che aveva lasciato scoperte, rapate o coperte solo di quell'orrendo berretto a righe. Tutte le teste a cui non aveva nemmeno provato a mettere una mano sopra.

"Capisci, tesoro? Chi ci perdonerà se non resterà più nessuno? Angelica, facciamolo, ti prego".

Mentre io stavo lì a sentir Sergio pregarmi di farlo e di non tirarmi indietro, lui aveva già chiesto e ottenuto il perdono. Sergio doveva già esser stato perdonato e di cuore, perché lui perdonava sempre di cuore, tutti. Aveva molta indulgenza e tenerezza verso le debolezze umane e spesso mi diceva che, secondo lui, molte colpe andavano derubricate, e come peccati se si era credenti, e come capi d'imputazione se non lo si era, perché l'uomo è poco e non ce la fa. Sergio lo diceva sempre che l'uomo è poco e che non sempre ce la fa e questo suo pensiero era universale e non c'entrava nulla con la fede, che Sergio non aveva se non in quell'uomo che valeva così poco, o con altro: l'uomo è poco e non ce la fa, diceva Sergio; tutti noi contiamo poco, aveva scritto Virginia Woolf, ed era così e io lo stavo capendo e l'avrei capito molto di più a Mauthausen, laddove tutti eravamo veramente poco e nessuno, nessuno si salvava da solo.

"Ho paura", gli dissi.

"Anch'io", rispose Sergio annuendo." E anche Satana e gli altri, credo. E anche i poveretti a righe".

Io ho guardato Sergio negli occhi: era una bella persona, Sergio. Era di quelle persone per le quali si vorrebbero trovare mille definizioni ma la definizione migliore è proprio questa: bella. Se qualcuno mi avesse chiesto "Com'era Sergio?", io senza dubbio alcuno avrei risposto "Era una bella persona".

Nella tradizione ebraica, l'ho imparato a Mauthausen, si racconta che in qualsiasi momento della storia dell'umanità ci sono sempre trentasei uomini giusti al mondo. Nessuno sa chi siano, nemmeno loro, ma sanno riconoscere le sofferenze e se ne fanno carico; chiedono perdono e l'ottengono, ed è per loro che Dio non distrugge il mondo. Io non credo in Dio, in nessun dio, anzi Dio mi è del tutto indifferente, però, se gli ebrei hanno ragione qualunque cosa vogliano dire con questa storia dei giusti, Sergio lo era. Sergio era uno dei trentasei e quando, il 30 marzo del 1944, alle ore 11.44, lui se ne andava, dev'essere nato un altro giusto, da qualche altra parte del mondo.

E questi, insieme a Sergio, sono solo trentasei, tra i sessantamila giusti, vittime della seconda guerra mondiale:

Elia Giuseppe Abenaim, Livorno 21-10-1912 – Mauthausen 22-04-1945, n. 199858

Vincenzo Abrigo, Santo Stefano Belbo 6-05-1922 – Mauthausen 29-04-1945. Muratore. Arrestato per sospetta attività antifascista

Filippo Acciarini, Sellano 5-03-1888 – Mauthausen 2-03-1945. Ragioniere

Pietro Allemandi, Dronero 5-11-1886 – Mauthausen 28-04-1944. Avvocato

Ernesto Alvisi, Bologna 31-07-1882 – Mauthausen 5-12-1944. Colono

Gianluigi Banfi, Milano 2-04-1910 – Mauthausen 22-04-1945. Architetto e urbanista

Angelo Barbaglia, Milano 29-09-1896 – Mauthausen 15-09-1944. Operaio

Andrea Bontadini, Milano 12-01-1895 – Mauthausen 24-12-1944. Operaio fucinatore

Italo Bosi, San Giovanni in Persiceto 18-04-1916 – Mauthausen 22-04-1945. Operaio metallurgico

Empedocle Buzzanca, Milazzo 16-08-1905 – Mauthausen 9-01-1945. Meccanico aeronautico

Fioravante Cacciari, Bologna 8-08-1928 – Mauthausen 14-04-1945. Fresatore

Egisto Cagnoni, Broni 14-07-1875 – Mauthausen 21-11-1944. Dirigente socialista

Guido Calleri, Mondovì 21-03-1896 – Mauthausen 21-01-1945. Avvocato

Carlo Castellani, Montelupo Fiorentino 15-01-1909 – Mauthausen 11-08-1944. Calciatore

Franco Cetrelli, La Spezia 24-12-1930 – Mauthausen 22-04-1945. Apprendista fotografo

Cristoforo Coalova, Saluzzo 1901 – Mauthausen 13-04-1944. Tipografo

Sauro Colombo, Vezzano Ligure 14-09-1924 – Mauthausen 26-03-1945. Operaio

Guglielmo Corradini, Scandiano 16-06-1896 – Mauthausen 11-08-1944. Militante antifascista

Francesco Daveri, Piacenza 1-01-1903 – Mauthausen 13-04-1945. Avvocato

Jacopo Dentici, Rio Grande do Sul 11-09-1926 – Mauthausen 15-03-1945. Studente

Benedetto Dionigi, Udine 26-11-1901 – Mauthausen 12-03-1944. Operaio

Camillo Donda, Ciritto Paranà 15-01-1894 – Mauthausen 5-04-1945. Operaio

Bonaventura Ferrazzutto, Venezia 5-03-1887 – Mauthausen 4-10-1944. Partigiano

Carlo Folci, Oppeano 15-09-1902 – Mauthausen 10-04-1945. Operaio

Pier Mario Garelli, Mondovì 9-05-105 – Mauthausen 23-02-1945. Avvocato

Antonio Gentili, Portoferraio 21-01-1922 – Mauthausen 10-01-1945. Impiegato

Raffaello Giolli, Alessandria 1889 – Mauthausen 6-01-1945. Insegnante

Rino Graziani, Ravenna 5-01-1904 – Mauthausen 7-05-1941. Militante antifascista

Eros Lanfranco, Genova 19-05-1906 – Mauthausen 23-11-1944. Laureato in legge

Jacopo Lombardini, Gragnana 13-12-1892 – Mauthausen 24-04-1945. Maestro elementare

Luigi Luinetti, San Giuliano Milanese 19-08-1904 – Mauthausen 4-02-1945. Militante antifascista

Giuseppe Marconcini, Isola Rizza 31-07-1894 – Mauthausen 26-04-1945. Attrezzista meccanico

Marino Mari, Firenze 14-05-1890 – Mauthausen 31-12-1944. Possidente

Luigi Mariani, Fombio 21-02-1898 – Mauthausen 17-03-1945. Infermiere

Walter Masetti, Sala Bolognese 13-03-1910 – Mauthausen 20-02-1945. Militante antifascista

Pietro Meloni, Sestu 23-11-1899 – Mauthausen Marzo 1945. Operaio

Sarà possibile che ne nascano altri trentasei? Sarà possibile che ne nascano altri sessantamila?

Sergio era un uomo buono come ne ho conosciuti pochi. Era davvero buono; tutto in lui lo era. Il suo naso, ad esempio, non è mai stato stanco. Sergio era buono per qualsiasi mondo in cui si fosse venuto a trovare, e anche per il mondo malato, perfido, crudele, brutale, irreale e osceno che era Mauthausen.

L'ho guardato negli occhi quella notte Sergio. Tutto era deciso dunque: avremmo chiesto perdono e, ancora non lo sapevo ma Sergio sicuramente sì, avremmo ottenuto e scontato il perdono per noi e per chi non l'aveva chiesto, per chi era stato così stupido o cattivo o egoista da pensare di non averne bisogno. Tutto era deciso. Non avrei riaperto il bar ma saremmo andati da Satana e amici domani. Cos'altro dire?

"Sergio", gli dissi soltanto, "fai l'amore con me".

Quattro

"Come li hai conosciuti, Sergio?", gli chiesi mentre, alle cinque del mattino e senza aver dormito nemmeno un attimo, ci dirigevamo verso il posto dell'appuntamento con i partigiani.

Sergio chiuse gli occhi e non rispose.

"Insomma", disse per concludere l'uomo al microfono, "dobbiamo agire. Organizzarci e agire. Loro – non – possono – vincere". E scese dal palco.

Applausi.

Le ultime parole, perfettamente scandite, erano state ad effetto e l'avevano ottenuto, l'effetto, pensò scuotendo il capo il ragazzo biondo in ultima fila, vista la potenza dell'applauso. Lui non era d'accordo.

Non che fosse d'accordo con i fascisti, questo no: non sarebbe stato nel Partito Comunista, altrimenti, però quelle parole l'avevano disturbato.

"Loro non possono vincere". Invece potevano, purtroppo, ed erano anche sulla buona strada, secondo lui. Era più giusto dire, pensava: "Loro non devono vincere", perché "possono", "potere" suonava troppo indistinto e vicino al caso, una specie di "possono vincere oppure no"; invece "dovere" non ha nulla a che fare col caso, le probabilità, la fortuna se c'è, e la possibilità. "Dovere", pensò, "vuol dire che alzi il culo dalla sedia e vai a fare in modo che capiti".

Tutti si girarono verso di lui e qualcuno chiese: "Come?"

Evidentemente non aveva pensato ma detto la frase, e la ripeté alla domanda. Ci fu un mormorio d'assenso e una mano anonima lo invitò a salire sul palco.

Il ragazzo s'alzò in piedi, poi scosse la testa e, avviandosi verso il palco, si fermò, invece, appena al di sotto; si girò verso la platea, fissò tutti i presenti e disse: "Il pensiero che si fa parola, come il mio di poco fa, è la possibilità d'azione".

Tutti lo fissarono, e un uomo alto, scuro, con un cappotto logoro sullo sfondo, incrociò le braccia e si mise meglio sulle gambe per ascoltare. Non salì sul palco, il ragazzo, perché le idee non si impongono dall'alto ma si comunicano e si da a tutti la possibilità di scegliere se ascoltare oppure no, se essere d'accordo o continuare a pensare il contrario. Il palco, la cattedra, la televisione – forse non sempre, ma in quegli anni sì – erano un'imposizione: il luogo privilegiato, caldo e asciutto del potere.

"Se io", continuò il ragazzo ora abbassando ora alzando gli occhi, "non avessi espresso a parole – per quanto involontariamente – quello che pensavo, ora non sarei qui a condividerlo con voi. Invece, il punto è questo: parlare, fare, avere coraggio e, soprattutto, non essere soli ma condividere".

Sospirò e alzò gli occhi. Li guardò tutti insieme e poi uno per volta, poi di nuovo guardò la folla e continuò: "Noi non siamo soli contro di loro. Siamo in tanti: tutti quelli che sono qui stasera", disse cercando di non guardare i due o tre che si alzavano dalle sedie verso la porta, "e quelli che sono fuori, in altre sale, oppure a casa ma decisi a fare qualcosa".

Sospirò di nuovo guardandosi le mani, poi deciso alzò la testa e fissando l'uomo in fondo che pareva essere l'unico ad ascoltare davvero, trasse forza da quell'uomo sconosciuto perché, a volte, per continuare a parlare abbiamo solo bisogno di sapere che a qualcuno arrivano le nostre parole, e concluse: "Io non so come si possa fare, ma so che una volta che il pensiero si è fatto parola, una volta che si è data voce, forma a quel pensiero, quello è nato, e da qualcosa che è nato non si scappa nemmeno se la si ignora. Quando qualcosa nasce ha bisogno di cura, attenzione e coraggio: la vita richiede coraggio. Bisogna ora chiedersi se noi l'abbiamo questo coraggio e, se la risposta sarà sì, portare tutto fino alle ultime conseguenze. Qualunque esse siano".

Abbassò la testa e tornò al suo posto.

Nessun applauso. E si convinse di aver parlato bene proprio per questo, per l'assenza di applausi, di gratificazioni: di *solito avvengono nell'ombra le cose migliori.*

Sperò solo fortemente di aver raggiunto qualcuno almeno proprio come era certo d'essere arrivato all'uomo in fondo alla sala; sperò di aver, almeno a due tre di loro, detto qualcosa, perché il pensiero che si fa parola, se non raggiunge nessuno, è inutile. Tuttavia, il pensiero fatto parola, anche se il ragazzo non lo sapeva, raggiunge sempre qualcuno perché è molto probabile che nell'esatto momento in cui noi diciamo qualcosa, ci sia tra la folla numerosa qualcuno che da tempo ha bisogno di sentire quella parola e, infatti, piano, una mano scivolò sulla spalla di Sergio e una bocca gli si avvicinò all'orecchio.

"Per caso", disse. "Credo siano stati a loro a conoscere noi".

"Ci spiavano?"

"No, tesoro", disse lui sorridendo. "Diciamo che ci tenevano una mano sulla testa".

Io all'epoca non capii e non chiesi nessuna spiegazione. Anni dopo capii quello che lui sapeva già in quella mattina di novembre: in quei tempi bui e storti in cui vivevamo, per fortuna, non c'erano solo persone buie e storte. Non c'erano solo i nazisti e i fascisti all'epoca, anche se si sentivano di più perché gridavano e avevano più potere e facevano più rumore; c'erano anche quattro partigiani e ce n'erano degli altri, però, io era di quei quattro partigiani che imparai a conoscere la faccia, il timbro della voce, i vestiti sporchi e il naso stanco; ed erano loro che ci tenevano una mano sulla testa: a noi e a molti altri. Tutti quei partigiani, e anche io e Sergio dopo, dovevamo raddrizzare un po' quel buio che gli altri avevano così abilmente creato. Qualcuno mi aveva messo una mano sulla testa e io doveva metterla sulle teste rapate di quei poveretti a righe. Ma ce l'avrei fatta? In quel momento ero troppo spaventata o arrabbiata o egoista per fare qualunque cosa, e l'unico pensiero che riuscivo a formulare, così distante dai pensieri di Sergio, era che avrei senz'altro preferito che Satana e compagnia, la mano, l'avessero messa sulla testa di qualcun altro.

Cominciò la nostra preparazione: il treno per Mauthausen sarebbe partito dalla stazione di Val Bisagno, a Genova, alle ore 23.15 del 12 gennaio. Naturalmente, prima, come ci aveva spiegato mille volte il partigiano più basso che imparammo essere Paolo (ma sicuramente non era il suo nome), dovevamo cambiare nome, ed essere arrestata, io, e entrare nelle SS, Sergio. Per fortuna, entrambe le cose si rivelarono facilissime: le SS reclutavano e arrestavano in continuazione chiunque. Non ci voleva molto per farsi arrestare dai fascisti o dai nazisti, così come non ci voleva molto per farsi picchiare o uccidere a Mauthausen: bastava fare ciò che era vietato e tutto, a Mauthausen, era vietato. D'altronde si era lì per morire.

Furono quattro settimane molto intense, forse per questo le ricordo perfettamente, o forse perché fu la prima volta in cui venni separata da Sergio. Paolo e Nord, senza dire niente a nessuno dei due, senza nemmeno darmi il tempo di salutarlo, portarono subito Sergio in Germania, in un luogo che dicevano protetto per insegnargli il tedesco e le pratiche delle SS. Ma dove fosse, in quale zona o città della Germania si trovasse, lo seppi solo troppo dopo e troppo tardi.

La mattina ero con Sergio in un posto di montagna in cui i partigiani ci avevano portato perché era abbastanza nascosto e sicuro, e la sera, Sergio non c'era più: partito, e io non l'avevo neanche salutato. Io, invece, restai ancora in Italia con Satana e William e passammo lunghe sere a parlare di cose che non avevo mai sentito prima né avrei voluto sentire mai. Non avevo salutato Sergio: non ci avevano dato il tempo; ma forse è andata meglio così: non ce l'avrei fatta a lasciarlo andare. Il mio Sergio... Nessuno mi avvisò di dove sarebbe andato Sergio né di quando sarebbe partito; così come nessuno mi mai chiese se avessi paura, se fossi spaventata né perché avessi deciso di dire "sì", che cosa mi avesse fatto cambiare idea. Fu meglio così. Entrambi sapevano già tutto, comunque: Satana e William sapevano già che avevo paura e che ero spaventata. Non c'era bisogno di domandare nulla. Solo Satana, la prima sera, mi informò che avrei dovuto stare attenta perché si rischiava la pelle, quindi dovevo essere sicura di quello che avevo deciso di fare.

"Si rischia la pelle", mi disse. "Sei disposta a rischiare?"

Io lo guardai e non risposi subito: ero disposta? Sarei andata a Mauthasen? Avrei rischiato di morire? Ero disposta a farlo e, soprattutto, era una domanda utile e legittima da porsi?

Così domandai l'unica cosa che sapevo sarebbe rimasta senza risposta perché questa era talmente ovvia da non aver bisogno d'essere espressa, anzi, certe cose che sono ovvie, tenere e ovvie, buone e ovvie, le cose buone e ovvie non vanno dette ma taciute.

Così chiesi in risposta: "Voi l'avete rischiata per venirci a cercare?"

Satana, che era tenero e buono e, ovviamente, aveva rischiato grosso, ovviamente non rispose.

E così, mentre Sergio si riempiva la testa di tedesco e arianità e superiorità; io imparavo che cos'era un *Appelplatz*, imparavo che sarei diventata un *Häftling*, e sentivo cose assurde su un certo gas con cui venivano uccisi i prigionieri. Secondo Satana era bene che io sapessi tutto, così passava gran parte del suo tempo a raccontarmi di come questo Zyklon B venisse gettato nelle "docce" e, siccome era un gas fatto a granellini, si depositava subito per terra e il gas veniva sprigionato dal basso. "Così", diceva Satana con grandi movimenti delle mani, "i prigionieri soffocano dal basso verso l'alto: prima quelli in basso, poi tutti gli altri. Noi stiamo cercando, abbiamo cercato, pensato .... ma non ce la faremo mai, di applicare dei piccoli fori nel basso che disperdano il gas, ma ..." E qui s'interrompeva sempre.

Io ascoltavo tutti questi discorsi, odiavo Satana e compagnia quando mi dicevano "Non ce la faremo mai" e nemmeno provavano, e pretendevano l'impossibile da me e Sergio con una facilità incredibile. Mi sbagliavo, naturalmente: loro avevano provato e riprovato e avrebbero provato sempre fino alla fine. Comunque, l'addestramento continuava, e io imparavo come dovevo muovermi e camminare: “li riconoscerai”, aveva detto, infatti, Satana, “da come camminano”; imparavo lo *Shema Israel*, e memorizzavo tutto il tedesco e il polacco che potevo. Satana e William, in questo senso, erano maestri eccezionali. Solo una cosa non sono stati in grado di insegnarmi e, invece, l’avrei voluto tanto all’epoca: a stare senza Sergio. Passavo i giorni e le ore a sentire come dovevo camminare, che non dovevo guardare in alto, che non mi dovevo muovere se non di sera, delle certe sere che loro, ancora non sapevo perché né come, avevano stabilito. Imparavo che non si guarda il cielo a Mauthausen; salivo sentieri infiniti con pesi sempre maggiori sulle spalle e in tutte le condizioni meteorologiche per allenarmi a non cadere, a non scivolare una volta che sarei stata su una certa “scala della morte”; però pensavo sempre a Sergio, al mio Sergio già lontano, in Germania, a imparare chissà che. Il mio Sergio che doveva essere il mio aguzzino o il mio custode: chi poteva insegnarmi a stare senza di lui? Avrei dovuto spaventarmi davanti a Sergio? Abbassare gli occhi, non correre più tra le sue braccia? Avrei potuto stare ovunque, ma non senza Sergio: senza di lui non potevo stare in nessun posto.

Per fortuna, un giorno, mi annunciarono che avrei cambiato nome, ovviamente. “Zlata Flopič”, disse William. “E’ un modo per proteggere Angelica e per non farsi fregare subito”. “E Sergio?”, chiesi io. “Un modo per proteggere Sergio l’avete pensato?” William non rispose ma se ne andò, ricordo, probabilmente dicendo “Porco diavolo” o “Sporco diavolo”, una cosa del genere. Il diavolo c’entrava sempre nei suoi discorsi. Mi rivolsi a Satana: “Allora?”, chiesi. “Certo, Angelica”, rispose lui. “Sergio sarà Frantz Horker”. Io sorrisi appena. “Ma non pensarci neanche a chiamarlo. Voi non vi conoscete, intesi? Dimenticati subito di Frantz Horker! Non guardarlo mai”, disse Satana. Dimenticarmi di Frantz Horker non era un problema, anzi quel giorno mi sentii particolarmente felice: erano Frantz e Zlata che sarebbero andati a Mauthausen, mentre Sergio e Angelica avrebbero continuato ad aprire e chiudere il bar ogni giorno; era di Frantz Horker che dovevo dimenticarmi, però avrei potuto continuare a pensare e amare Sergio ancora e sempre. E l'ho fatto. Finché ho potuto, l'ho fatto. E Mauthausen non ha vinto.

Non era facile il piano di "abbandono Angelica" studiato da Satana ma avevo fiducia, all'epoca, perché anche loro l'avevano fatto. C'era stato, anni prima, un piano di "abbandono Angelo" per Satana, e "abbandono Massimiliano" per William: tutti loro si erano dovuti lasciare appena un po' dietro chi erano per proteggere, non tanto, credo, quello che erano diventati ma quello che erano già. Se Angelo e Massimiliano, Giacomo e Piero dovevano tornare a vivere, una volta passata questa guerra, era necessario che altri per loro affrontassero questo pezzo assurdo di vita, e che in guerra, a soffrire, a morire andassero fisicamente loro ma non tutto di loro. Era necessario, e lo capii a Mauthausen non prima, che non tutto di noi venisse coinvolto in quello schifo, ma che, mentre Zlata e Frantz e Satana combattevano e prendevano le botte, Angelica, Sergio e Angelo li aspettassero a casa, al lavoro o dovunque fossero prima che tutto avesse avuto inizio. E poi, chi avrebbe riaperto il bar, chi avrebbe sposato Sergio se entrambe ce ne fossimo andate?

Aristide Vacchelli, soldato dal 1939, torna a casa in licenza per la nascita dell'ultimo figlio Vittorio. Vittorio, preceduto da Olga, Emilio e Mauro, era solo l'ultimo delle bocche da sfamare. Olga, poi, avrebbe avuto addirittura sette figli: da Nino, il maggiore ad Angelica, la più piccola.

Cammina, Aristide, verso casa, stranito, pensando che un figlio è una bella cosa, in fondo, anche in tempo di guerra, anche quando tutto sembra andare da un'altra parte rispetto al consueto. "Sì", pensa il signor Aristide, "non è la nascita di un figlio o un matrimonio in tempo di guerra che sono strani, è la guerra". Quindi non sono i matrimoni o i figli che non dovrebbero esserci in tempo di guerra, ma la guerra: non ci dovrebbe mai essere un tempo di guerra. "Mah ...", fa il signor Aristide e scuote la testa.

Con questi pensieri è arrivato fino a casa. "E' bello trovare qualcuno che continua a fare cose solite, usuali", pensa il signor Aristide vedendo la moglie appena fuori casa fare il bucato. Tante cose possono diventare solite e usuali col tempo, ma la guerra, gli spari, la paura, la morte non dovrebbero diventarlo mai. Non ci si dovrebbe mai rassegnare a vivere nella paura e nell'odore della morte. "L'odore di bucato", pensa il signor Aristide, "è molto più buono".

"Cos'hai preparato di buono?", ecco che cosa chiede alla moglie. Un sorriso da entrambe le bocche e una felicità, una specie di gioia provvisoria su entrambe le facce. "Minestrone e frittata con i carciofi", risponde lei. "Beh, ti dirò ...", e il signor Aristide sorride di nuovo.

La casa è sempre uguale, i figli pure: tutti gli corrono incontro e Olga gli porta l'ultimo arrivato. Un bambino piccolo, dei figli che ti corrono incontro, una casa sono cose strane quando c'è la guerra perché danno l'impressione, per quanto fuggevole, di essere intoccabili. Il signor Aristide sa benissimo che da un momento all'altro la casa e tutto quello che contiene possono essere spazzati via, che le persone (moglie, figli) possono morire o qualcosa di brutto gli può accadere ma, pensa, parimenti può accadere qualche cosa di bello: la guerra può finire da un momento all'altro e il sole splendere di nuovo. Anche per questo è tornato, per tentare di salutarlo quel primo sole che splenderà di nuovo prima o poi.

Bussano alla porta. "Ti vogliono", dice la moglie aprendo a due ufficiali fascisti. Sono due squadristi che entrano senza domandare permesso e buttano un'occhiata indifferente sulla casa e sui bambini. "Aristide Vacchelli?", domanda uno dei due. "Sono io", dice il signor Aristide alzandosi e consegnando il piccolo alla moglie. "Dovete venire con noi", risponde l'altro ufficiale.

Il signor Aristide sa che è inutile domandare il perché il come il dove lo porteranno: ce lo porteranno e basta; la moglie e i figli sanno che è inutile spiegare o cercare di capire, piangere o provare a trattenerlo; così nessuno domanda e nessuno piange. Nemmeno Vittorio che dorme tranquillo in braccio alla mamma forse ignaro di tutto o forse perché anche lui sa che ogni gesto ogni parola sono inutili. "Torno per cena", dice Aristide alla moglie. "In caso tardassi, voi mangiate". E esce con i due ufficiali.

Il signor Aristide sa benissimo dove lo stanno portando ma non capisce il perché; comunque è inutile interrogarsi e domandare: non c'è nulla da chiedere e nessuna risposta. Lo portano al comando di polizia, lo fanno sedere e, davanti a un attonito commissario, gli chiedono: "Perché siete in licenza? E dov'è il permesso?"

Il signor Aristide non sa cosa fare. "E' nato mio figlio e sono venuto a vederlo", dice. "E il permesso?", chiede l'ufficiale fascista. Il signor Aristide sta per prendere il foglio e mostrarglielo quando crede di vedere un lieve cenno del capo, un diniego, da parte del commissario; così risponde: "L'ho dimenticato a casa". Gli ufficiali sembrano non voler approfondire, uno di loro dice: "Andate che fate tardi a cena", e entrambi se ne vanno.

Il signor Aristide si alza e fissa il commissario che, porgendogli la mano, gli dice: "Bene. Se lei gli avesse mostrato il permesso, l'avrebbero strappato e l'avrebbero portata alla Villa Merli. Bene così". E, salutatolo, lo congedò.

Cinque

Ci spostavamo in continuazione, camminavamo molto ma, alla fine, tornavamo sempre nei soliti due posti: da Nerviano a mangiare e alla cascina a dormire. Nerviano era un contadino che viveva solo con la moglie e un cugino e che ci ospitava, a suo rischio e sapendo benissimo che cosa rischiava, ma ebbe la delicatezza di non farne mai parola e nulla disse per tutto il tempo. Arrivavamo sull'aia, fuori dalla casa, Satana diceva: "Rosso di sera" e Nerviano apriva la porta. Mangiavamo e poi, silenziosi come eravamo arrivati, tornavamo alla cascina.

La cascina, poi, era una vecchia palestra, in realtà, o meglio, era una palestra nuova inutilizzata, che pareva vecchia perché era in un totale stato d'abbandono. Noi ne occupavamo solo una minima parte e, tutto il lato destro che dava sulla collina della Val Polcevera era distrutto a causa dei bombardamenti nazisti. Erano passati i tedeschi e, come sempre facevano, avevano lasciato un ricordo.

Camminavamo tanto e, spesso, secondo me, a vuoto. Satana pareva sempre avere un piano ma non era possibile che l'avesse tutte le volte o che il suo piano giustificasse quelle camminate infinite, l'infinito alzarsi degli occhi al cielo e le innumerevoli volte in cui risalivamo – lui davanti, poi io e William a chiudere la fila – la stessa collina, incontravamo gli stessi alberi nello stesso punto. Probabilmente, Satana non seguiva un piano segreto ma un suo personale filo di pensieri, sentimenti e emozioni che si snodava nello spazio e nel tempo e che comprendeva, assieme a lui, anche noi: c'eravamo in mezzo anche io e William e null'altro potevamo fare se non seguirlo.

"Cos'è quel rosario che reciti in continuazione?", chiese Satana un giorno mentre salivamo una collina.

"Non è un rosario", feci io alzando la testa e guardandolo.

Era fermo, in piedi davanti a me e come sempre sorrideva. A guardarlo sorridere si aveva l'idea che tutto sarebbe andato bene, anche se ancora non andava tutto bene, e che la guerra sarebbe finita di lì a poco, ancor prima che ci fosse bisogno che io mi internassi a Mauthausen. Per questo non mi piaceva guardarlo: mi faceva male illudermi che fosse così, perché così non era.

"E' Proust", dissi ancora.

William scosse la testa e passò avanti; Satana sorrise di nuovo e avvicinandosi mi mise una mano sulla bocca e disse: "Smettila". Poi seguì William su per la collina e piano, voltandomi le spalle, lo sentii dire: "Siamo in guerra".

Il mio professore, pensai, il professore che mi aveva introdotto a Proust, il professore che non era Proust ma me l'aveva insegnato, il professore grazie al quale molto di quello che avevo fatto prima di aprire il bar continuava ad accompagnarmi e ad avere valore, il professore che puntualmente, ogni giorno, bussava al bar e mi faceva segno di tornare all'università, che quello non era il mio posto mentre l'università sì, il mio professore, pensai, non avrebbe detto mai: "Smettila". Avrebbe detto: "Continua", "Recitalo più forte", "Recitalo a Mauthausen" perché sapeva, e anche io sapevo in qualche modo, che se non c'è scampo alla morte, c'è tuttavia un modo, e un solo modo, di fregarla: attaccarsi, avvinghiarsi a quello che, prima della morte, prima dell'orrore era saldo e fisso nella nostra testa o nel nostro cuore; l'unico, allora, che poteva sperare di restare saldo e fisso anche durante e dopo l'orrore. Il mio professore non mi avrebbe detto mai di smetterla, perché smetterla avrebbe significato morire, dal momento che se non si è avvinghiati a nulla, se non si spera in niente e nulla si ricorda, si finisce col morire.

Abbassai la testa mentre pensavo al mio professore, e spinsi di più la bocca tra la sciarpa e il cappotto; passai velocemente avanti e, sorpassando Satana per raggiungere William, feci: "Appunto", ma non credo che mi avesse sentito.

Non dobbiamo arrenderci all'infelicità dilagante, all'orrore, al terrore, alla paura, al campo di concentramento. Non dobbiamo rassegnarci a trascinare i piedi doloranti nella vita: dobbiamo camminare. Non dobbiamo abituarci a camminare a testa bassa né a convivere con l'odore di DDT e fragole: dobbiamo camminare a testa alta e mentre lo facciamo respirare a pieni polmoni. Non si deve imparare a non guardare il cielo: si deve sempre guardare in alto, anche a Mauthausen. Dobbiamo resistere e, molto di più, combattere per delle future città felici abitate da persone felici. E non è impossibile la felicità. Mauthausen non è il mondo: è un pezzo di mondo infelice su cui, come le città di Calvino, prendono e continueranno a prendere forma molte e nuove città felici. Mauthausen non era una scuola: nessuno insegnava e non c'era nulla da imparare lì; ma se ho imparato qualcosa, è questa.

Tutto avvenne molto velocemente, così velocemente che ricordo a fatica.

Satana, da qualche giorno, mi aveva dato il permesso di fare una passeggiata "negli strettissimi dintorni" la mattina; così, anche quel giorno, ero uscita dalla grotta (che poi non era una grotta ma un ex deposito armi), mi ero avviata su per l'unico sentiero della montagna e avevo gironzolato un po' in tondo: l'unico modo, infatti, per passeggiare tenendomi negli "strettissimi dintorni" stabiliti da Satana, in definitiva, non oltre il suo campo visuale, era girare in tondo. Dovevo sembrare un'oca ma nessuno poteva vedermi e, almeno, Satana stava tranquillo.

Anche quella mattina, dunque, uscii e presi per il sentiero che portava quasi all'apice della montagna; là, c'ero stata una volta, il panorama era davvero bello: si respirava bene, il sole era caldo anche in quel periodo e tutto sembrava potesse andar bene. Chissà, forse se tutti, se noi tutti, italiani, tedeschi, ebrei, polacchi, francesi, partigiani e fascisti, bianchi neri gialli, uomini donne bambini anziani animali, se tutti noi, fossimo saliti su per quel sentiero fino all'apice della montagna e, allargate le braccia, avessimo respirato e sentito il sole caldo battere sulle nostre teste e sulle nostre mani, non ci sarebbe più stato bisogno di parlare, litigare, uccidere o spararsi: tutto si sarebbe risolto lassù.

Stavo tornando quando capitò tutto all'improvviso. Sentii degli spari e un sonoro "Porco diavolo!"; mi precipitai giù per il sentiero ma William si voltò appena e mi segnò con il dito di farmi da parte, di nascondermi, di stare ferma; così mi sistemai dietro due cespugli che, in realtà, non so poi quanto mi coprissero.

William era tutto sporco in faccia, imbracciava il fucile, continuava a urlare "porco diavolo!" ma contro chi? Contro cosa? C'erano i tedeschi? E dov'era Satana?

Poi una raffica e capii tutto: eccoli i tedeschi. Stavano arrivando dall'altra parte della collina, erano tanti, almeno dieci o quindici e William era solo uno. Spararono subito e velocemente. William provò a scansarsi e a rispondere ai colpi ma era solo. Dov'era Satana? I tedeschi continuavano a sparare ma, notai, andavano molto piano, sembravano tranquilli e si guardavano addirittura intorno. William, invece, continuava a muoversi da una parte e dall'altra, a schivare colpi e a rispondere per quanto poteva. Era solo e, per loro, sembrava un gioco, una specie di tiro al bersaglio. Dov'era Satana?

Feci per muovermi, ma una mano mi bloccò. Mi voltai pronta a scappare: "Satana!", dissi. Era tutto sporco di sangue terra erba e fango; respirava a fatica e aveva un lungo taglio su una gamba, così zoppicava. "Stai ... stai ... ferma ...", e qualcosa cadde dalla sua giacca quando se ne andò verso William che subito gridò: "No, porco diavolo! Va!". Satana non l'ascoltò, imbracciò il fucile e cominciò a sparare a raffica sui tedeschi, ferendone qualcuno credo e ammazzandone almeno uno o due.

Comunque, loro erano sempre dieci o dodici e William e Satana, ormai, uno e mezzo: Satana era davvero ridotto male: continuava a sanguinare, reagiva molto lentamente e zoppicava, non stava in piedi e io ... "William!", gridai. Lui non riuscì a voltarsi perché un tedesco l'aveva afferrato da dietro e, dopo averlo disarmato, lo teneva stretto fermo immobile, gli stringeva la gola con il coltello. Mi abbassai di nuovo: come un'oca mi ero fatta scoprire. Mi ero fatta scoprire ma forse fu meglio così: i tedeschi si erano fermati, nessuno sparava più perché tutti erano concentrati sulla fonte del rumore.

Anche Satana si fermò. Un tedesco si voltò a guardare in mezzo al bosco, ma evidentemente non mi vide perché chiese: "Chi urlato?" Satana non rispose e così lui gridò più forte chi aveva urlato, chi c'era; poi, rivolto al boschetto, di venire fuori e di alzare le mani.

Anche Satana era lì, fermo bloccato dolorante e sanguinante. Era fatta. E adesso?

"Venire fuori!", sentii gridare di nuovo.

"Venire fuori?", pensai. "Ti accontento subito!"

Sgusciai appena fuori dal boschetto.

"Chi esserci?", sentii gridare di nuovo dal tedesco che tratteneva William e che voltava la testa da tutte le parti; e un tonfo, un urlo tremendo, Satana a terra. "*Kontrolle*!", e tre tedeschi si mossero su per il sentiero. "Venire fuori!", sentii gridare ancora. "Alzare mani e venire ...".

Abbassai la testa e sospirai: cosa dovevo fare? Stare nascosta ancora, come aveva detto Satana? O venire fuori come mi urlava quel soldato adesso? Vidi qualcosa che luccicava a terra e decisi subito.

Corsi fuori dal boschetto e, senza ragionare più: "Eccomi!", gridai, e ficcai il coltello che stava lì a terra, che sicuramente era caduto a Satana, in mezzo, proprio al centro della schiena del tedesco. Affondai la lama nel mezzo delle sue vertebre e sentii la mano seguire la lama: la lama andava giù, dentro la carne, sempre più giù e la mano la seguiva, e toccava quella schiena che era calda calda e poi il sangue a fiotti, un rivolo infinito di sangue rossissimo colava sulla mia mano che ancora stringeva il coltello, che ancora non lasciava andare quella schiena, anzi, stranamente, senza motivo, ci si attaccava, si aggrappava a quella schiena morente. Subito il soldato si accasciò a terra e le mie mani piene di sangue lo lasciarono: cavai il coltello da quella schiena e lascia andare quel soldato morto, come se ora tornasse a non aver più nulla a che fare con me. Lo lasciai andare come se le nostre strade, che si erano incrociate in quell'attimo di morte, perché io l'avevo ucciso, ora tornassero finalmente a dividersi. Colavo sangue dappertutto. Gettai il coltello e rimasi lì ferma immobile fino a che William si liberò e mi spinse via; Satana si rialzò e sparò a colpo sicuro su quattro tedeschi prendendoli tutti.

I tre rimanenti, quelli sul sentiero, non tornarono più giù.

"Dobbiamo andarcene!", fece William. "Ce la fai a camminare, Satana?"

"Sì sì", disse lui, disarmando i quattro tedeschi morti. "Dov'è ... dov'è la ..."

William venne a prendermi là dove mi aveva spinta.

"Come stai?", chiese vedendo che non riuscivo a muovermi.

"Ci pensiamo dopo, eh?", disse Satana. "Andiamo!" E mi mossi solo perché William mi tirò per un braccio per tutto il tempo.

Non so per quanto camminammo su e giù per quelle montagne; alzarsi abbassarsi fermarsi e poi "Andiamo!" "Veloci!" "Torneranno!" "Ci vedono!" ... non ricordo nulla perché, per tutto il tempo, mi mossi a inerzia, trascinata da William, senza dire una parola e pensando solo che ero diventata un'assassina, che avevo ucciso un uomo, che probabilmente nessuno l'avrebbe pensato perché eravamo in guerra e avevo ucciso un tedesco che, sicuramente, avrebbe ammazzato Satana e William se non l'avessi ucciso prima io, ma io lo sapevo: avevo ucciso una persona e quindi a nulla valevano tutte le scuse e le parole degli altri: io l'avevo ucciso, non William non Satana non gli altri, ma io; e Sergio, lui, non l'avrebbe fatto mai.

Sì, avevo ucciso un uomo perché quel tedesco, prima di essere un tedesco, un ufficiale, un nazista, un padre, un fidanzato o un marito, un figlio o un nonno, era una persona, una persona viva fino a quando io l'avevo uccisa e nessuno avrebbe potuto levarmelo dalla testa. Nemmeno Mauthausen.

Io non ero come loro, non volevo essere come loro, ma avevo ucciso proprio come facevano loro, avevo ammazzato una persona proprio come loro ammazzavano in continuazione. Era diventata come loro? Il peccato era stato credermi migliore, diversa, ed essere, invece, come loro? E Mauthausen cosa diventava per me? Era una forma di chiedere perdono?

"Qui!", disse Satana entrando stremato in una specie di buco ancora più piccolo della grotta dove eravamo prima. Si buttò a terra e stese la gamba sanguinante.

Io e William entrammo di seguito; mi sedetti e non parlai.

"Porco diavolo!", fece William guardandosi intorno. "Ettore?"

Satana annuì, e io capii che il posto dove eravamo non era del tutto anonimo o sconosciuto.

"Abbiamo lasciato tutto là!", continuò William. "Le cartine di Mauthausen, i piani, tutto là! Porco diavolo!"

"No", disse Satana ansimando. "E' tutto qua!" E, aprendo appena la camicia, mostrò, ripiegati in quattro, i fogli con le indicazioni per il campo e tutti i piani che erano stati decisi.

William provò a sorridere ma non ci riuscì. "Ti fa male quella gamba?", chiese. "E' brutta brutta ..."

"Sopravvivrò!", rispose Satana. "Piuttosto ...", e fece cenno verso di me.

William allungò una sigaretta a Satana che sventolò la mano a ringraziare; poi si voltò verso di me, mi si inginocchiò davanti e chiese: "Stai bene? Sei ferita?"

Io scossi appena la testa e non risposi. Satana, intanto, si stava fasciando come poteva la gamba, William si accese un'altra sigaretta, si tastò un po' in giro e disse: "Io nulla di rotto!", poi sedette e li sentii, forse, parlare di avvisare Bolero e, prima ancora, Nord: "Proviamo a raggiungere Nord?", dicevano. Satana però scosse la testa e accennò a Nerviano, che saremmo potuti andare da Nerviano a mangiare, domani, e a farci dare coperte e candele; poi disse di Mauthausen, di ricostruire qui in fretta, e ricominciare subito l'addestramento e anche qualcosa a proposito della fine delle mie passeggiate mattutine.

"Mi dispiace, ho fallito", feci io.

"Non è stata colpa tua", disse William. "Ci avrebbero trovati comunque".

"Infatti", continuò Satana stringendo una specie di fascia ricavata non so da cosa intorno alla gamba. "Non ti mettere in testa che è colpa tua! Andiamo avanti e basta!"

"Lo è, invece", dissi. "Mi avranno vista passeggiare e io ..."

"Siamo noi i partigiani", disse William. "Non tu. Dovevamo pensarci noi".

"Già", fece Satana annuendo. "Noi abbiamo fallito".

Io non risposi più. Certo che era colpa mia: forse mi avevano vista passeggiare, forse mi avevano sentita ripetere quella litania di nomi, da Albertine a Morel a Bergotte, che sempre recitavo quando mi sentivo sola e persa perché il mio professore diceva che era un modo per trovare la strada; chissà da quando mi guardavano e io, come una cretina, li avevo praticamente portati da noi. E comunque, questo nessuno avrebbe potuto negarlo, avevo ucciso una persona. Ero un'assassina proprio come quei nazisti contro i quali combattevamo.

Mi alzai. "Dove vai?", fece William.

"Lì", dissi indicando un punto fondo e buio della grotta. "Sono stanca".

William si alzò, arrotolò la sua giacca, la mia e quella di Satana, stese due zaini per terra e mi disse: "Mettiti lì che domani sistemiamo".

Io mi sedetti e non parlai più.

"Ehi!", sentii qualcuno che mi scuoteva nel sonno. Aprii gli occhi. Era William.

Nessuno, nemmeno Freud, è mai riuscito a spiegare come, a partire dai medesimi traumi, si origini a volte una nevrosi, meno spesso, in casi straordinari, un'opera d'arte. Come, quindi, vivendo esperienze simili, simili dolori, sofferenze simili, si produca, da un lato, un'isteria, una follia, la paura e, dall'altro, l'arte: un libro, un dipinto, una scultura. Dunque nessuno è in grado di spiegare l'origine dell'arte: da dove viene l'arte e che cosa è o non è arte e chi può dirlo o non dirlo, nessuno lo sa.

"Sei sveglia?", mi chiese.

Io annuii appena perché, come aprii gli occhi, subito tutto ritornò a me: le grida, Satana ferito, William bloccato e il tedesco morto. Ucciso. Ucciso da me. Il sonno era stato l'interruzione, la sospensione e non la fine del dolore; infatti, ecco, tutto ritornava: il dolore e il senso di colpa perché io, io, come una cretina, ci avevo fatti scoprire e io, che ero un'assassina, avevo ucciso un uomo.

William si sedette vicino a me e mi porse una tazza di quel caffè con la cicoria che faceva Satana. La presi senza bere.

"Come stai?", chiese accendendosi una sigaretta.

Io non risposi, non bevvi, non mi mossi.

"Grazie", disse ancora lui. "Grazie di avermi salvato la vita".

La rielaborazione immaginaria, l'arte, la scrittura, la pittura, la scultura sono utili a ridurre la dannosità del materiale inconscio e a fare in modo che parte delle sue energie servano a scopi positivi; però, prima che questo accada, bisogna dare un nome all' "effetto": nominare è il primo modo per prendere atto di qualcosa, rendersi conto che quella cosa è e non è un'altra. Nominare l' "effetto" è necessario se si vuole spiegarlo e, una volta superata la conseguenza causata dall' "effetto" nominato, finalmente superarlo.

Io lo guardai e anche lui mi fissò negli occhi, serio. "Ho ucciso un uomo", dissi.

"E ne hai salvato un altro", fece William.

"Non cambia nulla", dissi io.

"Per me sì", mi rispose. "Non sarei qui, ora, se non fosse stato per te", continuò. "Quindi per me cambia molto".

"Adesso", cominciai io, "adesso sono come loro ..."

"No", William scosse la testa. "No. Tu non sarai mai come loro. Sei troppo buona tu".

Non lo pensavo, non lo pensavo più: Sergio era buono e, infatti, lui non avrebbe mai ucciso nessuno. Non io. Non io ero buona.

“Ho ucciso una persona”, dissi piangendo.
“Era un tedesco”, fece lui.
Io lo guardai appena e gli risposi: “Era una persona, William”.
Lui sospirò e non disse nulla. Sospirò di nuovo e fece: “Siamo in guerra. Non puoi ragionare come se non lo fossimo”. Io lo guardai di nuovo, poi mi voltai verso il buio, sospirai e, guardandolo, dissi: “William, posso chiederti una cosa?”
Lui annuì e mi guardò.
“Credi ...”, cominciai, ma poi pensai che era meglio parlar franco, senza “credi”, “pensi” o “ritieni sia possibile”: eravamo in guerra e, come anche William diceva, non c’era tempo né per i convenevoli né per volersi bene. “Mi domando”, dissi dopo un po’, “se ci sia sempre bisogno di fare così ...”.
“Così come?”, chiese lui.
“Di essere così freddi, maleducati, di picchiare e uccidere, ecco”, dissi.
Lui non rispose, scosse la testa, ma secondo me non aveva capito. Disse solo: “Visto quello che devi fare, è meglio che pensi che era un tedesco”.
Sospirai e dissi: “William, voi dite sempre che sono loro, che io non ho colpa perché ho ucciso un tedesco, un tedesco hai detto non una persona. Io credo che anche loro parlino così, che dicano “Abbiamo ucciso un ebreo” o un polacco. Nessuno parla mai di persone ma sono persone che muoiono, vite che prima c’erano e non ci sono più. E forse l’errore è questo: ragionare in termini di guerra. Come si fa, William, a riportare la pace se si ragiona in termini di guerra? A me non interessa nulla se sono tedeschi, ebrei, polacchi, italiani o cinesi: non le ho mai viste tutte queste differenze e non ho intenzione di cominciare oggi”, mi fermai un attimo, sospirai e ripresi. “Dunque, io farò tutto quello che mi direte perché ho un’assoluta fiducia in voi, ma non ho intenzione di fare del male a nessuno, nemmeno ai tedeschi, e non voglio andare a Mauthausen per motivi altri da quello di mettere una mano sulla testa a quei poveretti a righe. Perciò, io voglio fare quello che mi chiedete

perché credo che voi siate dalla parte buona e voglio stare dalla vostra parte, ma se ci sono altri motivi per cui volete mandarmi a Mauthausen, se ci sono motivi diversi da quello di aiutare quelle povere persone che lavorano, e prendono le botte, e muoiono; ebbene, mandatemi a casa perché non ci sto".

"Angelica, tu ...", cominciò William, ma io lo fermai con la mano e continuai a ribadire che io non volevo uccidere più nessuno, non volevo perché non ero così e avevo bisogno che almeno William lo credesse ancora, dal momento che io non lo credevo più. In realtà, se avessi ascoltato di più William e parlato di meno, avrei capito che non avevo nessun bisogno di convincerlo a credere in me: lui lo faceva già dal primo "porco diavolo" che mi aveva rivolto.

"Io non ho intenzione di uccidere più nessuno", dissi ancora. "Dunque, se è per aiutare i poveretti a righe che mi mandate là, sono pronta! Ma se è per far fuori i tedeschi o chiunque altro, non chiedetemelo, mandatemi via perché non lo farò. Non posso".

"Angelica, tu ...", riprese William, "tu sei buona e bella", disse.

Credo che non resistetti più; credo che confusi la sincerità di William per buonismo, per gratitudine nei miei confronti perché davvero mi sentivo tutto fuorché buona quella sera; comunque, mi cacciai a piangere sulla sua spalla e continuai parecchio, piangendo, strofinandomi il naso sulla tasca strappata di William, piangendo ancora e ripetendo: "Come loro ... come loro", che era la cosa che più temevo, diventare come loro, e William: "No no", fino a quando stremata, sulla sua spalla, mi addormentai.

Sei

Nessuno parlò più dell'accaduto, né io né William né Satana; ma io ci pensavo sempre.

Rimettemmo a posto le nostre povere cose e, in quei due giorni in cui ci sistemammo appena, conobbi la precarietà della vita, soprattutto in guerra. Non ci avevo mai pensato, perché ero passata da uno stato di stabilità, più o meno duratura e concreta, all'altro: prima, in casa con i miei genitori; poi la nonna; dunque il bar e l'appartamento con Sergio.

Avevo una camera e un bagno, quando ne avevo bisogno; c'era la sala, la cucina e bastava aprire il frigorifero o la dispensa per mangiare. Fare la spesa mi sembrava la cosa più banale del mondo e mi scocciava parecchio spolverare, dare lo straccio o pulire in giro per casa.

Erano, ora, le cose che mi mancavano di più: avrei voluto cucinare qualcosa, oppure sedermi e leggere in santa pace, oppure pulire, aprire un frigorifero, muovermi in uno spazio meno angusto meno mobile e precario di quello. Sembravamo sempre in partenza, e in effetti lo eravamo, sempre di fretta, qualcosa di estremamente mobile, senza casa, senza nome, senza un posto dove appoggiare le nostre gambe sanguinanti e dove il petto dolorante potesse piangere e risanarsi.

Nord e Paolo vennero informati, Bolero e gli altri pure, riprendemmo l'addestramento e ricominciammo a parlare di Mauthausen, dei poveretti a righe e di mani sulla testa; così, il dolore che speravo si affievolisse, aumentò ancora di più: un'assassina, pensavo, doveva mettere una mano sulla testa a quei poveretti? Degli assassini li imprigionavano e un'assassina doveva liberarli?

Non so quanto, ma sicuramente molto molto tempo dopo, il dolore cominciò a spostarsi verso una parte più interna e nascosta di me; di lì, io, non lo sentii più. Ma c'era comunque.

Chissà che cosa stava imparando Sergio là in Germania? E chissà come lo stava imparando? In quale posto della Germania fosse, poi, io non lo sapevo. Ogni tanto chiedevo informazioni a Satana ma lui non rispondeva, mi diceva di lasciar perdere. "Angelica deve lasciar perdere Sergio, metterci una pietra sopra, se Zlata deve vivere e agire", così diceva. Ma io non potevo: lasciar perdere Sergio?, sarebbe stato più facile fare una doppia capriola e atterrare sulle punte. Metterci una pietra sopra?, l'avrebbero messa su di me la pietra se avessimo continuato così. Io l'amavo, Sergio, e nonostante i tempi in cui vivevamo, nonostante quello che era capitato e che doveva ancora capitare; nonostante le nostre vite fossero state trasportate così lontano da dove prima eravamo, io, a Sergio, lo volevo ancora sposare.

"Pronto, Angelica?"

In generale, non ricevevamo mai telefonate: né io né i partigiani. Il telefono non l'avevamo, ma c'era un vecchio montanaro che viveva tutto solo con le sue pecore da quando la moglie era morta e, ogni tanto anche se molto di rado, ci concedeva di usare l'acqua il bagno e il telefono. Le comunicazioni, comunque, non erano facili: noi dovevamo stare nascosti il più possibile e, dopotutto, chiamare chi? Per raccontare che cosa? L'unica persona che mi venne voglia i chiamare fu il mio professore, ma non avanzai mai la richiesta a Satana o William perché avevo paura di sentirlo ancora parlare di Proust e università: mi sarei persa in quei discorsi e, ne ero certa, sarei tornata indietro senza pensarci due volte. Così, telefonate se ne facevano poche e non ne erano quasi mai arrivate. Solo una volta, ricordo, avevo visto William parlare alla cornetta e sorridere tra sé; poi l'avevo visto posare il telefono e accarezzarlo: era l'unico oggetto che li legava ancora a qualcosa di sano e "normale" che stava fuori. Sicuramente nulla di sano e "normale" ci stava capitando in quegli anni.

Io non avevo mai ricevuto nessuna telefonata in quelle settimane: nessuno avrebbe potuto o voluto telefonarmi, a parte il mio professore, forse, e il telefono, comunque, non mi serviva. A differenza di William, erano ben altre le cose che mi legavano al fuori sano e "normale" che stavo lasciando: la faccia di Sergio e le sue mani, Toni che non pagava mai i conti del bar, la saracinesca che cigolava fortissimo, i muri dell'appartamento in cui vivevo con Sergio che lui si era ripromesso di imbiancare e che nessuno avrebbe imbiancato per un bel po', la brioches alle mandorle che servivo al mio professore tutti i pomeriggi. Mi legavano al fuori i suoni della voce di Sergio: aveva tanti timbri e sfumature diverse la sua voce e, mi pareva, avesse un timbro angelico tutto per me. Mi legava al fuori e alla vita che conducevo prima non tanto Sergio ma il nostro amore e tutto quello che facevamo: le corse, le risate, le liti, i suoi disegni appesi ovunque in casa; Sergio che non sopportava che mangiassi e sbriciolassi i biscotti a letto; Sergio che mi aspettava fuori dal mercato quando facevo la spesa; Sergio che avevo avuto una tremenda paura di perdere quando era stato male l'estate; e, soprattutto, qualcosa che avrei sempre portato con me, anche là dove avrei dovuto lasciare tutto: il fatto che io, a Sergio, lo volevo sposare.

"Angelica? Sono io, tesoro".

Io non riuscivo a parlare e, invece, scoppiai a piangere.

"Shhh. Non piangere", disse la voce di Sergio al telefono. "Perché piangi?"

Non dissi nulla. Non ce la facevo.

Sergio continuò a fare: "shhh" per calmarmi e attese un tempo che mi parve infinito ma non doveva esserlo stato; poi sospirò e disse:

"Ti amo, Angelica". E riattaccò.

Quella fu l'ultima volta che sentii la voce di Sergio, o meglio che potei collegare quella voce a lui: tutto quello che mi disse dopo non era lui a dirlo: era Frantz Horker.

Sette

In ogni momento della storia dell'uomo ci sono forze giuste e ingiuste; movimenti di emancipazione e, al contrario, di forte oppressione. E, in questi momenti di forte oppressione, ci sono persone come William e Nord e Paolo e Satana: giusti che perseguono gli ingiusti e lo fanno con cautela e attenzione, senza lasciarsi trascinare dall'impeto o dalla passione per non diventare ingiusti a loro volta. E in questi stessi momenti, in momenti come questo di forte oppressione, ci sono anche persone come Sergio che, mai, corrono il rischio di diventare ingiusti, nemmeno se diventano Frantz Horker, perché non è possibile cambiarne l'essenza. Persone che sono un anelito di liberazione e che si adoperano per una liberazione, che sanno che tarderà a venire, che non verrà subito e che loro, probabilmente, non la vedranno. Ma non importa: altri la vedranno. Sergio sapeva che sarebbe morto prima della fine. Io no.

William si ammalò: tossiva in continuazione, giorno e notte; perse anche sangue due o tre volte, ma solo io lo vidi. Continuò comunque a fare i suoi turni di guardia, a prepararmi nel mio addestramento, e ci furono, ricordo, almeno altri due scontri con dei fascisti ma lontano da dove stavamo noi così non dovemmo cambiare ancora riparo. Fece tutto William, fino a che non poté più e dovette fermarsi.

"Ha la febbre altissima", dissi una sera a Satana. "Non so quanto perché non si può misurarla, però scotta tanto".

"Guardaci te", rispose Satana. "Io sono di turno, sai?", e sorrise appena.

Era molto stanco e le occhiaie, già segnate dalla cattiva alimentazione e dal poco sonno, si vedevano ancora di più perché faceva doppi turni ora: i suoi e quelli di William. Era sempre di turno, insomma. Era stanco, strascicava i piedi ma, come sempre, era impeccabile: la sua divisa non era quasi mai sporca o macchiata, i baffi erano sempre perfettamente divisi e ugualmente tagliati, la scarpe pulite e il fucile sempre rigorosamente sulla spalla destra con la canna in giù. Che fosse stanco, riposato, triste, felice o malato non importava: i suoi vestiti e la sua faccia non ne risentivano. Sembrava di gesso: non un'espressione di stanchezza, un sospiro, un grido, una parola fuori posto. Tutto quello che diceva era perfetto e dosato e, quando parlava a lungo, si riusciva sempre a capire a che punto il discorso sarebbe finito e quante parole mancavano alla fine. Non era scontato il discorso (infatti non si riusciva a sapere quali parole avrebbe detto), ma perfettamente dosato, dosato a tal punto che, dalla parola iniziale, conoscendo un po' Satana, si riusciva bene a capire quante parole sarebbero state necessarie per quel discorso. La sua faccia, sempre perfettamente pulita in un modo che io e William ignoravamo, non si produceva quasi mai in nessuna espressione, nemmeno quando parlava: diceva quello che doveva dire, non era felice o triste di essere partigiano né pareva particolarmente dispiaciuto di mandarmi a Mauthausen: erano cose che andavano fatte, necessariamente fatte e la sua faccia lo dimostrava. A volte sorrideva, però, a me o più probabilmente a un suo pensiero o ricordo e allora, se si guardava bene, in quell'attimo, si poteva vedere la sua disperata espressione di sconfitta e perdita. In quel momento, la sua faccia, diceva solo che era profondamente convinto di quello che stavamo facendo, che nessuno l'aveva costretto a partire o a mettersi con i partigiani, come d'altronde nessuno aveva costretto me o Sergio, ma che tutto questo non aveva alcun senso ora: vivevamo in una situazione gravissima e le nostre facce, non tutte le nostre facce, avrebbero visto la fine.

Non so come preparai una sorta di zuppa o di minestra per William e, per tutto il tempo, in cui fu bloccato a "letto" gliela somministrai due volte al giorno. Andavo spesso da una certa signora Pina che abitava in alta montagna, tutta sola, e che, ogni volta, dopo la litania di "poverina", "poveretta", "guardala lì, povera figlia", mi dava sempre qualche uovo, qualche verdura e la farina. Era poi tutto quello che avesse, povera donna. La febbre piano scendeva e William riprendeva forza anche se tossiva ancora parecchio. Pareva curarsi col cibo e, anche se oggi pare impossibile, era la fame, probabilmente, molto più della tosse, a tormentarlo.

"Vai a dargli da mangiare?", mi chiese una sera Satana.

"Perché", feci io sorridendo con il piatto in mano, "vuoi dargliela tu la minestrina?"

Satana fece un segno, si avvicinò, mangiò due cucchiaiate di minestra, rise e uscì per il suo turno allargando le braccia e dicendo: "Prevenire è meglio. Altrimenti ti tocca imboccare anche me tra un po'".

"William", dissi avvicinandomi a lui, "ti ho portato la minestra".

Non riusciva ancora a mangiare da solo, così dovetti imboccarlo di nuovo.

William fu la prima persona a cui misi concretamente una mano sulla testa: per tutto il periodo della sua malattia, infatti, due volte al giorno, gli diedi da mangiare, gli asciugai il sudore con delle pezze che, poi, altro non erano che stralci della camicia da notte della donna che mi dava la farina e le uova, e stetti lì, tutto il tempo, vicino a lui, a ascoltarlo respirare, tossire, sputare sangue e poi tossire di nuovo e a raccontargli di Albertine e Marcel e Bergotte. Raccontai molto di Bergotte: della sua scrittura, di che cos'era per lui, di che cos'è per me; parlai a William, febbricitante e stanco, di me e del mio rimpianto più grande e della penna che avevo abbandonata. Gli parlai, carezzandolo, imboccandolo e asciugandogli il sudore, convinta che non potesse davvero ascoltarmi e che quelle parole, una volta uscite dalla mia bocca, sarebbero cadute chissà dove perse per sempre, ma mi sbagliavo: William, in qualche misterioso modo, sentì e raccolse tutto. Non una parola di quello che dissi fu invano. Gli parlai di tutto fuorché di Sergio:

lui non venne mai menzionato nei miei monologhi e, all'epoca non lo sapevo, non potevo rendermene conto, ma quei discorsi, quegli anomali soliloqui a due, erano molto più di tutte le parole che avevo condiviso con Sergio fino a quel momento: senza saperlo, senza nemmeno toccarci né avvicinarci, facemmo l'amore per tutto il tempo con quei discorsi; e, chissà, forse anche questo mi aiutò a guarire. Nel tempo.

Anche William guarì più o meno, ma la tosse non gli passò mai del tutto. Comunque, riprendemmo in fretta l'addestramento.

"*Appelplatz*?", fece un giorno.

"E' il luogo dell'appello", risposi io.

"*Krankenrevier*?", chiese di nuovo.

"Ospedale", dissi io.

"Ospedale ...", fece William. "Porco diavolo! Ospedale lo chiamano quei bastardi! Vedi di non finirci mai!"

E sputò per terra.

"*Haub' ab*?", continuò Satana.

Questa aveva almeno tre possibili significati nel gergo del campo e non li ricordavo mai. Non era facile imparare tutte quelle parole e, mai come in questo caso, mi sentii fortunata ad avere due maestri così. La gente moriva anche per questo, a Mauthausen, perché nessuno prima gli aveva spiegato né insegnato nulla e, Mauthausen, non spiegava né insegnava nulla. Ci si trovava semplicemente lì, catapultati fuori da quel treno, in mezzo a gridi e botte e "Fate in fretta!", in una Babele di lingue sconosciute e incomprensibili e chi non capiva era tagliato fuori da tutto. Molti morirono così. Gli italiani, soprattutto. Nel mio campo non ce n'erano tanti ma si poteva esser certi che quelli che arrivavano in ritardo o che scambiavano un posto per un altro erano italiani perché, capii a Mauthausen, gli italiani hanno una scarsa abilità di apprendimento linguistico, dunque non capivano i consigli, non comprendevano gli ordini e si auto isolavano. L'ordine, a Mauthausen, non era mai ripetuto una seconda volta e in tanti morirono così. Stupidamente. Tutti, in fondo, si moriva stupidamente a Mauthausen: eravamo lì per quello.

"Andate via?", chiesi.

William mi guardò attonito e Satana subito rispose: "*Haub' ab*: vattene, rompete le righe, andate al diavolo. Il tuo "andate via" è un po' troppo delicato".

Io sorrisi.

"*Schutzhaftlager*?", disse poi subito.

"E' il luogo dove stiamo noi", risposi.

"Voi?", fece lui voltando la testa stupito.

"Sì, noi, i prigionieri", dissi io.

"Non lo sei ancora, Zlata", fece lui.

Da un po' di giorni mi chiamava Zlata e io non lo sopportavo. Sicuramente rientrava nel loro piano: farmi lasciare Angelica alle spalle prima ancora di entrare a Mauthausen, prima ancora di salire sul treno; non essere "me" già da subito, da ora, il prima possibile, e forse è questo che mi ha salvata. Essere là e, al tempo, non esserci: non essere me. Stare nel mondo e non essere parte del mondo. Essere, piuttosto, una sorta di deforme, anoressico e tristissimo Barone Rampante. Questo mi ha salvata; questo, e la famosa "mano sulla testa" di cui mi aveva parlato Sergio e che ho sentito solo tempo dopo, molto tempo dopo di lui. In realtà, io arrivavo sempre a capire le cose molto tempo dopo Sergio. Probabilmente, se mi sono salvata, è perché, a Mauthausen e anche a Auschwitz, credo, e a Bergen Belsen, a Dachau, ovunque nei campi, era fondamentale, importantissimo avere una fede. Credere in qualcosa. In Dio, nella Madonna, in tuo fratello, nella tegola del tetto o nei fiori di papavero non importava; quello che era importante, a Mauthausen, era credere in qualsiasi cosa oltre la tua persona, perché la tua persona, lì, non contava nulla, valeva poco e, solo, non ce l'avresti fatta. Chi è rimasto decisamente troppo solo non ce l'ha fatta.

Io credevo, io sapevo che oltre quel filo spinato c'era la vita, un'altra vita e che, oltre quei cancelli, c'erano quattro uomini di cui sapevo i nomi e di cui avrei riconosciuti i volti, che si stavano adoperando per tirarci fuori di lì. Sapevo che c'era Satana con tutte le sue carte e i suoi schemi che sempre portava con sé, e William con il suo "porco diavolo"; sapevo che Paolo, con la sua sigaretta dietro l'orecchio, e Nord, con la sua bella divisa di panno inglese, sarebbero arrivati. Io lo sapevo: sapevo che sarebbero venuti, che non si sarebbero fatti attendere, e non sono morta perché aspettavo loro. E anche perché io, a Sergio, lo volevo sposare.

"Mauthausen", disse Satana dispiegando sul tavolo di fronte una grande cartina, "si trova qui", e lo segnò col dito.

"Qui dove?", chiesi io.

"Alta Austria, porco diavolo! Alta Austria!", disse William.

Io non lo guardai nemmeno: lui e il suo "porco diavolo" mi avevano stufata, però si poteva capirlo: era anche lui un povero diavolo lontano da casa, perso in una grotta al freddo e, come tutti, senza alcuna concreta speranza di ritorno. Nessuno pensava allora che si sarebbe tornati ancora.

"Alta Austria, abbiamo capito", continuò Satana prendendo una matita per segnare il tutto sulla cartina. "Mauthausen ha quarantanove sottocampi, campi satellite, chiamali come vuoi. E' molto grande Mauthausen, vedi?" E fece un enorme cerchio che prendeva tutta la cartina.

Io annuivo ma in realtà l'unica cosa che avrei voluto sapere era se quelle cose, gli altri, Paolo e Nord, a Sergio le stessero dicendo. Anche lui doveva muoversi a Mauthausen senza sbagliare mai. Lui lo sapeva dov'era Mauthausen? Sapeva che era il "campo madre" di altri quarantanove campi più piccoli?

Satana continuò: "*Kommandos*. Così si chiamano. Ripeti".

"*Kommandos*", dissi io.

"Brava", fece Satana battendo una volta le mani, e continuò: "Aflenz, Amstetten, Enns, Graz, Grein, Gusen, Leibniz, Ried, Peggau, Schönbrunn ..." Poi si interruppe, forse perché aveva finito le dita su cui contarli. "A settembre", riprese quasi subito, "è stato creato il campo femminile, una sezione del campo per sole donne".

"Gentile da parte loro, eh?", fece William.

Satana parve non sentirlo e continuò: "Non si lavora solo alla cava di pietra a Mauthausen, almeno da quello che sappiamo perché le informazioni girano molto poco. Ci sono, in quel complesso, anche fabbriche belliche e di assemblaggio dei caccia *Messerschimtt Me 262*. C'è soprattutto un distaccamento della I.G. Farben, una fabbrica che produce vernici e tinture chimiche e, secondo me, anche lo Zyklon B sotto coperta, ma non ne sono sicuro. Molti lavorano lì, a quanto sappiamo, anche deportati di altri campi e prigionieri di guerra. Capito?"

Sembrava proprio una lezione: parlava, segnava con la matita i vari punti sulla cartina, contava sulle dita e, ogni tanto, a cadenza regolare, mi domandava se avevo capito, mi faceva ripetere i nomi dei luoghi in italiano e tradurli in tedesco. Non disse mai una parola di più di quello che sapeva e, quando non era sicuro di qualcosa, diceva sempre "Secondo me".

"Credo di sì", feci io. "Ma a cosa mi serve saperlo?"

"Più cose sai prima, meno novità incontri dopo e meno sbagli corri il rischio di commettere. Mettiti in testa, Zlata, che a loro non serve un motivo per picchiarti o ucciderti: sei lì per quello, dunque sbaglia al minimo, se puoi", fece Satana.

"Ovviamente, poi", intervenne William, "tutte queste cose, nei libri di scuola, non ci saranno o saranno modificate: rese meno atroci, abbellite, se possibile, ingentilite, ma non saranno così come le viviamo ora. La gente dirà che sono cose troppo atroci da scrivere, da far leggere e imparare e, vedrai, ci sarà un qualche ministro o un qualche presidente, quasi sicuramente italiano, che vorrà levare l'intero periodo dai programmi scolastici e estendere, magari, la parte sugli Ittiti". Si fermò e mi guardò forte. Io annuii, e lui riprese: "Tu ti muoverai nella zona femminile, questa qui, vedi?", disse segnando una zona a caso sulla cartina. Fece un grande cerchio con il dito che non comprendeva nemmeno la zona femminile ma che, invece, partiva dal Crematorio e finiva sul tavolo accanto alla mia mano. "Qui", continuò tranquillo, "sono tutte donne che lo gestiscono, ma ogni tanto c'è qualche SS uomo che viene a controllare. I comandanti di Mauthausen sono Albert Sauer e Frantz Ziereis. Come si dice comandante?"

Io borbottai qualcosa che poteva essere "*Hauptsturmführer*", e lui continuò: "Cerca di farti mandare alla cava il meno possibile, poi ti spiegheremo come".

Io annuii ma non ascoltavo davvero: ne avevo già abbastanza di Mauthausen e non c'ero ancora andata. Mauthausen era così: lo sentivi prima e, lo so ora, non avresti smesso di sentirlo dopo. Un pensiero fisso e martellante e quell'odore, quell'odore insopportabile e nauseante; quell'odore che già sentivo e che sento ancora; quell'odore che raggiungeva tutti e che, ne ebbi mille volte conferma, era impossibile ignorare; dunque, tutti, tutti e nessuno escluso sentivano quell'odore. Dunque, tutti, tutti e nessuno escluso sapevano. Quell'odore era la conferma che tutti sapevano. Tutti. Era quell'odore lo sterminio e a questo nessuno sopravvisse.

Satana riprese la parola: "Le camere a gas, contrariamente a quanto credevamo fino a qualche mese fa, ci sono a Mauthausen. Ci sono camere a gas nel distaccamento di Gusen e una al Castello di Hartheim". E li segnò col dito sulla cartina. "Ci sono anche camere a gas mobili, cioè metodi di gasamento delle vittime all'interno di camion da Mauthausen a Gusen, capito?"

Ma non aspettò la risposta, che comunque non sarebbe arrivata, e continuò: "Lo Zyklon B di cui già ti abbiamo parlato, in realtà, a quanto ne sappiamo, viene utilizzato solo a Auschwitz e Majdanek. Ci informeremo, comunque, perché spesso viene utilizzato anche altrove con la scusa dello spidocchiamento e il controllo del tifo". S'interruppe un attimo e mi guardò: se vide segni di stanchezza o tristezza in me non ne fece parola e continuò: "Il regime alimentare è molto stretto, immagino, ma non abbiamo abbastanza informazioni su questo per ora. Domani, comunque, verrà Nord, con altri della sessantatreesima brigata Bolero, e ci forniranno ulteriori ..."

"E Sergio viene?", feci io.

"Chi?", disse Satana sempre seguendo il suo piano di "abbandono Angelica"; ma non m'importava più del suo piano, così mi alzai e continuai: "Sergio viene?"

Satana non rispose e nemmeno William, che riprese a parlare: "Tornando al gas, lo Zyklon B è in semi di colore ...".

"Sergio viene con Nord?", chiesi di nuovo io.

S'alzarono entrambi e iniziarono a radunare la cartina e le altre cose. Mi voltarono le spalle e non risposero.

"Porco diavolo! Viene o no?", gridai io in piedi.

William si voltò e scoppiò a ridere, e Satana mi guardò fissa negli occhi e, ci avrei giurato, guardava Angelica non Zlata, quindi non capii perché poi si fosse rivolto a Zlata e non a Angelica.

"No", disse scuotendo la testa e rimettendosi il fucile in spalla. "Frantz Horker non verrà".

Otto

Non ho mai dubitato di Sergio né della sua bontà. Non ho mai avuto paura che Mauthausen o le SS lo cambiassero, che mi restituissero un Sergio che non conoscevo. Non ho mai temuto di dare Sergio e riavere Frantz Horker.

Sergio era protetto dal suo senso di collettività, dalla sua grande fede nella vita e, in fondo, anche nell'uomo. Fede che io non avevo all'epoca né ho imparato dopo.

Sergio era protetto dalla sua bontà; era Sergio stesso che proteggeva Sergio, e la sua bontà avrebbe potuto contagiare Frantz Horker ma non il contrario: nulla di Frantz Horker entrò mai in Sergio. Bontà che io non avevo in quei termini né ho avuto dopo.

Laddove io ero protetta dal solo nostro amore, Sergio era protetto dal suo intero cuore e proteggeva me, se stesso, Zlata e i poveretti a righe.

I sentimenti umani sono confusi e misti e, probabilmente, non erano in grado di sconfiggere la macchina dello sterminio nazista, però sapevano combatterla. Io e Sergio e i quattro partigiani potevamo combattere e dire e dirci che, sì, era una situazione gravissima quella in cui ci trovavamo ma non era ancora la fine, nulla era stato deciso né per il sì né per il no e, in fondo, si poteva pensare che non sarebbe stata eterna questa situazione.

I sentimenti umani, banditi da tutti i campi, erano quelli che, più e prima degli americani e dei russi, avrebbero liberato i poveretti a righe. Nulla, infatti, è più feroce e spaventoso della bontà, che penetra ovunque, anche tra i fili spinati, anche nel laboratorio del "dottor" Mengele, anche a Mauthausen, ed è spaventosa, soprattutto laddove la bontà non è prevista e messa in conto. Lì c'è. E se la bontà e la gentilezza non sono previste sono esplosive, pericolosissime.

L'uomo, benché sappia confrontarsi con il male perché se l'aspetta sempre e sempre si prepara al male, alla tristezza, al dolore, a ricevere un torto, non sa che fare di fronte a una bontà imprevista e del tutto gratuita. Così resta senza parole.

Se qualcosa ci ha salvati, io credo sia stata la bontà di qualcuno che era stato capace di conservala; qualcuno non aveva consegnato la bontà assieme ai bagagli, agli ori e a tutto il resto all'arrivo.

Nord e gli altri partigiani arrivarono di notte e senza Sergio. Io stavo per addormentarmi, ma riuscii a sentire comunque tutto quello che si dissero e, da quel giorno, fui molto più magnanima verso di loro.

Non avevano un piano: ne avevano mille e quasi tutti abbastanza pericolosi e senza una reale possibilità di riuscita. Io e Sergio eravamo stati allontanati da casa, separati tra di noi e fino a quel giorno ero stata molto arrabbiata con tutti loro: perché proprio noi? Perché noi e non qualcun altro? Quella sera la risposta venne. Non c'era nessun'altro, stavano morendo tutti: dovevamo fare in fretta.

"Bombardiamo la ferrovia!", sentii dire a qualcuno.

"No", questo era Satana, distinguevo la sua voce. "No, la ricostruirebbero in due giorni. No".

"Hai ancora quella lista?", chiese qualcun altro.

"Sì, ma non funzionerà più. Hanno bloccato tutto, chiuso tutto: non lo permetterebbero più", rispose una voce, alla quale ne seguì un'altra che mi parve di donna: "Quanti ne abbiamo tirati fuori da quella lista?"

"Dodici", rispose William. "Dodici su settanta, porco diavolo!"

"Perché non andate alla polizia?", chiesi io.

Loro si voltarono: non pensavo d'aver detto una sciocchezza, ma oggi so che lo era. Andare alla polizia tedesca o italiana per denunciare i crimini nazisti o fascisti che nessuno voleva vedere o per vigliaccheria o per paura o per suo comodo? Non che tutta la polizia fosse coinvolta, ma chi per paura chi per altri mille motivi, non ci avrebbero ascoltato mai. Sì, era un'idea sciocca, un'ipotesi nemmeno da prendere in considerazione, però io all'epoca volevo solo tornare da Sergio, ovunque lui fosse, e finirla con quello schifo il prima possibile. Prima ancora che lo schifo vero cominciasse. Prima ancora di sentire l'odore di Mauthausen, l'avevo nelle narici. Il mio naso si stava stancando.

L'idea, come dicevo, non era neanche da tenere in considerazione, e infatti nessuno di loro si prese la briga di rispondermi. Si voltarono e, come se non ci fossi, continuarono a parlare di bombardamenti, ferrovie, fronte italiano e "porco diavolo" che, dove c'era William, c'era un "porco diavolo".

"Quali notizie", chiese Satana a un certo punto, "da Johnny e Milton?"

Vidi uno di loro abbassare il capo e scuotere la testa e fu una donna a rispondere: "C'è stata una strage a Sant'Ilario", disse scuotendo la testa. "Li hanno arrestati tutti e dieci e, per ora, abbiamo notizie solo di tre di loro. Degli altri non sappiamo nulla". Era una partigiana, infatti era vestita come Satana e Nord e tutti gli altri ma, non so perché, mi fece un effetto strano vedere su una donna quella divisa. Ne fui subito e inaspettatamente molto contenta. Vivevo da settimane in mezzo a uomini e, l'unica donna con cui aveva avuto un contatto era quella delle uova e della farina, ma era anziana e molto lontana da me. Lei, invece, sembrava avere la mia età: era alta, castana chiara con lunghi capelli raccolti in una coda e la testa avvolta in una sciarpa marrone che finiva lunga sulla parte sinistra della divisa. Portava la divisa dei partigiani con il fazzoletto rosso e un cappotto nero lacero e aperto e somigliava abbastanza a William; aveva i guanti e teneva vicino a sé una bicicletta. Sembrava estremamente triste: stanca e triste ma non sfiduciata.

"Bella", sentii dire a qualcuno rivolto alla partigiana. "Bella ..."

Lei subito puntò il fucile, l'altro alzò le mani prendendola in giro, fingendo d'essere spaventato, e lei disse: "Guarda che io le armi non le porto per bellezza, ma per mirare e per colpire".

Lui scosse la testa, le rise in faccia e fece: "Finirà la guerra, Clarita, e ci sposeremo ...". Lei lo spinse lontano col calcio del fucile, lui cadde, e finalmente la partigiana abbassò l'arma.

"Porco diavolo!", sentii a un certo punto.

"Anche noi", continuò, scuotendo la testa davanti all'uomo ancora per terra, l'uomo che imparai poi essere Bolero, il comandante della brigata cui apparteneva la donna triste della bicicletta, "ne abbiamo persi parecchi a Casalecchio". Sospirò e aprì la bocca come per continuare, poi scosse di nuovo la testa e non disse più nulla.

"Porco diavolo!", disse di nuovo qualcuno.

Il contributo di William a quelle riunioni non mi parve fondamentale; però notai che nessuno cercava di zittirlo o di impedire quei continui "porco diavolo" che diventavano, alla fine, delle lamentele, delle nenie, delle canzoni tristi e sempre uguali che accompagnavano il lungo elenco di battaglie e morti e feriti e piani falliti ancora prima d'esser messi in atto. William, forse, dava un contributo importante ai sentimenti, alla parte interna dell'uomo che, nonostante tutti i campi, tutte le guerre e tutte le botte, non svanisce mai. Non è stato ancora inventato un gas per distruggere quella parte: non ce l'hanno fatta gli italiani in Etiopia né i tedeschi nei campi e non ce la farà mai nessuno. E questo è un pensiero consolante.

A un certo punto stavo per andarmene quando mi parve che Nord facesse una specie di segno verso di me. "Sergio", devo aver pensato subito. "Dovrà dirmi qualcosa su Sergio". Mi misi sulla sedia all'angolo, appena dietro la "stanza" dove stavano loro, fingendo di leggere e aspettai che finissero. Forse Sergio gli aveva detto qualcosa da riferirmi? Forse voleva tornare a casa? Forse gli aveva dato qualcosa da consegnarmi? Sì, Sergio sicuramente gli aveva detto qualcosa e adesso Nord me l'avrebbe riportata.

Attesi fremente la fine di tutti i loro discorsi che terminarono quando un alto partigiano dagli occhi azzurrissimi e i capelli neri neri chiese a che punto ero nella mia preparazione, o meglio "la preparazione della ragazza" e William alzò le spalle in un "porco diavolo" insignificante. Satana intervenne e disse: "E' ancora troppo Angelica per essere pronta". E sorrise verso di me che non alzai la testa dal libro.

"Cos'è quel mattone che leggi?", chiese Bolero sorridendo verso di me.

Io alzai la testa, lo guardai e sorridendo appena risposi: "Il mio breviario", e continuai a leggere.

Satana scosse appena il capo quando Bolero lo guardò come per chiedere spiegazioni e sentii che sussurrava: "Proust", e aprì le braccia.

Io abbassai di più la testa ma non stavo davvero leggendo. "Angelica", aveva detto Satana. Erano undici giorni che non sentivo pronunciare quel nome: "Angelica", il mio nome. "Angelica". Il mio nome che stava diventando a fatica Zlata e che, poi, qualcun altro, avrebbe voluto far diventare un "einhundertfünfzehntausendachthundertzweiundvierzig" , senza però riuscirci mai davvero. Io non sono mai stata Zlata né un 115.842: io sono sempre e solo stata Angelica. E' Angelica il mio nome.

"Il ragazzo, invece, come va?", sentii chiedere a Satana.

"Come vuoi che vada il mio Sergio?", pensai e sorrisi.

"Bene, bene", disse qualcuno. "Sì", intervenne la donna. "Ascolta e impara: sa più il tedesco che l'italiano, ormai. Ma è troppo buono per le SS e spero che nulla di quello che gli stiamo insegnando gli resti". Sentii distrattamente Satana commentare che, sì, lui lo sapeva che era tanto buono e per questo l'aveva scelto. Io sorrisi e a lungo perché sapevo, ne ero certa, che Mauthausen e le SS e Frantz Horker non avrebbero intaccato il mio Sergio. Le SS e tutto quello che stava imparando sarebbero stati ben impressi nella sua mente fino a quando ne avesse avuto bisogno e poi li avrebbe spostati in un altro luogo della sua persona, a vivere una vita diversa e separata da lui: il suo cuore, perché in quel cuore, tutto il male e il dolore prima di risiedervi dovevano venire compresi e debellati, in qualche modo, di quello che erano, perché nel cuore buono di Sergio, spazio per il male in sé, per il male gratuito non ce n'era.

Se ne stavano andando tutti e Nord ancora non mi diceva nulla. Perché? Se Sergio gli aveva comunicato qualcosa per me, io lo dovevo sapere.

"Ciao, Nord", gli dissi avvicinandomi.

"Ehilà! Come stai?", fece lui, e sorrise scompigliandomi i capelli.

"Non lo so", risposi.

Lui annuì piano: secondo me neanche lui sapeva come stava.

"Cosa devi dirmi?", gli chiesi stringendo il libro.

Lui sgranò gli occhi come se dovesse mettermi a fuoco meglio e non rispose. Io capii che Sergio non gli aveva detto nulla, ma quello che vorremmo è così tanto più forte di quello che è la realtà che continuai: "Sergio non ti ha detto niente su di me? Per me?"

Lui sospirò, mi guardò e io guardai lui. "Ah!", fece, e annuì. Sì, gli aveva detto qualcosa.

Mi guardò di nuovo, poi si voltò verso Satana come a chiedere di poter parlare; lui tentennò un attimo poi aprì le braccia e, sorridendo, annuì a sua volta.

Nord mi guardò di nuovo e disse subito: "Ti amo, Angelica. Così ha detto".

"Non è vero", feci io. "Non l'ha detto", e sorrisi appena scuotendo la testa.

"Già", fece Nord sorridendo. "Non l'ha detto, ma lo pensa sempre".

Io l'abbracciai, e lui non se l'aspettava, ma sorrise, e corsi via mentre qualcuno, in un angolo lontano di quella strana grotta, emetteva un "porco diavolo" e se ne andava a sua volta.

Non ho mai detto a Satana e a William del foglio che trovai dopo la loro riunione proprio sotto la bicicletta della donna. Non gliel'ho detto perché quel foglio conteneva una nuova resa delle loro fioche e stupide speranze. Di quei dieci partigiani arrestati a Sant'Ilario, infatti, sette erano morti e la lista era atroce: Arnaldo Pastarini, morto nella cava di pietra di Mauthausen; Remo Bertani, morto con un punto interrogativo (cioè non si sapeva dove né come); Aronne Maccari, sarto e barbiere. Avrebbe potuto, o almeno questo stava scritto, vivere un pochino meglio degli altri deportati servendo le SS che avevano bisogno di sarti. Si rifiutò per non tradire la sua idea che seguì, invece, con libertà e coraggio. Carlo Braglia, morto a Gusen II dopo qualche mese di "cure" inutili; Rolando Rosa, picchiato a morte e per primo dalle SS; Bruno Veloci, ucciso in baracca per dissenteria. Secondo la lista, Veloci aveva sporcato la sua parte di "letto", così era stato preso, fatto inginocchiare e una SS, dopo avergli messo il manganello sul collo ed esserci salito sopra, si sarebbe dondolato fino a soffocarlo; e l'ultimo della lista, Aronne Oliva, ucciso e sepolto lungo il tragitto da Amstetten a Mauthausen perché non più in grado di camminare. Degli altri tre nessuna notizia e, chissà, forse era meglio così. Non diedi mai quella lista a Satana e William perché cercavo di preservarli in qualche modo; volevo mettergli una mano sulla testa, ma naturalmente loro sapevano già tutto. Naturalmente.

Mariolino abita in via dei Caduti della I guerra mondiale, al numero 26, a Cremona. Fino a molto prima della guerra ci abitava con la madre, la signora Olga e la sorella Angelica. Da tempo, però, la sorella si era trasferita e la madre, dopo aver perso due dei sette suoi figli nei partigiani, dopo aver patito la fame e il freddo, e del poco amore di una sua figlia se ne era andata. Dunque, ora, Mariolino (che si chiamava in realtà Mario, così come il fratello Ninetto si chiamava in realtà Nino) vive tutto solo.

Di fronte a casa sua, da qualche anno, c'è la caserma dove vengono addestrati i nuovi soldati delle Squadre d'Azione Fascista. Così, Mariolino, per non incontrarli, è costretto a fare il giro largo e a passare dalla parte del Naviglio. A Mariolino non piace incontrarli perché non sono gentili, sputano e sghignazzano sempre, quindi preferisce fare il giro largo.

Quella sera, però, Mariolino scende alla stazione dei pullman di Cremona con l'intento preciso di fare la sua strada, quella che non fa da tempo. "Lavoro dieci ore al giorno", pensa. "Sono stanco e non ho voglia di camminare così tanto per tornare a casa. E poi", si chiede, "cosa possono farmi? Non ho mica fatto nulla io!" Così s'incammina dalla stazione, oltrepassa la pasticceria Dondeo, svolta a destra, poi prende finalmente per via dei Caduti della I guerra mondiale e, "Scusi!", qualcuno gli tira una manica. Mariolino si volta e vede un partigiano, chiaramente ferito alla testa, tutto grondante di sangue e sudore. "Scusi", ripete. "Scusi"; ma non dice altro, non riesce o forse non può, e cade a terra svenuto. Mariolino lo raccoglie, se lo carica sulle spalle e, prendendo la via larga, lo porta a casa sua.

Cerca di fasciare come meglio riesce la testa del partigiano dopo aver lavato la ferita, ma l'uomo non sembra dare segni di vita: è bianco, non si riprende. Dopo qualche ora, Mariolino vede un movimento nel letto dove aveva sistemato l'uomo e, avvicinandosi, "Sì", pensa, "è sveglio!".

Il partigiano mangia, beve, riposa e si riprende a poco a poco; resta per più di quindici giorni a casa di Mariolino che continua a lavorare, a passare per la via larga, a prendere il pullman per Soresina e poi ancora per Cremona, e nessuno sa del partigiano: nessuno deve domandare, nessuno deve rispondere.

Un giorno, dopo il lavoro, a casa trova la porta spalancata, il partigiano riverso a terra e, non fa in tempo a entrare, che due grandi uomini neri l'afferrano e lo portano via.

"Allora?", gli domandano a un certo punto.

Mariolino non risponde, non può.

"Allora?", domandano ancora scuotendolo perché Mariolino nemmeno li guarda. "Cosa ci faceva lì?"

Mariolino non risponde e il fascista più grosso gli da un calcio in faccia e lo fa cadere a terra.

"Non rispondi, eh? Cane!", e un altro calcio.

Mariolino alza gli occhi e li guarda: non parla, non può e gli fa segno toccandosi la bocca e le orecchie, ma quelli non capiscono o non vogliono capire oppure non gli interessa e continuano a picchiarlo finché Mariolino, a terra, non si rialza più, mai più, come, ancora a terra a casa di Mariolino, sta il partigiano.

I due fascisti, vedendo che è morto, lo sollevano e lo portano in piazza Duomo. L'impiccano a testa in giù di fronte al Torrazzo e, per tutta la notte, Mariolino resta lì, monito vivente e morente della furia fascista e anche del bene e del buono che Mariolino, silenziosamente, ha fatto.

Mariolino abitava in via dei Caduti della I guerra mondiale, al numero 26, già dal 1922. Nel 1946, quella strada venne chiamata via dei Caduti delle due guerre mondiali e, i primi caduti di quella strada, a passare il testimone, furono proprio il partigiano e Mariolino.

Nove

Finita la riunione, Satana mi disse di riposarmi qualche ora perché domani non sarebbe stata una giornata facile.

“E quando lo è stata?”, chiesi salutandolo.

Mi coricai in fondo, nell’ultima stanza della cascina dove stavamo, chiusi gli occhi e sentii subito il sonno arrivare. Se ne erano andati via tutti e c’era un silenzio pesante intorno. Con gli occhi chiusi lo potevo sentire, il silenzio: sentivo che stava intorno e sopra di noi, qualcosa di pesante e non voluto, innaturale. Un innaturale silenzio che avrebbe voluto parlare, gridare, ma non poteva, non ci riusciva: era il silenzio notturno del campo che già avevo cominciato a conoscere e sentire. Dovevo imparare a conviverci, però. Ne sarei stata capace? Soprattutto, l’avrei sopportato? Era veramente pesante, e non si poteva ...

Mi voltai di scatto quando una mano mi chiuse la bocca. Aprii piano gli occhi ma il buio, come il silenzio, era pesante e non si riusciva a vedere bene. Distinsi, però, nell’oscurità un fazzoletto rosso sopra una divisa. Cercai di spostare con tutte le mie forze quel corpo, pesante, grave quanto il silenzio che ancora stava sopra di noi, su tutti e due, e ci spingeva, ci pressava, sentivo quel silenzio dappertutto: sulla bocca che era chiusa e faticavo a respirare, sugli occhi e sulle mani che, invano, cercavano si spingerlo via, il silenzio. Scendeva, poi, più giù, lo sentivo dappertutto: giù fino alle gambe nude sentivo il silenzio e i brividi; giù mi pressava, premeva contro il pavimento freddo e mi diceva di stare buona, di stare ferma, ma non potevo, non volevo perché mi avrebbe uccisa, schiacciata, soffocata, quel silenzio, se non mi fossi mossa, se non l’avessi respinto.

A un tratto, una voce ruppe il silenzio. Qualcuno gridò un “Porco diavolo! Che cosa fai?” e una mano, che non riuscii a vedere da dove venisse, prese quel silenzio per la collottola e mi liberò del suo peso. Una porta sbatté e il silenzio pesante di poco prima venne sostituito da una voce più tenera, quasi familiare ormai.

"Stai bene?", mi chiese William mentre mi rialzavo e mi tiravo su i pantaloni. "E' ... ha fatto qualcosa?"

Io scossi la testa ma non riuscii a rispondere. William allargò le braccia come a chiedermi se poteva, se volevo essere consolata: null'altro volevo in quel momento ma non erano le braccia di William che potevano consolarmi. Mi strinse forte, comunque, ma con una presa, un peso molto diverso da quel silenzio di prima che, senza permesso, era passato dappertutto.

Una porta s'aprì di nuovo e sentii Satana entrare con un altro uomo.

"Tutto a posto qua?", chiese Bolero.

Io non lo guardai nemmeno: stavo con William che mi stringeva e provavo a respirare piano, a scacciare via quel peso che ancora mi alitava addosso.

"Chi cazzo era?", sentii dire da William.

"Marco", fece Satana.

"Ci pensiamo noi adesso", disse Bolero. "Non preoccuparti, eh?", fece poi verso di me.

Io non guardai nessuno: restai lì com'ero, abbracciata a William e sperando che quell'abbraccio potesse togliermi, strapparmi via un po' di quel peso e di quel silenzio che ancora mi sentivo addosso.

William si addormentò tenendomi ancora abbracciata. Io non potevo dormire perché quel peso ancora non se n'era andato e, con quel peso addosso, di certo, non potevo addormentarmi. Era un peso che richiedeva un'attenzione costante e una vigilanza perenne: non si poteva riposare.

"Ehi!", fece una voce entrando piano. "Come stai? Non dormi?"

Io guardai Satana e scossi la testa.

“Vuoi telefonare a Sergio?”, mi chiese.

Annuii piano e abbozzai un sorriso: Sergio era l’unico che avrebbe cacciato via quel peso. Sergio, come disse Satana, non Frantz Horker né nessun altro, Sergio solo, Sergio o il mio professore, solo loro potevano dare voce al silenzio e liberarmene per sempre.

Scostai piano William e uscii con Satana fino alla casa di Nerviano che aveva il telefono e che, vedendoci a quell’ora, chiese a Satana cosa fosse successo ma lui scosse la testa e quello fu tutto ciò che rispose.

Alzai la cornetta, Satana fece il numero e chiese di Sergio e, subito, istantaneamente, nel perfetto momento in cui sentii: “Pronto, amore”, una scarica di mitra venne gettata addosso a qualcuno dall’altra parte della valle e, subito, parallelamente alla scarica di mitra e alla voce di Sergio, quel peso, quel silenzio irrespirabile, soffocante, all’istante, se ne andò.

Bolero passò a vedere come stavo il giorno dopo e io mi sentivo meglio perché quel peso se n’era andato e non era tornato più. Fu una fortuna, poi, che ricominciammo subito l’addestramento e che non ebbi tanto tempo per pensare, calcolare, valutare, ricordare quello che era successo: ci rimettemmo subito al lavoro, il tempo era poco e le cose da imparare tante, e di quello che era stato più nessuno parlò.

“Non te ne sei andata”, mi disse guardandomi forte.

Non lo conoscevo bene, ma mi pareva particolarmente stanco: aveva una faccia pallida con due occhiaie grigio-blu e un sorriso triste. Due fossette identiche accanto agli occhi e alla bocca, rivolte all’ingiù, gli davano l’aria più triste che avessi mai visto.

“No”, feci io scuotendo la testa.

“Non hai paura?”, mi chiese serio.

Forse non era triste, ma estremamente serio. Non lo conobbi mai a sufficienza per esserne sicura ma probabilmente, Bolero, era una persona estremamente grave e seria: non triste. Il momento in cui vivevamo era triste, grave e serio e non permetteva altri comportamenti o stati d'animo che la gravità e la serietà per essere fronteggiato. In più, capii guardandolo, non esistevano momenti personali: Bolero non si stava informando su come avrei superato o non superato quel mio momento grave e personale, perché quel momento era stato di tutti, quel silenzio aveva pesato su tutti. Tutti, ora, dovevamo essere seri e gravi.

"Ho già paura degli altri", risposi. "Non voglio averne anche di voi".

"Non è pronta, porco diavolo!", sentii dire due notti dopo la riunione partigiana. "Non è pronta, Satana! Mauthausen la ucciderà in quindici giorni!", continuò William.

"Non possiamo aspettare ancora!", fece Satana. "Abbiamo un piano e dobbiamo seguirlo!"

"Ci sarà un altro trasporto, no?". William era furente e non potevo pensare che lo fosse per me, perché sì, è vero, io non ero effettivamente pronta ma lui doveva sapere che non lo sarei stata mai, che nulla sarebbe cambiato di qui a dieci giorni; no, doveva esserci un altro motivo.

Come al solito, mi sbagliavo e mi sono sempre sbagliata su di lui: William per come poteva e per come i tempi permettevano mi voleva bene. Mi voleva bene in un modo particolare perché c'era poco tempo per volersi bene, ma laggiù, in qualche angolo della sua persona, William non era poi diverso da Sergio e voleva bene a tutti: a me, a Satana e agli altri, a chi aveva lasciato a casa, ai poveretti a righe perché sapeva, e con certezza, che in fondo eravamo tutti dei "poveri diavoli".

"Aspettiamo altri dieci giorni almeno!", continuò.

"No, William, no", disse Satana. "Il treno domani notte partirà e noi saremo lì!"

Sentii prima una fitta al petto e poi una fortissima alla testa: domani. Domani notte sarei stata in viaggio per Mauthausen. La fitta alla testa e quella al petto erano generate, penso, dalla stessa paura ma non erano uguali: erano di natura profondamente diversa. Infatti, laddove la fitta alla testa mi diceva che domani era troppo presto e che non ero pronta, non ero preparata a Mauthausen; la fitta al cuore mi diceva che domani, forse, avrei rivisto Sergio o Frantz Horker. Per me, all'epoca, erano indistinti, erano la stessa cosa. Non lo erano, invece, ma lo capii dopo.

Dall' indomani notte non sarei più stata con William e Satana, non sarei stata più sotto la loro guida protettiva. Era così: in un certo senso e malgrado tutto quello che era successo, nonostante il fatto che eravamo in guerra e che, in fondo, nessuno poteva garantire protezione né a se stesso né a nessun altro, io, con loro, mi sentivo protetta, al sicuro e, soprattutto, sentivo che qualunque cosa fosse successa, sarebbe accaduta e poi passata, qualunque attacco si sarebbe risolto e, ogni cosa, sentivo quand'ero con loro, si sarebbe aggiustata, infine. Forse l'avevo sempre negato ma, quand'ero con loro, sentivo profondamente che tutto sarebbe andato per il meglio.

"La stai mandando a morire, porco diavolo!", e qualcosa cadde per terra.

La risposta non venne subito: sentii che qualcuno, Satana evidentemente, si chinava e raccoglieva qualcosa e la riponeva sul tavolo. Qualcuno sospirò e si accese una sigaretta. Poi sentii di nuovo William dire: "Se morirà in due giorni sarà colpa tua perché tu la stai mandando a morire!".

"E noi dove stiamo andando, William?". Satana aveva gridato e non l'avevo mai sentito gridare prima. Mi affacciai piano alla cucina dove loro stavano parlando e lo vidi in piedi, con un braccio teso verso William, una gamba per terra e l'altra sulla panca. Era rosso in viso e sembrava davvero stanco e arrabbiato. Forse mi vide, anche se mi ritrassi subito, perché presto si ricompose: abbassò la gamba, si sistemò il berretto, la giacca e il fazzoletto rosso e si mise in spalla il fucile. Respirò e lo sentii dire: "Siamo tutti d'accordo ed è troppo tardi per cambiare piano ora". E poi la sentenza definitiva: "Domani notte si prende il treno. Punto".

"Zlata", fece William. Era ancora sveglio e io, che stavo

per addormentarmi, “Sono pronta!”, feci e saltai su. In realtà, avrei dovuto rendermi conto che non era il momento d’andare, perché di solito ero svegliata in ben altro modo.

Sempre seguendo il piano di “abbandono Angelica” ideato da Satana, mi si svegliava (e sempre con mezz’ora d’anticipo tanto che avevo finito per dormire solo un paio d’ore a notte) con un sonoro “*Aufstehen*” così da, parole di Satana, “farmi entrare subito nell’atmosfera del campo”. Ma non riuscivo a entrarci in quell’atmosfera mio malgrado.

“No no”, sorrise William. “Non è ancora il momento”.

“E allora cosa c’è?”, gli chiesi.

“C’è che non sto tranquillo, porco diavolo!”, fece lui sedendosi vicino a me. Si accese una sigaretta, prese in mano il libro ma io subito glielo ripresi scuotendo la testa, e mi guardò, ma non pareva mi vedesse: sembrava che già fosse “oltre”, “avanti”, che lui davvero fosse entrato in quell’atmosfera cui io non riuscivo a accordarmi e, al contrario di me, lui, ne era assuefatto e esausto.

“Non sto tranquillo”, ripeté. “Ripassiamo, eh?”

Io sospirai e annuii.

“Mi vuoi un po’ bene, allora?”, sorrisi poi.

Lui non mi guardò, ma un po’ arrossì, credo: non sono mai sicura dei ricordi che riguardano William e tutto quello che lo circondava: il suo modo di fare, come accendeva la sigaretta e se la metteva, ancora fumante, dietro l’orecchio, il modo in cui sempre prendeva in mano il mio libro, i suoi sentimenti, tutto di lui mi sfugge e, in realtà, potrei sbagliare su tutto perché, di lui, non ricordo nulla con certezza. Tranne il suo “porco diavolo”.

“Siamo in guerra”, disse poi. “Non c’è tempo per volersi bene. Piazzale d’appello?”

E la lezione cominciò di colpo, così: ripetendo “prigioniero” e poi “*haftling*” e “*appelplatz*” e il gas micidiale, la scala infinita e tutte le altre cose: tutti i comandi, le cose che non si dovevano fare, quelle che, invece, era meglio fare e poi una litania infinita di nomi e ruoli: da Adolf Hitler a Paul Joseph Goebbles, massimo organizzatore della propaganda, a Hermann Goering, all'ultimo sottufficiale della tremenda gerarchia. Non so perché, l'ho notato solo anni dopo, in queste litanie né William né Satana mi hanno mai parlato o almeno nominato i due gerarchi con i quali, più di ogni altro, tutti i deportati si trovavano a confronto o sottostavano ai loro diretti comandi: Heinrich Himmler e Josef Mengele.

Le lezione continuò parecchio, quasi tutta la notte, e mentre ripetevo tutte le parole tedesche che potevo e il poco polacco che ricordavo; mentre sciorinavo nomi e, poi, come un puzzle, abbinavo i nomi ai ruoli, pensavo e capivo l'enorme fatica di William e compagni: sapevano tanto, anche se non tutto; conoscevano i luoghi e gli orari, i nomi dei responsabili e il numero (in continuo aggiornamento) dei deportati, ma non avrebbero potuto fermarli. Come fermarli? Già l'idea di bombardare la ferrovia mi sembrava una sciocchezza. E che pena doveva essere conoscere e non poter fare nulla.

"Io so", diceva Pasolini, "ma non ho le prove". Ed è così: le cose si sanno. I partigiani, e chissà quanti altri, sapevano e c'erano delle prove, ma come parlare e, soprattutto, a chi parlare? Come mettersi di fronte a una Germania a pezzi, con un dittatore spietato e dire: "Guardate che succede l'orrore a due passi da casa vostra!"? Più d'una volta, negli anni a venire, ho pensato che mentre quelle cose capitavano tutti sapessero; spesso ho pensato che tutta la Germania e l'Italia e il mondo sapessero già dell'orrore: dal più alto grado all'interno della polizia all'ultimo dei panettieri, tutti sapevano, secondo me. Non potevano non sapere; non potevano non domandarsi da dove veniva quell'odore di DDT e fragole. Tutti sapevano da sempre, dall'inizio, tutti, e i mille di Weimar furono patetici e ridicoli a fingere di non sapere nulla quando Oliver Lyon, una mattina, li prese e tutti li obbligò a vedere oltre la tela, costringendo tutti quelli che sapevano a vedere. Ma non cambiava nulla e ora lo so: non avrebbe cambiato nulla il fatto di sapere o meno. Il punto, all'epoca e ora anche, non è di sapere, ma di saper fare qualcosa: William e Satana e gli altri sapevano e stavano cercando di fare qualcosa; il falegname o l'impiegato che sapevano e non cercavano di fare nulla erano inutili, era meglio che non avessero saputo: avrebbero avuto una giustificazione. Invece, e l'ho imparato anni dopo, non c'era nessuna giustificazione possibile come non c'è oggi: se si viene a sapere dell'ingiustizia e non si fa nulla per fermarla o denunciarla in qualche modo, si è complici di quello che accade; così, la colpa del più potente tra i gerarchi nazisti che consapevolmente ha perpetrato l'ingiustizia non è superiore, è solo diversa, a quella dell'impiegato statale che, sapendo quello che accadeva a dieci metri da casa sua o dall'asilo dei suoi figli, ha consapevolmente continuato la sua vita senza curarsi di chi soffriva e moriva appena dietro l'angolo. E voi, se oggi visitate uno di quegli angoli, uno di quei luoghi, state attenti a dove mettete i piedi: lì, dove camminate, sopra e sotto la terra che pestate, ha sofferto e è morta della gente.

William, mentre la lezione continuava, pareva tranquillizzarsi e forse cominciò davvero a credere che fossi pronta. Non lo ero. Non ero affatto pronta e me ne accorsi subito, il primo giorno a Mauthausen. Il campo di sterminio in questo era un congegno perfetto: da subito, appena entrato, ti faceva sentire inutile e schifoso. Non c'era una gradualità: prima di salire sul treno ero una persona, già sul treno non lo ero più. Tutto avveniva di colpo e tutto era lì per ricordarti quello che non eri più: mettersi tutti nudi davanti a sconosciuti, condividere lo stesso "letto" con altre quattro persone, la stessa latrina; tutti rasati, tutti con quell'angosciante pigiama addosso, tutti senza nome; tutto, nei campi, doveva ricordarti pedantemente che ci sono delle gerarchie, delle scale, come quella "scala della morte" e tu non eri un gradino, nemmeno l'ultimo. Nell'ultimo o penultimo gradino della scala stavano, forse, i cani pastore delle SS e tu, sporco e puzzolente e rapato stavi sotto a quel gradino: sotto alla terra dove pisciavano i cani delle SS.

Non ero pronta per Mauthausen, ma non ne feci una colpa a nessuno: non lo era. E lo capii sempre quel primo giorno, quando mi accorsi con tutta chiarezza che, per queste cose, pronti non lo si è mai.

E' stata una lunga notte, come tutte le ultime notti (o le presunte tali). Parlai a lungo con William quella notte e da quello capii che era una serata particolare, non usuale: William non parlava quasi mai, a meno che con il suo "porco diavolo" volesse comunicare tutto. E, in parte, era così.

Quella notte, invece, parlammo a lungo, lui parlò a lungo: aveva venticinque anni, solo uno più di me e non l'avrei mai capito da sola: sembrava estremamente vecchio o forse era tanto stanco. Mi disse che viveva solo con la madre e una sorella perché il padre era morto in guerra, nell'altra guerra, e non era stato più trovato, così la madre aveva avuto un forte esaurimento perché mai si era saputa arrendere all'idea che il marito fosse morto e il fatto che il corpo non fosse mai stato ritrovato era, per lei, evidenza certa della sua salvezza. L'amore non si rassegna mai, ma sempre conserva una fioca, stupida speranza, o comunque lei l'aveva fatto: non si era rassegnata e aveva sempre portato speranza.

Speranza che, capii anni dopo, non era però riuscita a infondere nel figlio: William non aveva alcuna speranza o non ne aveva più. Non sperava più nulla, né si aspettava nulla, diceva lui, ma io sapevo che non era così: non sarebbe entrato nei partigiani o non sarebbe partito e non sarebbe stato con me quella sera se così fosse, se fosse stato senza speranza alcuna. I partigiani, in fondo, erano la speranza; e forse, William, manteneva una qualche fioca forma di speranza, una speranza ben definita: io credo che lui avesse fede e speranza non nell'uomo o nella pace, ma nel fatto che, per questi uomini che ora soffrivano, per i poveretti a righe, per tutti quelli che si trovavano in mezzo a questa guerra schifosa, ci sarebbe stata, in un giorno più o meno tardo, una certa forma di tranquillità e, se non la pace, la tregua.

Anch'io parlai molto: di me, di Proust e di Sergio e dei suoi quadri.

"Fa il pittore, Sergio?", ricordo che chiese William a un certo punto. Sergio disse, non Frantz Horker.

Sergio faceva l'imbianchino perché la sua pittura era talmente forte che l'aveva spaventato. Il suo dipingere era la cosa, non una delle cose, ma la cosa, più efficace e potente che essere umano avesse mai fatto. Lui dipingeva un fiore una stella una donna o una mensola una tegola una lampada o un bidone dell'immondizia, qualunque cosa, e questi diventavano il bidone e la donna e la tegola e la mensola. A tutto Sergio, che era buono, dava dignità e senso. Il senso della collettività di Sergio, infatti, si estendeva a tutti: uomini, animali e oggetti. Tutti dipinti. Era pericolosa, però, la sua pittura, perché dare umanità o senso umano a qualcosa vuol dire portarlo al proprio stato; vuol dire che quella stella, quel bidone e quella mensola ti possono rispondere e, di più, domandare.

Lo stesso capitava con me e Proust, perciò avevo aperto un bar e scrivevo molto meno. Io lo sentivo: mi parlava, mi rispondeva. Sentivo lui quando scrivevo molto più di Sergio. Non che sentissi la sua voce, ma la sua persona. Sentivo che quello che scrivevo su di lui non era invano, non cadeva nel vuoto ma veniva raccolto; ero sicura, che da qualche parte lui stesso lo raccogliesse e non lasciasse che si perdesse nemmeno una riga. Era pericoloso e spaventoso. Era bello e spaventoso. Mi ero spaventata di esser presa sul serio, così avevo aperto il bar. Sergio si era spaventato e così faceva l'imbianchino.

"Sì", annuii. "Lui disegna benissimo".

Ed era così. Sergio disegnava benissimo. Entrambi eravamo molto poco loquaci, molto meno di William ai tempi, ma lui disegnava benissimo e io scrivevo e leggevo molto bene.

Sergio era un pittore e vorrei, ho sempre voluto, riuscire a spiegare come Sergio era un pittore, come disegnava, ma non sono mai riuscita. Sergio era una Lily Briscoe o, di più, un Frenhofer: era capace di dissolvere la cornice, di mostrare che il modello non serve, non importa e la realtà urta; e passare per il vero, l'unico vero, il vero in cui solo gioie e dolori servono a qualcosa: l'arte, la letteratura.

"Ti ha fatto tanti ritratti?", ricordo mi chiese William.

"Sì", risposi io. Era così. Sergio mi aveva fatto tanti ritratti e la nostra casa era piena di suoi disegni e miei scritti: alle pareti, io e Sergio, avevamo attaccato i suoi quadri che erano, per la gran parte, miei ritratti e i miei scritti o abbozzi di romanzi che poi, per occuparmi del bar, non ho mai finito. C'era un quadro di Sergio che secondo me era fantastico ma che lui non aveva voluto appendere e teneva, invece, chiuso in uno stanzino coperto da un lenzuolo. Me l'aveva mostrato entusiasta, poi, non seppi mai perché, ne era rimasto deluso e diceva di essersene stancato, così non aveva mai voluto appenderlo. Un' accozzaglia di colori su tutta la superficie della tela: colori sparsi in lungo e in largo, che prendevano tutte le forme, strati e strati, veli di colore, un velo sopra l'altro e, sollevando il velo, poi uno strato, poi un altro strato fino alla fine, sotto doveva esserci qualcosa. Sergio diceva che c'era qualcosa, ma io non vidi mai nulla. Così, Sergio mi aveva indicato la parte in basso a destra del quadro e io notai un piede che usciva da quell'accozzaglia di colori. "C'è qualcosa, lo vedi?", aveva detto. E io, pur continuando a vedere solo un accozzaglia di colori e un piede, seppi con certezza che, anche se non lo vedevo, c'era qualcosa, qualcuno, il padrone di quel piede doveva essere lì sotto, da qualche parte.

"L'immaginavo", annuì William. "Sei così bella".

Io non dissi nulla ma abbassai la testa; lui non arrossì affatto e pronunciò quel "Sei così bella" come un qualsiasi "Porco diavolo", non distolse lo sguardo né si mosse dalla sua posizione, solo si accese una sigaretta e chiese: "E tu, perché non scrivi più?"

"Io ... scrivo ancora", ricordo di avergli risposto.

"No, non è vero", mi aveva detto lui. "Tu non scrivi più. E da tempo. Perché?"

Io non riuscivo a capire: mi sembrava assurdo che lui avesse capito e soprattutto che si preoccupasse del perché non scrivessi più in quella situazione. Mi sembrava strano perché nessuno, nessuno oltre al professor Federico, si era mai accorto che non scrivevo più, che doveva essere capitato qualcosa e, nessuno mai, oltre al mio professore, si era mai preso tempo per indagare il motivo, per capire.

"Io ...". Non sapevo cosa dire, così sorrisi e chiesi: "Non ti sembra che abbiamo altre cose più importanti a cui pensare?"

"E' per questo che non scrivi più? Perché avevi cose più importanti a cui pensare?", chiese lui con la sigaretta in mano.

Io continuavo a non capire nulla: sembrava davvero importante per lui il motivo per cui io avevo, in effetti, smesso di scrivere. Ma perché?

"Io ... non lo so", gli dissi. "Non lo so il perché". Ed era così: non sapevo all'epoca perché non scrivessi più. L'ho imparato tanti tanti anni dopo, quando mio marito me l'ha insegnato e io ho ripreso a scrivere.

"Te lo dico io qual è il tuo problema", disse William alzandosi e rispondendo a Satana con un "Vengo! Porco diavolo!". Gettò la sigaretta da una parte, ci pestò sopra col piede e disse: "E' questo il tuo problema", continuò avvicinando la sua faccia alla mia, e aprendo le braccia fece: "Non fai quello che vuoi".

Forse era vero, ma mi fece male e, soprattutto, la trovai una frase assurda in quelle circostanze e in quel tempo in cui pochi pochissimi facevano quello che volevano.

Parlammo a lungo, tutta la notte, fino all'alba.

"Vuoi ballare con me?", chiese William a un certo punto.

Non l'avevo sentito tornare. Satana l'aveva chiamato, non so perché, e io non avevo sentito che era ritornato. Mi voltai e lo vidi che tendeva la mano destra verso di me. Aveva degli occhi azzurrissimi, William, e, non so perché né come, mi fermai a pensare che non l'avevo mai notato e che, solo ora che stavo per lasciarli quegli occhi, finalmente vedevo che erano azzurri e molto molto grandi. Aveva degli occhi bellissimi, William: i suoi occhi seguivano il tempo e, forse, l'umore; così, di mattina erano azzurri e verso sera sempre grigi, per tornare azzurri, di nuovo, fra la fine della notte e la prima, primissima alba.

Non mi mossi, solo sorrisi e chiesi: "Cosa?"

Lui non rispose, allungò di più la mano, così io gli diedi la mia. William mi tirò verso di sé e mise il braccio sinistro attorno alla mia vita. Fu l'unico, in realtà: William fu il solo, o almeno quello che sempre sentii, quello su cui mai ebbi dubbio alcuno, quello da cui mai mi sentii abbandonata, perché William, oltre a una mano sulla mia testa, teneva un braccio attorno alla mia vita. Teneva tutta la mia vita, William: già all'epoca aveva tra le sue mani la mia intera vita, ma io non potevo rendermene conto, non ancora almeno.

Io stetti lì, ferma immobile; così, William mi prese la mano e unì, intrecciò le mie dita alle sue; poi si mise il mio braccio sulle sue spalle. Sorrise.

Io abbassai la testa, poi lo guardai e lo vidi estremamente serio: sorrideva, ma si percepiva che quello per lui era un momento serio tanto quanto la preparazione a Mauthausen e le battaglie con i fascisti. Aveva, in realtà, la stessa espressione di quando seppe che stavano rastrellando le Langhe. C'erano momenti di estrema gravità in cui William era sempre, immancabilmente e profondamente serio. Non era quasi mai, o lo vidi solo molto raramente, arrabbiato, triste o spaventato: era semplicemente molto serio con tutto quello che andava trattato in modo serio. Il suo stesso "porco diavolo" variava di intensità e tono a seconda delle situazioni; così, il "porco diavolo" che avevo sentito la prima sera in cui conobbi William al bar non era lo stesso, e nemmeno lontanamente assomigliava al "porco diavolo" delle riunioni di partigiani, dell'addestramento per Mauthausen o di quando rastrellarono le Langhe, con grande sofferenza di William perché, seppi poi, sua madre abitava ancora lì.

"Ma non abbiamo la musica", dissi io stringendo le sue spalle.

"La facciamo noi la musica", e, muovendosi piano, si mise a canticchiare la sua solita canzone sul vento che fischiava e la bufera che infuriava. Cantava sempre quella canzone, anche solo mormorandola, in ogni momento: durante le riunioni partigiane, durante il mio addestramento per il campo e, di più, anche in battaglia. Si impegnava veramente, ballando e cantando come poteva, ma non ce la feci più e, a un certo punto, scoppiai a ridere. William si fermò e io dissi: "Scusa, ma tu canti malissimo". E risi ancora.

"Porco diavolo!", fece lui grattandosi la testa e scoppiò a ridere.

Ridemmo per un bel po' di tempo, credo, e ridemmo di tutto e di niente. Ridevo ma non sapevo perché, anzi sapevo che non c'era proprio nulla da ridere ma quella sera capii quello che voleva dire Sergio quando mi disse che ora, più che mai ora, c'era bisogno di ridere e scherzare. Lo capii da sola, però, oppure ballando con William: Sergio non c'entrava quella sera. Con William, Sergio, non c'entrò mai.

Risi tutto il tempo ballando con William che cantava davvero male; risi tutte le lacrime che avevo e che dovevo, per forza, esaurire prima di Mauthausen; risi le mie lacrime fino a quando non resistetti più e piansi, con William, le lacrime e i sorrisi restanti.

Era quasi l'alba, e mi alzai dopo una notte insonne. Uscii appena da quella specie di grotta in cui vivevamo e respirai subito l'aria pulita del bosco. Era tanto che non vedevo un'alba: il sole era rosso e piccolo piccolo, poi via via si ingrandiva e diventava più giallo. Si ingrandiva e prendeva spazio e quota lentamente. Non era come un bubbone esploso ma un fiore, forse, o una città o una persona che, da niente, dal basso, piano prende spazio, si alza sopra tutto il resto e, pensai, dal momento che le persone non sono il sole e nemmeno fiori, è bene stare attenti quando qualcuno si apre o si innalza sopra tutti gli altri. Soprattutto quando lo fa piano.

Il cielo era azzurro e c'erano pochissime nuvole: non pensai nemmeno, credo, che quella era l'ultima occhiata al cielo per un anno e mezzo almeno. Non si guarda il cielo a Mauthausen ma, là dove eravamo noi ancora, sì, ed era molto bello. Non sembrava un cielo di guerra e, chissà, magari quel cielo la guerra non la sentiva nemmeno; chissà, forse, in quel cielo, c'era qualcuno o qualcosa che non era minimamente turbato dalla guerra, dalla morte, dalla distruzione che avvenivano sotto di lui. Mi ripugnò profondamente l'indifferenza di quel cielo.

Gli esseri celesti, pensai guardando quel cielo, se ci sono, sono sottratti al destino, non ne sono soggetti. A loro, il destino, non mette mai, in nessun caso, una mano o una spada sulla testa: il destino non si cura di loro, non li importuna, non li opprime come invece fa con noi. Con noi può permetterselo, pensai, perché noi non siamo in cielo: siamo esseri umani e, a volte, disumani. Noi, soprattutto, eravamo gli "esseri sofferenti": una nuova invenzione tutta tedesca e non avevamo modo di contrastare il destino ma, inesorabilmente, ne eravamo brutalmente oggetti. Eravamo sotto al cielo e in mezzo, proprio al centro della guerra, della morte e della distruzione e non potevamo non essere turbati da tutto questo. Qualcuno ci ha provato, ad essere indifferente, ma poi, ci è veramente riuscito? Si potevano davvero ignorare quell'odore, quelle grida, quelle lacrime e quel fumo che saliva verso il cielo? Anche il cielo sarebbe stato intaccato dalla guerra perché quel fumo nero saliva alto saliva in continuazione a sporcare quell'inutile lontano cielo assurdamente azzurro.

"Sei stanca?", mi chiese William alle spalle.

Di nuovo, non l'avevo sentito arrivare. Come potevo dirgli "sì, sono stanca", quando lui non sembrava addirittura nemmeno più stanco da quanto lo era: era talmente sfinito che, credo, quella stanchezza era diventata parte di lui, tanto quanto il suo "porco diavolo", e nemmeno più si vedeva. Bisognava avvicinarglisi molto per notarla.

"Sono spaventata", risposi. "Voi non avete paura mai, ma io ..."

"Io ho paura anche adesso", disse lui. "Ho paura che te ne vai e non ti vedo più".

Io non lo guardai e nemmeno lui mi guardava. Allora si sbagliava: allora c'era tempo anche in guerra per volersi bene.

"Ho paura", disse ancora, "perché non voglio non rivederti più". Sospirò a lungo e, a lungo, si grattò la testa; poi parve prendere forza da non so dove oppure proprio dalla situazione in cui vivevamo che estremizzava ogni cosa e tutto rendeva assoluto e pesante dal momento che tutto, ogni sentimento, ogni gesto, ogni parola, poteva essere l'ultima, e: "Io ...", cominciò piano, "io penso ...". Ma si fermò quando scossi la testa: non era il momento quello e dovette convincersene anche lui; oppure era proprio il momento e io, come al solito, mi sbagliavo.

Non disse più nulla, e io a un certo punto chiesi: "Tu credi che anche loro vogliano andare a casa?"

"I deportati?", fece lui.

"No, i tedeschi", risposi. "Credi che i tedeschi, come me, come te, come i poveretti a righe, vogliano andare a casa?"

William non rispose subito. Si voltò, accese una sigaretta e diede due o tre boccate prima di dire: "Nessuno glielo impedisce".

Io lo guardai e voltai piano la testa in cenno di diniego. Piegai la testa, sorrisi e piano gli dissi: "La guerra, William. La guerra glielo impedisce".

Dieci

Rientrammo al richiamo di Satana. “Ci siamo”, pensai.

“Zlata”, fece Satana quando mi vide. Era seduto al tavolo di legno con tre tazze di quel caffè con la cicoria che faceva sempre. Era orrendo quel caffè, talmente orrendo che nemmeno lui lo beveva. Non l’avevo mai visto berlo ma, puntualmente, ogni giorno, si alzava, cuoceva quel caffè con quell’orrida e amara cicoria, lo versava in tre tazze e lo lasciava lì, fino a quando, la sera, lo buttava. Si alzò e me ne portò una tazza, poi disse “siediti” e io presi posto vicino a William.

“Come stai?”, chiese.

Io non risposi e non bevvi il caffè.

“Qui”, continuò Satana, “ci sono i tuoi documenti”, e me li passò sul tavolo, così io lessi: “Zlata Flopič, nata il 13 aprile 1920, a Vilno, Polonia, ebrea”.

“Beh”, provai a dire, “un’ebrea polacca? Potrei deportarmi da sola!”, ma non riuscii a sorridere e nemmeno i miei compagni.

“E qui”, continuò Satana, “i vestiti e il cappotto”.

Satana non mi guardava e io non guardavo lui: né lui né William guardavo. Si fermò un attimo, prese in mano la tazza e guardò il caffè come se volesse capire perché fosse così nero e cattivo; poi continuò: “Alla selezione dichiarati subito abile al lavoro, dillo subito chiaro e in fretta, capito? Inoltre, dì che sei cameriera ma lascia perdere la storia del bar: non fare nomi né di persone né di luoghi e rispondi a monosillabi alle domande. Capito?”

Io annuii provando a bere il caffè ma non ci riuscii: aveva un odore repellente.

“In treno”, continuò William, “ci saranno tante persone, tutte stipate come bestie, quindi vedi se riesci a trovare da sedere altrimenti devi stare in piedi, ma ... non so ... Se non trovi da sedere ... ecco, stai in piedi".

"Grazie, William", fece Satana ridendo appena. Anche io ridevo piano e William guardando entrambi stava per dire "Porco diavolo", ma parve ripensarci, quindi allargò le braccia e sorrise.

Io mi alzai, mi vestii, misi la cuffia e il cappotto con la stella e non mi guardai nemmeno allo specchio: non potevo e non volevo vedere Zlata. Il mio nome è Angelica.

William e Satana erano ancora seduti al tavolo quando mi videro: mi guardarono a lungo, soprattutto William, e io mi sentii subito e irrimediabilmente sola. Stavo andandomene e, pensai in quel momento, loro sarebbero ancora stati insieme la sera e il giorno dopo e quello ancora dopo; io no. Io sarei stata, da quel momento in avanti, sola in mezzo a una solitudine di numeri, di ossa e pelle maltrattate; proprio al centro di una folla oceanica di numeri soli come me.

Satana si alzò e ripeté che, alla selezione, dovevo dire forte e chiaro e subito, subito dovevo dichiarare che ero abile al lavoro. Credo lo dicesse più per un suo privato senso di sicurezza, per una sua questione privata che per me: penso, infatti, che lui sapesse bene che nulla sarebbe cambiato se avessi gridato come un ossessa che ero abile al lavoro o se l'avessi detto sottovoce. A Mauthausen non contava nulla quello che diceva un'ebrea polacca.

William, a un certo punto, fece: "Ancora abbiamo dieci minuti. Possiamo aspettare".

"No", dissi io. "Quello che dobbiamo fare, facciamolo subito". Mi girava la testa e avevo la nausea: era meglio sbrigarci.

"Cosa c'è?", fece William guardandomi. "Sei pallida". E poi si rivolse a Satana e disse sottovoce: "Lo – vedi? E' pal – lida!"

Satana scosse la testa, sospirò, e non rispose.

"Ho fame", dissi io.

"Di già?", chiese Satana sorridendo. "Cominci presto!", e mi allungò un pezzo di pane.

Io sorrisi appena ma non riuscii a mangiare nulla: la testa

mi girava troppo e la nausea era insopportabile ma non era dettata dalla fame, quindi feci per incamminarmi ma poi mi bloccai e chiesi: “Come si fa a non andare alla cava?”

Satana mi guardò stranito, ma William doveva essersi ricordato di avermi detto che sapeva come non andare alla cava e disse subito: “E’ un po’ lungo da spiegare, ma devo dirtelo, quindi potremmo aspettare un paio di gio ...”. “William!”, fece subito Satana. E lui sospirando riprese: “Dichiarandoti cameriera”, e scosse la testa. “Non è garantito che non andrai mai alla cava, ma è una buona possibilità”. Era una pessima possibilità ma, povero William!, non poteva saperlo: ho passato quasi tutto l’anno alla cava dichiarandomi cameriera. Chissà, però, forse, è stato meglio così.

Entrambi si alzarono e ci incamminammo nella notte buia: Satana davanti, poi io, e William, dietro, in fondo, un tristissimo chiudi fila. A un certo punto, prima di uscire per sempre da quella grotta, mi fermai e chiesi a Satana:

“Me l’avresti chiesto se non fosse stato assolutamente necessario?”

Lui mi guardò a lungo e aprì due o tre volte la bocca, mi carezzò una guancia, ma non rispose e, in fondo, io non ne avevo bisogno.

Io e William stavamo insieme da un lato della strada mentre Satana controllava che un certo cancello di un certo giardino fosse aperto. Secondo lui, infatti, era meglio aspettare il momento lì dove saremmo senz’altro stati un po’ più coperti.

Fascisti non ne vedevo, tedeschi nemmeno ma sicuramente stavano da qualche parte perché William, dopo aver controllato che non fossimo più visibili da Satana, mi disse: “Togliti il cappotto!”

Io non lo guardai nemmeno e non feci una sola mossa. “Togliti il cappotto”, disse ancora. “Andiamo!”, e mi prese per la mano. “Cosa?”, gli chiesi. “Togliti quella stella!”, fece lui allungando la mano.

“No!”, gli dissi io fermandolo. “No, William, no! Non sono

venuta fin qui per niente! Non ho ascoltato tutte queste cose per gettarle via insieme al cappotto! Ci dovevate pensare prima!" Ma lui non mollava, tirava il cappotto cercando di strappare quella stella come se la differenza tra la condanna e la salvezza fosse lì, in quel pezzo di stoffa gialla, e continuava a dire: "Togli! Togli che ci vedono! Togli!". Io cercavo di fermarlo, di lottare contro di lui che voleva strappare quella stella gialla e contro di me: anche una parte di me, una parte molto rilevante di me, voleva strappare quella stella e mandare tutto al diavolo. "Basta! Ormai andiamo avanti!", gridai spingendolo all'indietro. William si fermò e si sedette sull'erba. Io mi sedetti accanto a lui: "William ...", cominciai ma poi non seppi più come andare avanti, così ripetei solo "William" altre due tre volte e poi tacqui.

Non ero arrivata fin lì per tornare indietro proprio in quel momento; non avevo ascoltato tutte quelle cose per poi tirarmi indietro e, soprattutto, non avevo lasciato andare Sergio per voltare le spalle a tutto. "Voler ascoltare un racconto", mi avrebbe detto mesi dopo un deportato a nome Cvetan o Tzvetan, "è anche correre pericoli mortali": io avevo ascoltato e scelto, senza obbligo alcuno, di correrli questi pericoli, dunque era impossibile tornare indietro ora. "Alcune cose lo sono, impossibili", mi aveva detto il mio professore una volta: tornare indietro ora lo era.

William non mi guardava; si voltò, invece, verso Satana che stava tornando da noi e disse solo: "Porco diavolo!". E sputò per terra.

"Venite!", fece Satana che non pareva essersi accorto di nulla. Tutti e tre entrammo in quella specie di boschetto e ci mettemmo in attesa. Fu una cosa snervante: tedeschi non ne venivano, fascisti tanto meno, Satana si accendeva in continuazione sigarette che poi lasciava a bruciare e consumarsi sole, e William propose due tre volte di tornare indietro, di riprovare un'altra volta. Io dovetti combattere in silenzio per tutto il tempo con quelle parole: anch'io, per quanto sapessi che stavamo facendo la cosa giusta, la cosa buona, volevo tornare indietro, strappare via quella stella e tornarmene a casa. Ricordo che pensai "casa" ma non si materializzò nella mente l'immagine dell'appartamento che dividevo con Sergio. Pensai "casa" e subito istantaneamente immediatamente arrivò a me l'immagine della grotta che avevo diviso con Satana e William per tutto quel periodo. Capii subito che tutto era vano e ogni pretesa, ogni desiderio di tornare a casa moriva sul nascere: a casa a fare che? No, non sarei mai potuta tornare a casa; almeno, non con la testa piena di poveretti a righe, fascisti, fame e camere a gas, insomma, non prima della fine.

Sentimmo un rumore e Satana buttò via la dodicesima sigaretta a metà, poi: "Fammi vedere se sei a posto", mi disse e, voltandosi verso di me, sistemò il bavero del cappotto, lisciò la stella gialla e raddrizzò la cuffia. Mi guardò e: "Grazie, mamma!", sorrisi io. Lui non disse nulla. Io sospirai due tre volte e vidi Satana guardare William che si voltò dall'altra parte. Poi Satana guardò me e sussurrò sorridendo appena: "Quando vuoi". Io lo guardai e lo vidi farmi cenno verso un drappello di SS con dei cani pastore in fondo alla piazza. Erano in quattro con quattro cani e parlavano tra di loro ridendo forte. Scossi la testa: "No, devi dirmelo tu. Io non voglio". Satana sospirò, si accese un'altra sigaretta e scosse la testa, poi sospirò e scosse la testa di nuovo. Buttò via la sigaretta, guardò William poi me; accese un'altra sigaretta, scosse ancora la testa e la gettò di nuovo; così, William prendendo forza probabilmente dal suo "porco diavolo", disse: "Vai!".

Noi ci trovavamo nascosti ancora in una specie di prato o di bosco: era un giardino, un distaccamento della Villa Merli, tristemente famosa a Cremona, dove si torturavano antifascisti che poi, naturalmente nessuno sapeva come, sparivano.

Il posto in cui eravamo era un'ex-villa di un tizio di cui non ricordo il nome che era fuggito in Svizzera abbandonando tutto. La casa era diventata sede di interrogatori e torture di antifascisti, prigionieri di guerra inglesi, partigiani e civili più in generale. Tutti, prima dei campi o del muro, passavano di lì; anche Babila e Aldo e Federico Quaini, amici di Satana e compagnia erano passati in quella casa: prima di sopra a farsi interrogare e torturare, poi giù, in sotterranei dai quali non erano più riemersi. Tutti passavano di lì: tutti tranne gli ebrei.

Io guardai William che non mi guardava: il mio sguardo cominciava a non esser più ricambiato. In guerra, e in questa guerra particolarmente impàri, più che volersi bene, come sosteneva William, era pericoloso guardarsi. L'affetto, la sensibilità, così come l'odio e l'indifferenza passano anche per gli occhi. Lo guardai, comunque e, alzandomi sulle punte dei piedi, sussurrai: "Schwein Teufel!" e alzai una mano per salutarlo. Finalmente William mi guardò e aggrottò le sopracciglia. "Vuol dire "porco diavolo!" in tedesco", risposi. Lui scrollò le spalle e provò, senza riuscirci, a sorridere. Non guardai Satana e mi voltai per incamminarmi verso non sapevo bene che cosa, quando William mi bloccò e mi fece voltare. Mi guardava ora e ricordo ancora quello sguardo indecifrabile, come lui del resto. A un certo punto, ricordo, parve volermi abbracciare (oppure non voleva affatto, non so); comunque non lo fece, invece sospirò e mi mise una mano sulla testa. Finalmente sorrise.

Sorrise e: "A te piacciono i gialli?", mi chiese all'improvviso.

Satana alzò gli occhi al cielo dicendo a William che stavamo perdendo tempo e non importava adesso, avrebbe potuto chiedermelo dopo dei gialli. William non lo guardò ma continuò a fissare me quando rispose dicendo che un dopo probabilmente non ci sarebbe stato; io non dissi nulla, Satana tacque, e William continuò: "Allora?". Io scossi la testa e allargai le braccia, pensando che il discorso avrebbe preso la piega della sera precedente: "non c'è tempo per volersi bene in guerra", aveva detto William e, avrebbe detto ora, "anche nei romanzi gialli, lo diceva Van Dine, non c'è posto per l'amore". Non risposi e continuai a scuotere la testa. William sorrise e disse: "Nei romanzi gialli, tu che sei una scrittrice devi saperlo, il detective è spesso costretto a mascherarsi da criminale, a infiltrarsi per catturare il colpevole".

Mi guardò ma io non dissi nulla perché non capivo.

"Però", proseguì, "il detective deve anche avere un talismano, un ricordo, un oggetto, qualcosa che gli ricordi che lui non è un criminale benché da criminale sia travestito, che lui non è prigioniero benché quello sia chiamato a fare. Un oggetto", continuò prendendomi la mano, "che gli ricordi chi è".

Tacque all'improvviso e si voltò di nuovo. In mano mi era rimasta una piccola penna. "Tu che sei una scrittrice", aveva detto. Lo guardai e non sapevo cosa dire, tutto sarebbe stato superfluo, così gli restituii subito la penna. Lui scosse la testa ma io gli dissi: "Ma la prenderebbero subito". Lo convinsi, infatti annuì, e gli dissi: "Tienila per il dopo perché ci sarà".

E poi, mentre già mi avviavo sperando che, quel discorso su criminali e detective con le maschere, qualcuno, Nord o Paolo o chi per loro, l'avesse fatto anche a Sergio; mentre mi avviavo verso Mauthausen e la morte, la vita o non so che sentii William fischiettare appena quella sua canzone sulla bufera che infuriava che, piano, man mano che avanzavo e quando anche Satana s'unì a lui, divenne la marcia d'avvio a Mauthausen. Mi accompagnò, quel motivo, nella prima marcia verso il campo e non mi lasciò più: fu un bene che lo fischiettarono per tutto il tempo, perché non avrei avuto forza alcuna di andare altrimenti. Mi fermai a un certo punto perché li sentii smettere di fischiettare e William, piano, disse di ricordarmi chi ero. "Ricordati chi sei" e, lui lo sapeva, l'aveva capito.

"You a poet?", sentii che mi chiedeva.

Mi girai appena, lo guardai, poi guardai Satana e di nuovo William, sorrisi e aprendo le braccia risposi a entrambi: "Just a fucking bandit". E mi avviai.

Tutta la preparazione per diventare Zlata, allora? A cosa era servita se ora mi veniva detto di ricordarmi chi ero? Che mi avessero confusa con Zlata? O avessero capito quanto era veramente doloroso e difficile fare quello che mi chiedevano e stessero tornando indietro? Nulla di tutto questo, ho capito dopo, nulla di tutto questo. Loro, Satana e William, sapevano che ero pronta, molto più pronta di quanto pensassi; sapevano che Angelica, mascherata da Zlata, ma pur sempre Angelica e non, per quanto mi sforzassi, Zlata; non Zlata ma Angelica stava entrando a Mauthausen. William e Satana, come Paolo e Nord, sapevano che Frantz Horker e Zlata Flopič, proprio come loro, altro non erano che coperture e dietro quelle coperture c'eravamo noi: io e Sergio, Massimiliano e Angelo, Giacomo e Piero, e quindi noi, io e Sergio, non Zlata e Frantz, avremmo riportato i segni. Se un ritorno ci fosse stato.

Non ricordo nulla del tragitto dal giardino al luogo dell'arresto, solo che continuavo a ripetermi l'unica cosa che ancora sapevo, che ancora era certa: che io mi chiamo Angelica e che io, a Sergio, lo volevo sposare.

"Li riconoscerai", aveva detto Satana, "da come camminano". Ed era così per tutti. La guerra e il campo di sterminio, in particolare, erano un meccanismo talmente potente, fuori da ogni norma e deleterio che, i suoi effetti, si riflettevano sul passo di tutti, da qualunque parte del filo spinato essi si trovassero. Così, non solo il passo dei deportati era cambiato, ma anche quello dei nazisti si era fatto più duro, secco e perfettamente ritmato. Entrambi, però, condividevano una comune caratteristica: erano passi innaturali, forzati, non voluti, malati. E l'imparai mentre mi dirigevo verso il drappello di SS con i cani pastore. Già percepivo che il mio passo era cambiato: si era fatto più lento, più pesante e stavo strascicando i piedi: era il passo della disperazione, se la disperazione ne ha uno. Era solo l'inizio, comunque: li avrei strascicati a lungo quei piedi, per un altro anno e mezzo, sotto la neve o la pioggia battente; sotto i colpi, gli sputi, le grida e le risate avrei strascicato i piedi. Noi eravamo quelli che strascicavano i piedi e gli altri, i fascisti, i nazisti, erano quelli che marciavano: tutta la loro arianità, tutte le nostre differenze, in fondo, erano lì.

Mauthausen cominciava da lì: dai piedi che si strascicavano perché si trovavano in un insolubile dilemma: non volevano seguirti né, d'altra parte, portarti a morte certa e così, se ti seguivano, era contro la loro volontà e senza forza. Strascicavo i piedi e le mani erano rigide perché tutto il mio corpo andava contro quella volontà, contro quella camminata di morte: era l'istinto di conservazione o qualcuno che mi aveva messo una mano sulla testa o, più probabilmente, il fatto che non potevo morire perché io, a Sergio, lo volevo sposare.

"Achtung!", gridò qualcuno a un certo punto. Io mi fermai e alzai le mani sopra la testa. Sentivo i passi della SS che veniva verso di me. "Ci siamo", pensai. Poi successe tutto molto in fretta: ricordo una mano che ha stretto il mio braccio e mi ha fatta voltare; ricordo che la SS, che io non guardavo in faccia quindi non avevo idea di chi fosse, aveva notato subito la stella sul mio cappotto e mi aveva dato una spinta verso gli altri soldati tedeschi.

Ricordo, più di tutto, che i cani pastore ringhiavano in maniera orribile: ringhiavano e sbavavano, e io non avevo mai visto dei cani fare così. Chissà come li avevano addestrati! E chissà Sergio!

"Jüden!", disse agli altri la SS che mi era venuta a prendere. Tutti e quattro si voltarono, e io alzai la testa per vedere se Sergio era con loro. Subito mi arrivò uno schiaffo tremendo che mi costrinse a riabbassare la testa. Sergio, comunque, non c'era, oppure già non lo riconoscevo più.

La SS dello schiaffo mi urlò: "Unterlagen!". Volevano i documenti. Io li presi dalla tasca del cappotto e glieli porsi con una gentilezza che, all'epoca, giudicai eccessiva ma che, ora lo so, è stata una delle cose che mi ha salvata: la gentilezza.

"Und Polen!", rise la SS con i miei documenti in mano. Sì, ebrea e polacca era Zlata Flopič e davvero, capii, avrei potuto deportarmi da sola. Era tutta qui la "colpa" di Zlata Flopič, tutta qui l'accusa e la difesa impossibile; la "colpa" era essere "jüden und polen" e non tedesca o ariana o tutte quelle altre cose che, all'epoca, buona parte dei tedeschi e degli italiani si attribuivano. Ecco la "colpa", l'accusa e la condanna in venti minuti e tre parole: sei "jüden und polen", Zlata, e hai una sola destinazione possibile.

La SS sputò sui miei documenti, li strappò e prendendomi per un braccio mi strattonò via. Andavo via insieme a loro e ai loro spaventosi cani pastore e, fino a quel momento l’avevo sentita, ma ora non più: ora non la sentivo più una mano sulla testa.

Undici

Mi hanno arrestata dei tedeschi e non dei fascisti italiani. Questo non mi sembrò affatto strano all'epoca per il semplice motivo che non ebbi il tempo di fermarmi a riflettere: da quella notte in stazione alla liberazione del campo non mi fermai nemmeno un secondo a pensare. Pensare, a Mauthausen, sarebbe stata la morte.

Anni dopo, invece, a casa, riflettei su questo fatto: perché ero stata arrestata in Italia da dei tedeschi? Che cosa ci facevano lì? Era un caso che avessero arrestato proprio me che entravo in campo, diciamo, in un modo particolare? Non ebbi mai, né l'ho ora, alcuna risposta da nessuno. Nord e Paolo morirono prima della fine della guerra e, gli altri, li rividi, sì, uno in particolare, ma dimenticai sempre di domandare il perché né loro dissero mai nulla. L'unica risposta che, col tempo, sono riuscita a darmi è che sono stata arrestata nel gennaio del 1944 e, come storia ci insegna, il 18 febbraio del 1943, Goebbels aveva proclamato la "guerra totale", dunque la deportazione degli ebrei dall'Italia anche a opera dei nazisti presenti sul territorio. Più di questo non ho saputo spiegarmi. Comunque, importava davvero? Chissà, forse sì, ma Mauthausen, anche in questo, era maestra: ribaltava tutto, ogni singolo valore, ogni interesse, tutto. Molte cose che mi sembravano importanti prima, molto per cui avevo sofferto e pianto o gioito anche, perdeva qualsiasi valore a Mauthausen e, al contrario, cose, soprattutto fisiche, alle quali non avevo mai pensato tanto erano scontate, assumevano un valore fondamentale. A queste cose si doveva prestare la massima attenzione per non morire subito e, per non morire del tutto, a Mauthausen si doveva rispondere a una domanda importantissima: qual è, se c'è, la differenza tra l'essere e il sembrare? Non sembravamo più uomini, nessuno di noi, e già da subito, dal treno o prima ancora dalla stazione, dall'arresto; ma lo eravamo ancora? Chi l'avrebbe detto? Chi doveva deciderlo? Eravamo ancora uomini o eravamo solo dei morti in piedi?

Inverno
La morte dell'eroe

Mi hanno arrestata alle 22:14 del 12 gennaio e alle 23:15 ero già sul treno per Mauthausen. Ricordo perfettamente data e orari non già, o non solo, per l'esperienza, per quello che è successo dopo, ma perché qualcosa di irreparabile era capitato già alle 22:14.

In quell'ora, infatti, cessavo, senza sapere per quanto tempo, di essere Angelica. Non ho mai creduto che fosse per sempre: sapevo che qualcuno si stava adoperando per noi, che qualcuno ci teneva una mano sulla testa, quindi sono sempre stata sicura di ricongiungermi a Angelica ma, all'epoca, non sapevo nulla: né come sarebbe andata né se fossi sopravvissuta né come. Sapevo come avrei ritrovato Angelica ma non come avrei restituito Zlata Flopič ai partigiani, né se questi sarebbero stati ancora vivi o sani o illesi per riprendersela. E William? Avrei più risentito il suo "porco diavolo"?

In quella stessa ora, poi, ricordo, mi domandavo qualcosa a cui non sono mai stata in grado di dare una risposta: se io, italiana e, secondo loro che le avevano fatte queste leggi, ariana, ero stata in grado di ingannarli con una semplice stella cucita su un cappotto e, all'improvviso, ero passata dall'altro lato della barriera, al di là del filo spinato diventando una "jüden und polen"; allora, dov'era tutta questa arianità di cui tutti parlavano? Dove si doveva cercarla o dove si vedeva questo essere ariani per cui si picchiava, internava e uccideva così facilmente? Come si facevano a distinguere gli ariani, italiani e tedeschi, dagli altri ai quali si rubava, si portavano via genitori, moglie, marito e figli? Dove stava tutta questa arianità se bastava un pezzo di stoffa cucita su un cappotto a mandarla in frantumi e confondere chi si era fatto assassino in suo nome?

Frantz Horker non c'era: né alla stazione di Val Bisagno

dove, alle 23:15 del 12 gennaio, siamo stati spinti in mille sul treno (settanta per ogni carro bestiame), né all'arrivo al campo. Lui non c'era e io avevo altro cui pensare comunque. La lotta per la sopravvivenza era iniziata. Zlata Flopič, eccola!, a incalzare Angelica d'andarsene subito e prendere il suo posto. Angelica, infatti, restò ferma sulla banchina alla stazione dei treni quando Zlata fu spinta sul vagone e, ricordo che pensai, chissà se mi avrebbe aspettata. Era lì, Angelica, ferma, in piedi sulla banchina: il vestito nero sotto il cappotto rosso comprato a rate, la fascia rossa in testa, i guanti e salutava. Mi salutava Angelica; salutava Zlata che se ne andava a morire per lei.

Ci caricarono in settanta in un vagone strettissimo: non ci si poteva stendere né sedere se qualcuno non stava in piedi. Ricordo che la prima cosa che vidi all'interno del vagone fu una scritta: "21 RIV 83 FS – 168 2 – 666 – 2. KONZENTRATIONSLAGER MAUTHAUSEN": eccola là, scritta in maiuscolo, la nostra destinazione. Eccolo là l'orrore banale e palese, la banalità del male, l'orrore non più nascosto ma evidenziato, scritto in maiuscolo: "campo di concentramento di Mauthausen": nulla da nascondere. Io provai a sedermi ma vidi una donna con un bambino in braccio e, dal momento che Zlata non aveva ancora del tutto preso il sopravvento, a Mauthausen ancora non eravamo, le cedetti il mio posto. Lei mi guardò e, scuotendo le spalle, chiese: "Dove ci portano?" Io non risposi e mi avvicinai al finestrino. Di lì a poco si fece silenzio e la porta venne chiusa. Sentii un uomo rispondere: "Questo è il destino ... E' così ...".

Il treno partì. Ricordo molto poco di quel viaggio, per quanto ricordi perfettamente Mauthausen. Viaggiammo per quattro giorni e nessuno parlò né si mosse particolarmente. Nessuno venne a darci né cibo né acqua. Gli unici rumori che si sentivano erano lo sbattere del treno sui binari accidentati, le tante fermate che facemmo, le deviazioni per i campi e gli stop, perché forse qualcuno aveva davvero provato a bombardare la ferrovia; e il bambino che pianse disperatamente i primi due giorni e la madre che tentò di calmarlo invano, e i piedi dei miei compagni di viaggio, soprattutto i più anziani, che si strascicavano verso un punto molto buio del vagone. All'inizio non capii cosa andavano a fare laggiù come in processione, poi il fetore fu talmente intenso che non potei non capire: laggiù in fondo stava un secchio: il bagno.

Questo è stato il primo e concreto gesto di disumanizzazione che abbiamo subito. Più ancora della stella sul cappotto, dello schiaffo e dello sputo sui documenti, quel secchio lo era.

Un uomo lo si rende bestia e poi nullità dal basso non dall'alto. La mente e il cuore dell'uomo sono difficilissimamente controllabili, anzi non lo sono affatto controllabili, nemmeno dalla furia nazista che, per essere una furia, era molto molto organizzata e controllata. Quindi, per disumanizzare l'uomo, il prigioniero, il deportato, il poveretto a righe, si doveva per forza partire dal basso: sotto la cintola di ognuno di noi, chi vuole, può disumanizzarci. Non ci vuole poi molto. Basta prendere un secchio, buttarlo in un vagone, poi chiudere settanta sconosciuti nel vagone e lasciarli lì a pisciarsi in faccia per quattro giorni e buona parte del lavoro è fatta già fuori del campo.

Della testa, o di tener salda la testa, infatti, a Mauthausen ma già in quel treno, nessuno si occupava. Lì, come al campo, tutti eravamo nulla di più che pance vuote da riempire e vesciche piene da svuotare in un unico secchio. A Mauthausen, imparai poi, la pancia e tutto ciò che si trova sotto la cintola valevano di più. A questi si dava molta più attenzione. Come si da attenzione a ciò che improvvisamente ci viene a mancare, non a ciò che non abbiamo mai avuto ma a quello che avevamo e che, un giorno, all'improvviso e per un destino "così", ci viene improvvisamente a mancare; come l'anoressico che, privatosi per un motivo o per un altro, del cibo, non fa altro che pensare a quello, noi alle nostre pance vuote pensavamo.

Così, nessuno, credo, provasse sentimenti umani quali la nostalgia o la malinconia o la tristezza per la situazione gravissima in cui ci si trovava. La nostalgia, infatti, è per definizione un sentimento umano, al di sopra della cintola, al di sopra di quella pancia cui tutte le nostre attenzioni erano costantemente rivolte.

A un certo punto imprecisato del giorno o della notte, il treno si fermò. Dopo alcuni secondi o minuti, le porte si aprirono e fummo fatti scendere. Quando, con forti grida e cani pastore rabbiosi e sbavanti, tutti riuscirono a mettersi in fila, alzai per un attimo la testa e vidi l'orrendo cancello con la scritta "MAUTHAUSEN" e, dietro, un'altissima collina sulla quale stava una specie di fortezza medievale, un nuraghe sardo al contrario, un luogo da cui difendersi. Ma come? C'erano tanti fari, tutti disposti in fila, a testa bassa e contornavano il recinto di filo spinato e, scoprii dopo, elettrico; muri altissimi tutti di una pietra grigiastra e brillante, quasi blu. Non si poteva quasi vedere nulla ma, mi sono sempre chiesta, fu un caso che "MAUTHAUSEN", l'inizio, l'entrata e un'altra scritta posta all'interno del campo "CREMATORIUM KZ GUSEN – MAUTHAUSEN", la fine, il camino che ti portava via, in quel cielo che non avrebbe potuto più ignorarti, come una sorta di infelice e condannato Barone Rampante, era un caso che fossero illuminate e leggibili chiaramente da tutti? O nulla era un caso a Mauthausen?

Eravamo arrivati, dunque: io e, da qualche parte, anche Frantz Horker. Io ero lì, al cancello di Mauthausen, in fila con altri mille al cancello di quella sorta di Berenice che teneva al suo interno tutti i giusti e gli ingiusti, tutto il bene e il male. Lo conteneva, il bene e il male, e lo confondeva, lo mescolava, lo rendeva vapore, gas, cenere: nell'aria, assieme a donne e bambini e uomini e anziani, in volo, anche il bene e il male se ne andavano. E così, lì, a Mauthausen, capitava quello che i nazisti stavano cercando di impedire: la mescolanza e la differenza, lì, non erano più un problema perché nessuno ci badava più e tutto, infine, tutte le differenze si mescolavano nella stessa cenere, nello stesso fumo. Se tutte le Berenici future erano già in quella descritta da Marco Polo a Kublai Khan, allora, Polo, deve aver parlato sicuramente anche di Mauthausen.

Io credo che il campo di concentramento, che molti hanno

detto essere il perfezionamento del fascismo e del nazismo, beh, io credo sia stato il fallimento di entrambe le teorie alla base di questi movimenti oltre che il fallimento dell'uomo in quanto tale. Credo che i campi di sterminio sparpagliati in quella Germania che doveva essere ariana e perfetta e non lo era, non riusciva a esserlo nemmeno lontanamente, fossero la prova più evidente e palese del fallimento dell'idea nazista. I campi di concentramento dicevano a tutti che l'idea era sbagliata, che non aveva fondamento e non poteva averlo. Lì, infatti, in quelle prigioni, la differenza si mescolava e diventava tutt'uno e nessuna distinzione più c'era tra polacchi, italiani, ebrei, francesi, spagnoli, russi e tedeschi. La differenza non c'era più, e anche gli alti gerarchi nazisti dovevano saperlo: Hitler non volle mai visitare un campo di concentramento né leggere i verbali sui campi; non volle mai vedere coi suoi occhi il suo fallimento.

Eccomi lì: in fronte, i galoppini del padrone delle razze. Il signore che aveva stabilito quali razze erano elette e quante persone dovevano morire perché non lo erano state, elette; il signore che, solo, aveva deciso gli eletti e i dannati, i sommersi e i salvati; lui, il padrone delle razze, dov'era?

Eccomi all'entrata dell'inferno dei viventi e, all'epoca, ricordo, non ero assolutamente in grado di pensare a come fare per sopravvivere all'inferno. Una cosa però la sapevo: non ero lì per adeguarmi all'inferno, ma per mettere a quei poveretti una mano sulla testa e, di più, afferrare cento, duecento, mille mani, tutte le mani che avessi potuto e tirarli via da lì. Quello che nell'inferno non è inferno, quello che va fatto respirare e a cui va dato spazio erano i poveretti a righe, eravamo noi. Io l'avevo già trovato. Calvino sarebbe stato fiero di me.

Dodici

Non sono mai stata a Auschwitz, nemmeno in visita, né sono mai tornata a Mauthausen del resto, ma credo che là, ad Auschwitz, tutto fosse peggiore, anche l'arrivo. "Arbeit macht frei" dovevano leggersi mattina e sera quei poveretti, e lì, dove la libertà era una delle tantissime cose che si perdevano, laddove la libertà non c'era, questa parola "frei", "liberi", era piazzata in bella vista, proprio per ricordarti quello che non eri più. Questo era il punto fondamentale dei campi: eri lì non per dimenticare ma per ricordare, condannato a ricordare e a tenere sempre presente ciò che non eri più, ciò che eri stato ma non avresti più potuto essere. Perciò, io credo, le SS abitavano appena fuori del campo e giocavano con i loro bambini, scherzavano, ridevano, mangiavano e facevano feste a natale, pasqua o per i compleanni; perciò non c'era rispetto per la sofferenza, dignità per la morte, dolore per le percosse: dovevi sempre tenere davanti a te quello che non eri più e, sempre, ricordare, sempre ti si faceva ricordare che tu, solo, puzzolente, rapato e angosciosamente vestito non eri più degno di rispetto, dignità e pietà.

Siamo stati in piedi per cinque, sei ore, credo. Fermi, immobili, dando le spalle al treno, tutti in fila, nessuno già parlava più. La comunicazione può tranquillamente prescindere dalla parola; infatti, a Mauthausen, nessuno parlava ma tutti comunicavano in qualche modo. Tutti ci si diceva tante cose, che erano poi la stessa; ci si guardava e si scrivevano e leggevano le stesse cose. Nessuno parlava, nessuno domandava, nessuno rispondeva ma, almeno all'inizio, c'era uno strepitoso gioco di sguardi tra noi. Il gioco cessò in fretta e nessuno più si guardò; anzi divenne fondamentale non guardarsi a Mauthausen: non guardare il cielo a Mauthausen, non guardare nulla intorno a noi, non guardare le SS, gli altri, nemmeno Frantz

Horker. Nessuna risposta poteva venire da quegli sguardi, se anche ci fossero stati, perché nessuno riusciva a domandare l'unica cosa che, almeno in un primo tempo, tutti ci opprimeva: cosa ne sarebbe stato di noi? Era dunque inutile e dannoso guardare gli altri: come in uno specchio, avresti visto te stesso. Guardando altri internati sporchi magri rapati puzzolenti affamati picchiati torturati sputati spinti derisi umiliati gettati a terra e poi più giù costretti a qualunque cosa presi in giro raffreddati febbricitanti, ti sarebbe stato restituito il tuo riflesso perché eri tu, tu, ad essere, come loro, sporco magro rapato puzzolente affamato picchiato torturato sputato spinto e deriso e umiliato gettato a terra e poi più giù costretto a qualunque cosa preso in giro raffreddato febbricitante.

Si parlava pochissimo a Mauthausen, eppure ci sarebbero state tante cose da dire. Non sarebbe servito a nulla. Questo era un altro effetto del campo e, chissà, forse i nazisti l'avevano previsto e organizzato, così come avevano previsto e organizzato molte altre cose, ogni singolo effetto del passaggio della catena della morte. Io credo che tutto fosse stato previsto da loro. Secondo me, noi eravamo davvero solo delle rotelle che si ingranavano sul loro brutale ma perfetto e organizzatissimo movimento di morte. Noi reagivamo esattamente come loro si aspettavano: Swann teme che Odette menta e Odette mente, Swann ha paura che Odette quella famosa notte fosse con Forcheville e lei, in effetti, era con Forcheville, loro si aspettavano che noi non avessimo più forze e noi non avevamo più forze, che noi stessi non ci considerassimo più nulla e che, non considerando nulla nessuno, ci rovinassimo tra di noi e, spesso, ci rovinavamo tra di noi. Il meccanismo era lo stesso, gli effetti, ahimè, molto più corrosivi e dolorosi.

Questo avviene molto spesso con i cani: picchiati, denutriti, costretti in gabbie non si rivolteranno al padrone ma combatteranno, fino a uccidere o farsi uccidere, con l'altro animale ugualmente picchiato, denutrito e costretto in una gabbia.

Siamo stati in piedi per cinque, sei ore: tutti in fila e zitti mentre le SS andavano e venivano, parlavano tra di loro ma non sembravano organizzarsi, piuttosto chiacchieravano di cose che non c'entravano nulla con noi, lì, in piedi, in silenzio, da sei ore.

A un certo punto, un bambino piccolo, da qualche parte della fila, si mise a piangere. Sentivo che piangeva e sentivo la madre che cercava di calmarlo. Una SS avanzò verso di loro, era una donna, e gridò qualcosa alla madre del bambino che, spaventato, pianse ancora più forte. Mi voltai, la vidi prendere il bambino e gettarlo lontanissimo nel campo, dove rimase impigliato nel filo spinato e morì con una saetta di luce blu e gialla. La madre non gridava non piangeva: stava ferma immobile e io mi voltai di nuovo. Sentii uno sparo: la donna era morta a terra. La SS riprese il suo posto continuando a parlare di qualcosa che riguardava il "mittagessen".

L'aveva uccisa. L'aveva uccisa, perché sapeva, anche le SS dovevano saperlo, anzi, soprattutto loro, che una madre non regge a veder morire un figlio così. Sapeva che non sarebbe stata in grado di fare nulla e l'aveva uccisa. Oppure, più semplicemente, l'aveva uccisa perché noi, tutti noi, eravamo lì per morire prima o dopo.

L'aveva uccisa e io, che ero lì per tenere una mano sulla testa a tutti, anche a lei e al suo bambino, non avevo fatto nulla: non avevo saputo impedire che morissero come non avevo impedito che altri morissero in treno. Erano morte già quindici persone e io non avevo fatto nulla. A cosa era servito che fossi lì, in quel treno, se non avevo saputo impedirlo? E chi mi assicurava che sarei stata in grado di evitare altre morti?

L'aveva uccisa e io avrei dovuto impedirlo. Ma come? E proprio io?

L'aveva uccisa, ma io cosa avevo fatto? Non avevo ucciso anch'io? Ero così diversa da lei o, in fondo, eravamo uguali?

Lo capii anni dopo quello che ero andata a fare realmente: non ero lì per salvarli tutti, no. Ero lì perché sapevo, e forse io sola sapevo, che fuori di lì, oltre quei fili spinati c'erano quattro uomini (e molti di più) che si chiamavano Satana, William, Nord e Paolo, che si stavano adoperando per tirarci fuori di lì.

Ero lì per dirglielo, per dire a quei poveretti a righe che non tutti si erano dimenticati di noi. Ero lì per vedere e testimoniare quello che stava accadendo ma, molto di più, eravamo lì, io e Frantz Horker, per dire che c'era ancora la speranza. C'è sempre speranza.

Poi cominciò tutto quanto molto velocemente. Una SS avanzò di fronte a noi e io lo vidi chiaramente nella sua divisa grigia, berretto grigio con un aquila di metallo proprio in fronte, su entrambe le spalle la nera svastica nazista e, al collo, una sorta di collana con una targhetta: "Feldgendarmerie". Avanzò alto sopra di noi e disse: "Questo è il portone da cui entrerete", e indicò un ampio cancello di ferro dietro di lui. Anche il cancello era sovrastato da un'aquila nera e, al di sopra dell'aquila, una svastica nera. "E quello", continuò allungando di più il braccio come se avesse timore che non capissimo e che, invece, credessimo d'essere in villeggiatura, "è il camino dal quale uscirete". E uno sbocco nero di fumo, nero come l'aquila sul cancello e sul cappello della SS, nero come la svastica nera di Hitler e dei suoi galoppini, uscì dal camino, non appena la SS l'ebbe indicato.

Qualcuno, poi, gridò di muoversi, in fila, e tutti cominciammo a entrare in Mauthausen. I miei piedi erano congelati da sei ore di staticità al freddo e riuscivo a muoverli solo strascicandoli.

Una SS gridò di muoversi più veloce e camminare e stare zitti e, mentre gridava, dava sonore pacche di manganello a tutti quanti.

"Alt!", urlarono a un certo punto. E tutti, di nuovo, ci fermammo. Ricevuto l'ordine, ci mettemmo in fila per due e cominciammo a scendere una scala che portava in una specie di enorme camerata, in fondo alla quale stava un cartello: "REINLICHKEIT IST HIER PFLICHT DESHALB HÄNDE WASCHEN NICHT VERGESSEN" ("La pulizia qui è obbligatoria quindi non scordarti di lavarti le mani"), con cento docce e io, scioccamente, guardai in alto ma non c'era nessun buco dal quale avrebbero potuto buttarci qual famoso Zyklon B. In compenso, ricevetti una sonora botta alla testa e fui tra i primi che vennero buttati nello stanzone.

A quel punto ci spogliammo, uomini e donne insieme, (i bambini erano misteriosamente spariti tutti), e fummo spinti verso il getto di acqua calda e poi gelida.

Fase due della disumanizzazione. Spogliarsi nudi di fronte a perfetti sconosciuti: uomini, donne, ragazzini, anziani. Non è facile e non è scontato, nemmeno se ne va della vita, nemmeno a Mauthausen. Ci fu qualcuno che protestò ma fu presto zittito per sempre.

Spesso si da per scontato che tutto si può fare se ne va della vita. Non è così. Non è automatico mettersi nudi di fronte a gente assolutamente anonima e mai vista prima, perché ne va della vita. Tutti lo fecero, certo, ma il dolore era atroce. Il mio, almeno, lo era.

Cominciai a sbottonare piano il cappotto, tolsi le scarpe, la gonna e la maglia, e poi il resto, a testa bassa, senza guardare nessuno e tutto d'un colpo. Una SS si avvicinò, mi diede una sonora pacca sulla testa, e mi strappò l'anello che mi aveva regalato Sergio: meglio così: a Mauthausen sarebbe stato un altro dolore quell'anello e, lì, il dolore che già c'era era più che sufficiente.

In quell'attimo, fu un momento e fu del tutto inaspettato e improvviso, mentre stavo lì, tutta nuda e dolorante, mi mancò tremendamente William: ebbi, non so come né perché, un bisogno assoluto di vederlo ancora mettersi la sigaretta fumante sull'orecchio e dire "porco diavolo"; ma, più di tutto, mentre stavo lì nuda in mezzo a altre mille persone, ebbi bisogno di sentirlo dire ancora "sei bella e buona".

Dopo la doccia fummo spinti, tutti nudi, fuori, in mezzo a uno stretto corridoio dove ci venne gridato di metterci in fila per uno, e tutti dovemmo passare davanti a un dottore che, probabilmente, aveva del magico perché con un semplice sguardo decideva se eri o no abile al lavoro.

Io ero in fondo alla fila e camminando ascoltavo questa litania di “Ja” e “Nein” e notai che, dietro ad alcune schiene, veniva tracciata un’enorme K rossa. Non sapevo ancora cosa volesse dire.

Arrivò il mio turno. Io tenevo la testa bassa, ma il dottore me la fece alzare con un brusco movimento e mi guardò negli occhi. Vidi Frantz Horker. Alzai la testa e lo vidi.

Stava dietro il dottore, in piedi, sull’attenti, vestito da Frantz Horker, da SS, da nazista. Era lì: il mio custode, il mio aguzzino, colui di cui dovevo aver paura, colui davanti al quale dovevo correre, rispondere ai comandi, obbedire, abbassare la testa, non parlare, stare ferma, immobile, fissa davanti a lui e, senza aver ricevuto l’ordine, nulla fare, nulla dire, nulla pensare. Distolsi subito lo sguardo perché non volevo guardarlo, non volevo desiderarlo o piangere e rovinare tutto. Non lo guardai, provavo a non pensarci, a non guardarlo, a non volerlo perché quello che provavo era troppo dolce e delicato per Mauthausen. Io era Sergio, solo Sergio, che volevo sposare. Era ancora troppo Sergio per me, perché potessi guardarlo e rimanerne incolume. Era anche forte, invece, quello che provavo, ma all’epoca non lo sapevamo, perché nulla di tutto quello che sentivamo era ancora stato messo alla prova. Lui non smise di guardarmi: sentivo il suo sguardo su di me, la sua mano sulla mia testa e, per quanto mi sforzassi, sentivo la mano di Sergio non di Frantz Horker.

Gridai forte e chiaro che ero abile al lavoro, presi uno schiaffo sonoro perché dissi “abilissima” o “molto abile” al posto di “abile” e basta, nessuna lettera venne tracciata sulla mia schiena, e indossai l’orrenda divisa a righe con un orrendo berrettino. Eccomi: anch’io ora era una poveretta a righe. Seguì la rasatura dei capelli (fase di disumanizzazione numero tre), e la divisione nei vari blocchi: le donne da una parte e gli uomini da un’altra. Il mio blocco era il n. 10.

La fase di totale disumanizzazione era la numero quattro: il numero. William e Satana mi avevano detto che il numero veniva tatuato sul braccio sinistro solo a Auschwitz, ma a noi lo tatuarono. Forse avevano delle informazioni sbagliate. Allungai il braccio davanti alla scrivania del tedesco di turno e lui lo prese e, senza dire una parola, (che, comunque, non sarebbe servita a nulla), scrisse in sei cifre il nome che mi veniva attribuito, non ciò che io ero ma quello che avevano deciso che dovevo essere: il numero 115.842 e, per ricordarlo (a me, o a loro), me lo cucirono anche sulla divisa assieme alla stella gialla.

Non lo ero, comunque. Non ero il numero 115.842 né Zlata Flopič. Il mio nome è Angelica. Io mi chiamo Angelica. E' vero, a Mauthausen ho dovuto dimenticarlo, accantonare Angelica per un po', lasciarla fuori, insieme a Sergio, da quell'orrore; ma io ho sempre saputo chi ero e non ero il numero 115.842. Avrebbero potuto scriverlo ovunque: io non lo ero.

Dopo il rituale del numero, capii cosa significava quella K rossa sulla schiena e perché veniva tracciata su tutti i vecchi e su chi aveva una piccola imperfezione: da un'unghia schiacciata a un piede difettoso. KLAGEMAUER voleva dire: il piazzale della morte. Infatti, quelli con la K sulla schiena, non sono mai venuti in baracca con noi e non li ho rivisti più.

I simboli che venivano applicati sulle divise consentivano l'identificazione del prigioniero, o meglio, del crimine che aveva commesso, dal momento che non c'era nessuna considerazione per le persone, a Mauthausen, e la vita umana non contava nulla, e impedivano, al prigioniero stesso, di credersi mai immune o libero dal suo crimine. A Jean Valjean, quando uscì dal bagno penale, Victor Hugo fece dare, per mezzo di Javier, un cartellino giallo: quello era il suo contrassegno. Ovunque andasse, tutti avrebbero saputo non chi era, ma da dove veniva e che cosa aveva fatto. E così per noi: il simbolo, la divisa e il numero indicavano solo quello che era successo e non, mai, chi eravamo. Avevano fallito ancora i tedeschi.

I simboli erano necessari nella mente nazista, dal momento che l'unico crimine che tutti ci accomunava era stato quello di nascere; per gli altri, commessi dopo, era fondamentale un segno a distinguerci.

La stella a sei punte identificava i prigionieri ebrei;

il triangolo rosso identificava i prigionieri politici;

il triangolo verde stava a segnare i criminali comuni;

il triangolo nero identificava gli "asociali" e, quello viola, i Testimoni di Geova;

il triangolo roso segnava gli omosessuali, quello marrone i rom e quello verde con una stecca alla base i prigionieri già puniti una volta;

un cerchio rosso con una scritta "IL" accanto indicava i prigionieri che avevano tentato la fuga;

un cerchio nero segnava i prigionieri del "bagno penale".

In via dei Caduti della I guerra mondiale, a Cremona, c'è la caserma dove le nuove leve fasciste vengono addestrate, ma c'è anche la sede degli aviatori che con i fascisti non c'entrano nulla.

I fascisti si addestrano all'odio e alla violenza al numero 27 e gli aviatori, alcuni almeno, a combattere quell'odio e quella violenza al numero 32. Nessuno domanda, nessuno risponde.

Non ci sono particolari problemi, e pare che i due opposti edifici non abbiano alcun punto di contatto tra loro. Uno ce n'è, è ovvio: la guerra e i tedeschi. I tedeschi nazisti che hanno fatto la guerra e che ora, il giorno 8 settembre del 1944, tendono un agguato agli aviatori di via Caduti della I guerra mondiale, al numero 32.

I fascisti dall'altra parte della strada, al numero 27, lo sanno? Sì, è quasi sicuro; ma cosa importa? Cosa cambia? Nulla, e forse, come pensa Giacomino, il più giovane degli aviatori e in caserma da appena quattro giorni, è anche peggio.

"Olga", dice la mamma alla figlia, "prendi tuo fratello più piccolo e andate in cantina che sparano!"

"Lina", dice un soldato alla signorina che ogni mattina passa di lì per andare a lavorare, "non andare questa mattina, resta a casa". Ma lei non vuol sentir ragioni e continua la sua strada.

A un certo punto, uno sparo e la signorina Lina è costretta a tornare di fretta a casa, il soldato corre in direzione dello sparo e Olga si affretta di più con il piccolo Vittorio giù per le scale fino in cantina. Lo stringe a sé, cerca di proteggerlo come, anni dopo, avrebbe fatto con uno dei suoi figli, Mariolino, il debole, forse, sicuramente il più debole fisicamente.

Un altro sparo subito dopo, poi un altro ancora e il soldato vola a gambe all'aria e giace sull'asfalto.

Qualcuno grida "I tedeschi!", qualcun altro "Correte! Venite via!", e dopo pochi secondi una granata esplode sulla caserma degli aviatori che, spaventati e impreparati davanti a tanta velocità e ferocia, scappano da tutte le parti.

Non tutti riescono a scappare, però, e mentre una nuova granata esplode e Vittorio si preme di più le mani sulle orecchie, Giacomino è rimasto intrappolato: con altri compagni si nasconde sotto le stufe, sotto i tavoli. Tutto è inutile. I tedeschi entrano e devono sfogare la loro ferocia: non sono venuti dalla Germania per lanciare due granate e spaventare una signorina e due bambinetti innocui; così, passano e ogni secondo è un colpo di pistola o di coltello, fino a quando tutte le gambe di tutti i poveri aviatori nascosti sotto le stufe sono tagliate.

Tredici

Non mi sono mai domandata, mai per tutto il tempo, nemmeno una volta, mai, perché non ci uccidessero tutti subito invece di farci soffrire così come soffrivamo. E eravamo sempre sofferenti, tutti i giorni. Era semplice: non potevano. Non potevano ucciderci tutti quanti e subito, perché avevano un disperato bisogno di una certa quantità costante di forza lavoro gratuita obbediente silenziosa e Mauthausen era perfetto in questo. Soprattutto quando venni internata io (era la fine, e l'intero edificio stava crollando), questo bisogno, lo era più che mai disperato. Dunque, non potevano ucciderci tutti. Non subito.

Né una volta, mai, mi sono domandata, nei rari momenti in cui alzavo la testa, dimenticando che non si guarda il cielo a Mauthausen, e incontravo lo sguardo di una SS o di un Kapò, se e quanto ci odiavano per trattarci così come ci trattavano. Non era così. Non ci odiavano. Non ci consideravano più uomini.

Dovevano dimostrare, per convincere l'intero mondo che erano i migliori, i prescelti, gli eletti e che il loro impero aveva ragione di durare mille anni, ciò che noi non eravamo, quello che non avevamo, quello che ci mancava. Non già quello che ci avevano tolto, ma ciò che proprio non avevamo mai posseduto; una qualche virtù o qualità che, mancandoci, non ci rendeva degni nemmeno d'esser gli schiavi ultimi di quell'impero.

C'è, poi, un'enorme differenza e un'enorme distinzione da operare, tra quello che l'uomo fa o riesce a fare e quello che l'uomo sogna, spera, prova disperatamente a fare e non riesce. In ogni caso, l'uomo è poco e non ce la fa e ci sono posti, come Mauthausen, dove è più evidente perché è più in rilievo che l'uomo è poco e che non ce la fa. Tuttavia, ogni tanto, quest'uomo ce la fa; è sempre poco, ma ce la fa. Non ce la fa solo. A

Mauthausen, se qualcuno ce l'ha fatta, non ce l'ha fatta solo. Quel forte senso di collettività, che ha sempre distinto Sergio e che era portato allo stremo a Mauthausen, era quello che permetteva di sopravvivere, di non morire in quel modo, lontano e solo. A Mauthausen, se poi ne uscivi, sicuramente era per effetto del non essere rimasto del tutto solo ma aver trovato qualcuno o qualcosa cui aggrapparti quando faceva tanto freddo, era notte e avevi preso tante botte. Io non ero del tutto sola: c'era Abram e c'era il motivo per uscire da Mauthausen: io a Sergio lo volevo sposare.

A Mauthausen, per morire da bravo e in fretta, (la vita media di un deportato, seppi poi, era stimata tre - quattro mesi), dovevi semplicemente fare tutto quello che ti veniva detto, mangiare quello che ti veniva dato e nulla più, lavorare in silenzio e a testa bassa e, a testa bassa e in silenzio, prendere delle botte.

Per fortuna, però, quasi nessuno faceva solo quello che gli veniva ordinato. Mi trovai a far parte di una qualche forma di resistenza clandestina che c'era in Mauthausen e grazie alla quale, ricordo, un deportato, che ufficialmente era un *dachdecker* (conciatetti), riuscì a contrabbandare una macchina fotografica e a scattare alcune foto dal tetto della camera a gas. Molte di quelle che ora tutti conoscono e passano ogni 27 gennaio in televisione, le ha fatte lui.

A Treblinka, e la notizia la portò una donna che, per essere un'internata come tutti noi era abbastanza attiva e su di morale, erano riusciti a scappare un anno prima, così anche noi volevamo tentare, ma non l'abbiamo mai fatto e, comunque, non saremmo riusciti: Mauthausen non era Treblinka. Non che i deportati là stessero meglio, ma c'era una gerarchia nei campi e, se all'apice stavano i campi di prigionia inglesi, in fondo stavano senz'altro Mauthausen e Auschwitz. C'era molto meno margine d'azione a Mauthausen che a Treblinka e noi, molti senza speranza alcuna, dopo qualche riunione clandestina e partecipatissima, non tentammo nemmeno.

C'era, comunque, chi aveva più speranza di me: tutti noi, infatti, oscillavamo tra due sentimenti opposti, e così, a Mauthausen, si trovavano gli ottimisti assoluti che pensavano che sì, ci avrebbero presto liberati e che tutti i giorni, come il signor Remigio di Foggia, si trascinavano fino al cancello in attesa di uscire, di tornare a casa, alla vita o a quello che avrebbero trovato fuori.

Questi, notai, erano soprattutto italiani che, penso, riuscivano a mantenere ancora una certa speranza anche per il dopo; in fondo, gli italiani, come i prigionieri inglesi, sapevano che avrebbero trovato ancora qualcosa o qualcuno fuori. La stessa speranza, capii poi, non potevano averla i polacchi o gli olandesi che, ne ero certa, si guardavano bene dall'avvicinarsi al cancello perché sapevano che non avrebbero trovato nulla fuori di lì.

E c'erano, ugualmente, i pessimisti totali convinti che, di lì a un'ora, a un minuto, saremmo morti tutti. Ricordo che tutti noi oscillavamo continuamente tra questi due stati d'animo e nessuno, nemmeno per un attimo, riusciva a fermarsi sul "bello stabile", cioè pensare che sì, vivevamo una situazione gravissima ma che nulla era deciso né per il sì né per il no, e che nessuna parola né per la vita né per la morte era stata ancora pronunciata. A Mauthausen tutto era esagerato e portato allo stremo, anche e soprattutto i sensi umani. Doveva essere così: per pensare di provare a sopravvivere, i sensi, il corpo, la mente e i sentimenti non potevano mai essere assopiti o posizionarsi troppo a lungo su una sola idea. Sarebbe stata la morte.

Fu in quella sorta di organizzazione di resistenza alla Barone Rampante che conobbi Abram, un rabbino ebreo. Nessuno parlava a Mauthausen: lui sì, e scherzava anche. Abram sembrava stare bene, ma ovviamente non era così.

Parlava con tutti, mangiava disciplinatamente quello che gli veniva dato, lavorava e si prendeva silenzioso la sua razione di botte; sorrideva, a volte, ma non si lamentava mai. Non sembrava rassegnato, comunque, e non somigliava affatto a quei morti in piedi, in cammino verso non si sapeva dove, che imparai essere gli "Schwinner", cioè quelli che galleggiano facendo il morto, e si sa che sono vivi solo perché galleggiano e non per altro; i morti in piedi, i "Musulmann" di Auschwitz, i "Gamel" di Majdanek, i "Kretiner" di Dachau e, il nome più terribile, gli Schmuckstücke", i "gingilli" di Ravensbrück.

Di loro, Satana e amici, non mi avevano mai parlato. Questi "Schwinner" stavano fermi in piedi sul confine tra la vita nel campo e la camera a gas e, di lì, non avevano la forza di muoversi; lavoravano e prendevano le botte come noi, ma non strascicavano più i piedi e sembravano quasi levitare da terra anziché camminare. Io credo, loro più di noi, avessero perso ogni speranza, ogni spinta verso qualunque cosa e, penso, per loro, vivere e morire fossero, in fondo, la stessa identica drammatica e schifosa cosa.

Abram non era così o non lo dava a vedere. Faceva tutto quello che doveva, le botte non gli erano risparmiate ma lui continuava perché, come spesso lo sentii dire, anche quella era la vita: Mauthausen era un pezzo della vita, non slegato ma unito al prima e al poi che, lui ne era certo, ci sarebbe stato.

Aveva un forte senso della vita ma non come Sergio: la vita, come l'intendeva Sergio, per essere tale e degna di essere vissuta, doveva essere vita per tutti; così il sole doveva splendere sulle teste di tutti e i fiori essere più belli per tutti. Abram, invece, diceva "la mia vita", "la tua vita", e così il suo senso della vita mancava del senso della collettività della vita, del fatto che non ci si salva, se ci si salva, mai da soli. A Sergio, questo, non mancava.

Abram non si stava estraniando come me, come Sergio o Frantz: vedeva tutto in un continuo unito. "La vita", diceva spesso, "è tutt'una: non ci sono pezzi di vita", e così continuava la *sua* vita laddove stava la morte possibile di tutti, anche la sua.

Abram era l'unico, credo, che riuscisse a celebrare una sorta di funzione religiosa al mattino e alla sera nella baracca. Non era l'unico religioso nel campo. Conobbi anche Don Camillo Valota, che era il numero 145.677, ma lo vidi al crematorio solo una volta. Mi restò impresso, comunque, e notai la differenza di stile tra lui e Abram: mentre Abram cacciava indistintamente nel forno tutto quello che gli passava sotto mano; Don Camillo raccoglieva da terra con molta delicatezza ogni singola persona e, piano, la adagiava nel forno; quando chiudeva lo sportello e il meccanismo di cremazione aveva inizio, chiudeva anche gli occhi. Quelle che Don Camillo adagiava nel forno sembravano ancora persone, mentre i pezzi di pelle e ossa che Abram buttava, a tutta fretta, nel crematorio erano molto più simili al pane con i vermi che le SS ci lanciavano che a esseri umani. Forse andava troppo lento, Don Camillo, forse lo scoprirono celebrare un qualche ufficio divino, forse notarono che chiudeva gli occhi mormorando qualcosa ogni volta che adagiava qualcuno nel forno; comunque, io non lo vidi più.

Io ovviamente non vidi mai Abram celebrare, perché stavo alla sezione femminile, ma quando venni mandata ai crematori a lavorare insieme a lui, fu proprio Abram che me lo raccontò. Mi disse che celebrava, di nascosto, ogni mattina e la sera e nessuno l'aveva ancora scoperto; disse che, ogni tanto, riusciva a lavarsi con il sapone, preso non so dove, e a ottenere anche un pezzo di pane o di cioccolato a volte. Parlava tranquillo di non so che cosa e meccanicamente buttava i morti e, io credo ci sia passato per le mani anche qualche vivo, nel forno, e continuava a parlare. Non sono mai riuscita a capire se tutto quello che mi raccontava (le messe clandestine, il pane e la cioccolata) fosse vero o la sua particolare invenzione per sopravvivere al campo che, singolarmente, pareva non aver effetto alcuno su di lui. Non ho mai saputo se poi si fosse salvato e come, né se avesse portato con lui qualcuno, se non si fosse proprio salvato da solo.

Non lo seppi mai, ma non aveva importanza come non importava se quello che mi raccontava era la verità oppure no: le sue parole mi facevano bene, il suo *Shema Israel* era meglio delle grida e delle canzonacce delle SS ubriache, e la sua particolarissima Mauthausen non mi sembrava così brutta. Abram, comunque, mi faceva molta tristezza e molto più di tutti noi e degli “Schwinner” perfino: tutto gli era indifferente, la vita non lo riguardava più e così la morte; nessuna differenza in un mucchio di pelle e ossa da buttare nel forno vivo o morto; a tutto aveva dovuto voltare le spalle per quella sua idea della vita e così era uno “Schwinner” e nemmeno lo sapeva.

Lo sentiva lui, mi sono domandata per tutto il tempo, quell'odore acre e schifoso di DDT e fragole? Sentiva la puzza che usciva con il fumo nero dal camino? Io lo sentivo ed era insopportabile. Fui nauseata per tutto il periodo in cui lavorai al crematorio né mai, per fortuna, mi abituai a quell'odore: quello, infatti, a volerlo ammettere o no, era l'odore della morte. Se la morte ha un odore, quel misto di DDT e fragole lo è, e io, per tutto il tempo lì, pensai che non era possibile, che non poteva essere che nessuno si accorgesse di quell'odore, che nessuno ne fosse nauseato.

L'ultima volta che vidi Abram fu in inverno, credo: nevicava ed era freddo, ma non avevo alcuna concezione del tempo a Mauthausen. Eravamo ancora al crematorio e, ricordo, fu un periodo buono per me, perché almeno stavo al caldo. La cava, a gennaio, febbraio, era tremenda e Mauthausen era così: i campi erano concepiti perché tu ritenessi una cosa buona, bella quasi, una fortuna venir mandata in mezzo ai morti ma al caldo, piuttosto che in mezzo alle pietre al freddo.

Continuavamo, io e Abram, con il nostro lavoro di sollevare da terra ossa e pelle che, un tempo, avevano pianto e riso e gioito o si erano arrabbiate, avevano respirato, insomma, e buttarli nel forno. Sentimmo un grido ma nessuno di noi si voltò. Le grida, però, ricordo, continuarono a lungo e sempre più forti, così io, che non ero ancora Abram né uno “Schwinner”, guardai nella vetrata del forno, e vidi, riflessa alle mie spalle, una SS che torturava con un lungo bastone di ferro un poveretto a righe sdraiato a terra a pancia sotto. Gridava fortissimo, ansimava e muoveva in tutte le direzioni le mani senza potersi liberare; guardai meglio e notai, oltre al lungo oggetto di ferro in mano alla SS, moltissimo sangue sulle braghe calate del poveretto. Chiusi gli occhi, mentre Abram continuava a infilare ossa e pelle nel crematorio e non pareva essersi accorto di nulla. Sentivo le grida del poveretto e le risa della SS; "Schwein! Schwein!" urlava. Il poveretto ansimava, gridava, tentava di mandarlo via ma non poteva muoversi. Durò parecchio: per almeno 40 minuti continuarono le grida, il sangue che colava dappertutto e si mescolava, l'odore del sangue, a quello dei morti e della cenere; per un tempo quasi infinito sentii gemere e ansimare quell'uomo a terra sovrastato da una cosa enorme, nera, mostruosa che urlava "Schwein!" alla persona sbagliata perché avrebbe dovuto dirlo a se stesso e a nessun altro. Durò tutto molto a lungo, ma a un tratto cessò.

Entrò qualcuno, un'altra SS, che bloccò la prima e gli gridò qualcosa in tedesco cacciandola via. Continuando a guardare, vidi la SS chinarsi sul poveretto che non gridava né si muoveva più, scuotere lo sguardo e alzarlo poi verso di me. Era Frantz Horker e mi sorrideva appena. Io riaprii del tutto lo spioncino del forno e non lo vidi più.

Il poveretto dietro di noi non si muoveva più, le SS erano uscite e Abram continuava come niente fosse stato il suo lavoro assurdo. In quel momento odiai profondamente Abram e la cosa, ricordo, mi scosse perché era tanto tempo che non provavo alcun sentimento. Odiai lui, le sue messe clandestine, il suo pane e la sua cioccolata che non divideva con nessuno; odiai le sue mani che continuavano a gettare morti nel forno mentre un vivo crepava dietro di noi.

Odiai la sua indifferenza e Mauthausen che l'aveva ridotto così e, soprattutto, i suoi discorsi cretini sulle creature a immagine di Dio che vedeva ovunque.

Così, odiandolo e compatendolo e fregandomene di lui, a un tempo, infransi il "Ruhe" che campeggiava in nero sopra le nostre teste.

Lo guardai mentre ficcava un altro morto nel forno e gridai puntando il dito verso la porta per la quale la SS e anche Frantz erano usciti: "Sono queste le creature a immagine di Dio?". Lui non mi guardò, prese un altro morto molto piccolo che poteva essere un nano o un bambino, e lo ficcò nel forno, chiuse lo spioncino e disse: "No, siamo noi". E avviò il processo di cremazione.

Non venni più mandata al crematorio, ma tornai alla cava, così quella fu l'ultima volta che lo vidi. Non seppi più nulla di lui e non pensai affatto alla risposta che mi aveva dato perché mai, nemmeno per un istante, io credetti in Dio né che le creature fatte come lui fossimo noi o loro. Non ho mai creduto in Dio e non avevo nulla contro di lui: pensare che le sue creature, a sua immagine, fatte come lui fossero loro che ammazzavano e ridevano o noi che vedevamo ammazzare e continuavamo a buttare morti in un forno sarebbe stata una cattiveria e, comunque, non avrebbe cambiato nulla.

Abram forse non si sbagliava, però, e ne fui certa perché, ripensandoci anni dopo, ricordai che mentre lui decideva che le creature a immagine di Dio eravamo noi, sentii chiara nelle orecchie la voce del mio professore che diceva che potevamo dipingere un angelo, o una Madonna "che alza al cielo il mite volto e apre le braccia per accogliere la gloria divina; ma non imponeteci regole estetiche che bandiscano dalla regione dell'Arte quelle vecchie che pelano carote con le mani logorate dal lavoro, quei pesanti rustici che fanno baldoria in una sporca taverna, quei dorsi curvi e quei volti stupidi conciati dalle intemperie, che si sono piegati sulla vanga e hanno fatto il lavoro grosso del mondo" e, quegli esseri curvi piegati a fare il lavoro grosso del mondo, quegli esseri a immagine di Dio, se Dio sapeva lavorare le pietre, o a immagine dell'uomo, a immagine di noi stessi, eravamo noi.

Quattordici

Non ero pronta a Mauthausen e me ne accorsi subito. Alla selezione mi dichiarai cameriera, ma venni lo stesso mandata alla cava delle pietre in un primo tempo.

Il lavoro era tanto inutile quanto faticoso: dovevamo portare, avanti e indietro, da un punto all'altro, enormi massi e mi accorsi che chi raccoglieva i massi più piccoli era ferocemente picchiato. Non ho mai capito perché ci facessero portare quelle pietre avanti e indietro per tutto il giorno, ma oggi mi sembra così ovvio: era tutto programmato per la nostra auto distruzione. Mauthausen e i campi, in generale, non erano fatti per uccidere, perché qualcuno ti uccidesse, ma perché tu ti uccidessi da solo. Io credo che la massima compiutezza dell'idea del campo di sterminio fosse che lo sterminio dovevi perpetrarlo tu ai tuoi danni. Mai ho visto le SS ridere e compiacersi come quando vedevano qualche suicida o qualche deportato che litigava per un tozzo di pane con i vermi: era la conferma delle loro folli teorie: che non eravamo esseri umani, eravamo deboli e totalmente inadatti alla vita.

Frantz Horker non c'era mai alla cava; non l'ho mai visto per tutto il primo periodo in cui ho lavorato lì. Dov'era dunque? Ricordo di non essermelo quasi mai chiesta e cercavo di pensare il meno possibile, lì dov'ero, a lui e a Satana e compagni. Il pensiero di William, però, ogni tanto arrivava e si insinuava nella mia testa o nel mio cuore, dentro o fuori di me, e io non fui mai capace né volli veramente impedirlo.

Pensavo, invece, del tutto involontariamente e molto spesso, a Proust, a quello che di lui mi aveva detto il mio professore e, quando il pensiero deviava da Proust al professore, non potevo non chiedermi dove fosse e sperare fortemente che stesse bene e che si fosse nascosto da qualche parte. Non era ebreo ma, per come lo conoscevo, ero certa che si fosse arruolato nei partigiani sicuramente subito, il primo giorno. Pensavo, comunque, molto di più a Proust e a quello che avevo letto di lui e che io stessa avevo scritto: mi ripetevo i nomi di tutti i personaggi mentre spostavo quei massi enormi e prendevo la mia razione di botte; pensavo che ci fosse un posto dove il sole già splendeva e già i fiori erano più belli e, lì, sicuramente lì, nessuno spostava enormi massi inutilmente e nessuno prendeva calci e pugni. Seppi, un giorno, con sicurezza, che quel posto c'era ma noi non avremmo potuto vederlo, non ancora e forse mai se non avessimo fatto un lungo respiro e chiusi gli occhi almeno per un attimo.

Chiudendo gli occhi e respirando lo sentii e capii. "Si è costretti a rallegrarsi", mi diceva all'orecchio, "che i grandi scrittori siano stati tenuti a distanza dagli uomini, e traditi dalle donne, dal momento che le loro umiliazioni e sofferenze sono state, se non il pungolo del loro genio, perlomeno la materia dei loro libri". E, come sempre, aveva ragione.

Fui presto costretta a riaprire gli occhi e, la sera come la mattina, tornammo indietro al piazzale d'appello. Ancora quella scala. Tutte le sere dovevamo salire quella scala e i suoi odiosi 186 gradini con una grande pietra sulle spalle (almeno chi non portava i morti) e, al gradino più alto, fermarci. "Parete dei paracadutisti", la chiamavamo. Ogni tre, quattro sere, le SS, suppongo per divertirsi, sceglievano dieci ebrei, li facevano mettere in fila e li facevano spingere giù dal precipizio uno alla volta: il secondo spingeva il primo, il terzo spingeva il secondo e così via. Un cane pastore spingeva, a suo modo, l'ultimo. Nessuno, se poteva, voleva mai essere ultimo. Ma naturalmente non si poteva.

Le marce, una quindicina, erano insopportabili: ogni mattina e sera suonavano al piazzale dell'appello, sempre le stesse, suonavano la nostra partenza e il ritorno. Le stesse marce, tutti i giorni, alle stesse ore: suonavano la mattina quando partivamo per il lavoro in mille duemila tremila e la sera, quando tornavamo in cinquecento o poco più. Le SS erano fissate con le marce, con l'orchestra e con il canto. A Mauthausen c'era anche un cantante: era il numero 180.046, che poi seppi essere un italiano, Emilio Jani che, ogni mattina e sera, intonava due canzoni, sempre le stesse, per le SS. Riuscì a salvarsi proprio per questo: si adattò a cantare per le SS mentre, poco lontano da lui, io e Abram gettavamo morti nel crematorio. La prima marcia che si suonava, sempre, tutti i giorni, era il *Morgen nach Heimat*, l'inno nazista. Quella era la marcia della morte che poi sarebbe diventata, col tempo, la marcia della memoria.

Io non ho mai partecipato a una Marcia della Memoria. Sergio l'avrebbe fatto, se non altro per rispondere a quel suo senso della collettività. Ogni ventisette del mese di gennaio di tutti gli anni della sua vita avrebbe partecipato. Non ha potuto. Io non sono mai andata, perché non ho bisogno di marciare per ricordare Mauthausen. Ho marciato abbastanza per Mauthausen. E non me lo posso dimenticare. Ho sbagliato. Avrei dovuto partecipare e non marciare per Mauthausen ma perché Mauthausen non sia più. Camminare insieme a altri non verso la morte com'erano le nostre marce in campo, ma verso quel sole che splendeva e quei fiori così belli che, nonostante tutto e tutti, sono cresciuti anche a Mauthausen. Voi andate, se potete. Tutti voi che non siete stati in un lager andate e marciate e, marciando, ricordate.

Lavorai alla cava dodici giorni e mi salvai per tre giorni appena; infatti, nessuno resisteva alla cava delle pietre per più di quindici giorni.

In quel periodo, però, conobbi un tale Murray Gell – Mann, un fisico, credo. Era il numero 115822 e lo ricordo perfettamente perché, mi disse il primo o il secondo giorno che lo vidi, stava cercando di trarre una sua teoria fisica dall'accostamento di quei numeri, dunque andava ripetendoseli in continuazione. Mi chiese anche il mio e l'analizzò sul mio braccio e nella sua testa ma probabilmente non aveva nulla a che fare con la sua teoria fisica, così scosse la testa e continuò a lavorare schifato.

Era strano, lui era davvero strano. Tutti, in un modo o

nell'altro a Mauthausen lo eravamo, strani, ma lui sarebbe stato strano anche fuori da Mauthausen, per quanto, nello stato in cui ci trovavamo, tutti saremmo stati molto più strani fuori da Mauthausen che dentro.

Non faceva altro che lavorare e prendere le sue botte come tutti noi sempre ripetendo i suoi numeri, le sue teorie e facendo strani segni con le dita nell'aria. Come me quando recitavo Proust, fingeva di non essere a Mauthausen. E pareva riuscirci perfettamente. A volte era così assente, così lontano da tutto che faticavo a vederlo persino io.

Non avemmo tante occasioni di parlare ma, ricordo, il giorno prima che sparisse, mi si avvicinò e disse con un gran sorriso che mi parve fuori luogo per il campo ma che, probabilmente, non lo era, fuori luogo, per il posto unico in cui lui si trovava ora, che aveva sviluppato una certa teoria fisica del "confinamento", mi pare si chiamasse.

"Insomma", mi disse mentre spostavamo enormi sassi da una parte all'altra della cava, "la teoria è che le forze tra i quark non diminuiscono affatto, nemmeno un po', quando vengono allontanati. Possono essere lontani chilometri e chilometri ma quello che li unisce resta lì, solido e incorruttibile. Ci vorrebbe un'energia infinita e impossibile per allontanare due quark" e, mentre parlava, faceva grandi segni in aria ogni volta che posava una pietra.

Io non l'ascoltavo tanto: ignoravo cosa fosse un quark e, in più, lì dov'ero, era assolutamente deleterio sentire discorsi su esseri talmente uniti da non venir mai separati anche da distanze insormontabili.

"Esseri?", diceva lui. "Chi ha parlato di esseri?" e, spostando un'altra pietra continuava dicendo: "Gli esseri sono di gran lunga meno forti e incorruttibili dei quark. Capisci?", mi chiedeva poi senza guardarmi e senza in realtà parlare con me. "I quark non si possono dividere ... mai ... nessuno può ...".

Poi si fermava e mi guardava come se fossi una stupida perché non capivo. In realtà, mi guardava in un modo molto più tenero, un po' come il mio professore mi guardava: guardandomi così non voleva dire che ero una stupida perché non capivo ma che era assolutamente necessario che io capissi.

Un giorno mi venne vicino durante una pausa in cui dovemmo stare in fila per un'ora e mezza, senza motivo se non quello di prenderci tutta la pioggia possibile addosso. Stavamo lì, in piedi, tutti in fila con la sola guardia di due cani pastore ai lati e sempre sotto tiro di una SS che, dall'alto e al riparo, teneva il suo mitra puntato su noi, e Murray mi chiese: "Tu sai che cos'è un quark, almeno?". Non mi voltai perché non avrei potuto farlo senza farmi sparare subito e percepii che anche lui parlava al vuoto innanzi a sé benché la domanda fosse per me. Mi sembrava una cosa assurda, in quel momento, parlare di quark: non m'importava nulla di cosa fosse o non fosse un quark, ma la cosa pareva avere un'assoluta importanza per lui, importante quanto Proust per me, così scossi lievemente la testa.

"Ah!", fece lui sempre fissando il vuoto innanzi a sé, e avrebbe schioccato le dita se avesse potuto. "Ecco perché non ti stupisci della mia teoria!"

Si fermò appena, e pareva contento di aver trovato un motivo, di aver capito perché non esultassi tutte le volte che mi spiegava qualcosa; poi riprese fissando l'orrendo cane pastore che ci sorvegliava: "Hai mai letto Joyce?".

"Io odio Joyce", feci piano.

"Allora cosa ti piace?", chiese lui al cane pastore.

"Proust", feci io.

"Bene", disse voltando ancora la testa in avanti. "Allora i quark sono una parola di Proust, non quella che più ti piace, ma quella che non puoi dimenticare anche se ti allontani miglia e miglia da lei. Anche ora, che siamo confinati qui, che tu sei confinata qui, se nelle orecchie ti risuona quel nome o quella parola, quello è il tuo quark e sarà impossibile a qualunque forza, a qualunque furia, a qualunque regime separarti dal tuo quark. Hai capito?", chiese; poi, senza attendere risposta, continuò: "E, di più, ti dirò che quando due sostanze, due parole, diciamo: una tua e una di Proust, si combinano tra loro per formare qualche cosa d'altro, la loro sostanza, la loro massa, possiamo dire, si combina sempre in modo definito e costante. E questo è rassicurante, non trovi?".

Tacque, ma io non risposi: non potevo perché il mio quark, "Bergotte", era talmente vicino a me che mi risuonava dirompente forte e chiaro nelle orecchie e non potevo più ignorarlo e non sentivo affatto quello che Murray stava continuando a dire, lo capivo appena, ma mi piaceva, mi riscaldava.

"E questa", concluse sempre fissando il vuoto innanzi a sé e muovendo appena la bocca, "possiamo chiamarla Legge di ... come ti chiami tu?"

"Proust", feci io. "E' meglio chiamarla Legge di Proust". Lui sorrise e, sollevando appena la testa vidi che aveva smesso di piovere, così sorrisi anch'io.

Quando Murray Gell – Mann, con tutte le sue teorie, venne mandato in un laboratorio di chimica, io, che mi ero dichiarata cameriera alla selezione, fui mandata a servizio durante una cena tra ufficiali delle SS, per la visita al campo di Himmler. Lo vidi solo quella sera e fu abbastanza: Himmler era il capo delle SS e, più che i deportati, spaventava i suoi soldati, i nazisti stessi. Quella sera, notai che le SS si comportavano con Himmler come noi ci comportavamo con loro: stavano zitti, a testa bassa e rispondevano appena con uno "Ja" o, ma più raramente, un "Nein" alle sue continue domande. Solo lui rideva e, davvero quella sera, i deportati non sembravamo noi.

Parimenti capii, quella sera, che erano loro, le SS, le Schutz Staffeln la banalità del male. Le SS, gli "Squadroni della morte" che non discutevano mai un ordine né un attimo si fermavano a pensare, ma banalmente, orribilmente eseguivano. Le SS, tutte uguali tra loro, erano in definitiva non molto dissimili da noi: noi, rapati, vestiti uguali, impossibile lavorare o sposarsi essendo ebrei, sporchi in ugual modo e in ugual misura sofferenti; e loro, biondi, tutti alti dal metro e settanta in su, vestiti uguali, crudeli allo stesso modo e allo stesso modo ignari del perché. Loro, i primi di un ordine dal sangue puro, i primi di una razza padrona, certi della purezza del loro sangue, senza chiedersi di dove proviene, chi la legittima. Loro, impossibilitati a sposarsi prima che l'albero genealogico sposa fosse stato controllato dall'Ufficio della Razza, impossibilitati a lavorare se avessero tradito chi dispensava per loro la loro stessa purezza e supremazia. Loro, la cui fedeltà era il loro unico onore, come sempre ripetevano; loro, con pieni poteri, senza sapere che farne. Loro, a ripetersi che disordinato è sbagliato mentre ordinato è giusto, che senza sorveglianza è sbagliato mentre con sorveglianza è giusto. E noi, a essere ordinati e sorvegliati per non mandare in aria loro, tutti loro fondati sul niente. Loro, che si potevano distruggere solo con la lingua, con una parola; loro e noi: la banalità del male che era eseguire un ordine crudele senza parlare né chiedersi perché o contestare nulla e la banalità del dolore, noi, che eseguivamo i loro ordini crudeli senza parlare né chiedersi perché o contestare nulla perché nulla sarebbe cambiato. Per noi.

Due Kapò mi portarono, con un'altra donna, lungo uno stretto corridoio e ci fecero entrare in una minuscola porta. "Mützen ab!", ordinarono, e giù il berretto. Due SS, ci rassettarono i vestiti e, mentre assistevo come se fossi un'altra a quest'orrenda cerimonia, quella che vede il prigioniero costretto a sistemarsi per incontrare degnamente il suo aguzzino, sentii qualcuno che diceva che "No, noi non saremo mai crudeli e rudi, se non sarà necessario, questo è chiaro. Noi tedeschi, gli unici ad avere un atteggiamento decente con gli animali, avremo un atteggiamento decente anche verso questi esseri animaleschi".

Non so perché, ma provai una specie di strano sollievo quella sera, in quel corridoio, al sentire quelle parole: essere trattati come degli animali, a Mauthausen, era infinitamente meglio che essere trattati come gli "Schwinner" o come noi eravamo trattati; voleva dire, per lo meno, avere qualcosa da mangiare, anche se quel qualcosa era l'avanzo dell'osso del cane. Tutto finì con un "Mützen auf!", e su di nuovo il berretto.

La sala dove si teneva il banchetto era enorme e molto, molto calda, ma era un caldo inutile: a neanche cinque metri da quella sala dove uomini e donne e bambini ridevano, mangiavano, chiacchieravano e stavano allegri, c'erano altrettanti, e anche di più, uomini donne bambini e anziani che morivano e prendevano le botte da quegli uomini ridenti. Anche il loro riso era spaventoso, o almeno, io, li preferivo seri.

Capii che era natale o era appena passato: non l'ho mai saputo con certezza. C'era un alto albero di natale in fondo alla stanza, tutto addobbato e con un mucchio di regali in fondo. C'era, e mi parve un insulto lì, un presepe accanto all'albero: un presepe a Mauthausen. Un presepe con Madonna e Giuseppe e bambino nella culla, tutti tranquilli e sereni in volto. Era un sacrilegio a Mauthausen: l'unico presepe, vivente e morente, eravamo noi.

Himmler lo vidi solo quella sera e mai più: non sembrava particolarmente cattivo, non più degli altri comunque e, imparai poi, i torturatori, i sadici, i "mostri", quelli che si divertivano nel farci soffrire così erano veramente pochi nei campi. Erano molto molto pochi. Gli altri, le SS, i Kapò, facevano questo "mestiere" di aguzzini perché dovevano o per dei loro personalissimi motivi o perché nemmeno loro lo sapevano. Lo facevano con una certa noia, esausti, a volte, da questo meccanismo perpetuo di morte. Anche loro, o qualcuno di loro, sembravano essere stati catapultati lì, come noi e, chissà, forse nemmeno loro erano più capaci di venirne fuori.

Ecco, Himmler non era così. Non sembrava particolarmente cattivo, è vero, ma pareva perfettamente conscio di ogni cosa: di ogni singola persona che veniva mandata a morire così come delle masse; era conscio del funzionamento di ogni singola camera a gas come dell'insieme di tutte le camere a gas di tutti i campi, e controllava e sapeva ogni cosa di ogni singola SS al suo servizio così come di tutte le SS della Germania nazista.

Passai solamente una volta, quella sera, vicino a Himmler, e fu abbastanza. "Nel corso delle azioni condotte", stava dicendo, “contro le bande di partigiani, è fatto obbligo catturare uomini, donne e bambini sospettati di essere in contatto con i ribelli, per poi convogliarli ai campi di Majdanek o Auschwitz”. Parlava così: non era una conversazione ma ordini impartiti, infatti il suo interlocutore non rispose nulla: si taceva e si eseguiva, proprio come facevamo noi.

Mi spaventai, comunque, e il mio primo pensiero andò a Satana e William e tutti gli altri: se li avessero scoperti? O magari li avevano già scoperti? Se già erano prigionieri anche loro? Cosa sarebbe successo a William se l’avessero arrestato e nessun “porco diavolo” fosse rimasto a mettere una mano sulla testa anche a lui? Mi stupisce, oggi, pensare a quello che provai: non era scontato a Mauthasen provare un qualunque sentimento (paura, stupore) per qualcuno. Insomma, Mauthausen isolava a tal punto che, oltre la propria persona era davvero difficile vedere. Oltre la propria pancia era complicato pensare che ci fosse altro e interessarsi alla pance altrui impossibile. Per fortuna, provai quei sentimenti e Mauthausen non vinse mai su di me: il campo voleva isolarti, farti pensare che, davvero, eri figlio di nessuno, e lasciarti solo con la tua pancia vuota, totalmente indifferente a quella degli altri ma, come già ho detto, non ci si salvava da soli. Era quindi fondamentale e imprescindibile per un’eventuale salvezza attribuire il massimo valore anche alle pance degli altri.

Durante tutta la sera dovetti servire grandi piatti di cibo e champagne, vino e succo per i bambini; capii quella sera che William si sbagliava: la cava delle pietre era molto meglio del servizio cameriera. Sarei morta dopo mezz’ora se avessi dovuto fare quel servizio ogni volta, ogni giorno e, con la sola orrenda zuppa di cavolo sullo stomaco, trovarmi a maneggiare con pollo, patate, wurstel e dolci. Sarei morta ammazzata di botte per aver toccato quello che non dovevo: non avrei mai resistito, quindi, tutto sommato, la cava era molto meglio. E’ inutile stare in mezzo al cibo se non lo puoi mangiare.

Comunque, non era necessario toccare del cibo per farsi

picchiare e io, di botte, ne presi anche quella sera. Faceva caldo lì, si stava bene, ma evidentemente i nostri aguzzini restavano quel che erano sempre, anche nei momenti di festa o, più probabilmente, non volevano mostrarsi poco solerti proprio davanti al Grande Capo, così ogni tanto ci mandavano fuori a turno, facendoci togliere le scarpe, a stare con i piedi in mezzo alla neve. Era tremendo questo passaggio continuo da caldo a freddo. Quando rientrai dopo la sesta volta avevo già la febbre, probabilmente, e tanto freddo, così mi avvicinai con la mano verso il termosifone della cucina. Non c'era nessuno intorno e se avessi toccato, anche solo per un istante, il caldo del termosifone, subito mi sarei sentita meglio. Penso che non riuscii a toccarlo se non con due dita quando ricevetti un pugno in testa, poi uno schiaffo e uno sputo in faccia, e fui trasportata fuori in mezzo alla neve.

La SS, davanti a me, aveva già la gamba alzata per darmi un calcio, quando sentii un grido di comando e la SS se ne andò gridandomi "Weg von hier!", ma non riuscii ad andarmene al diavolo, di qualunque tipo fosse, come aveva detto perché l'altra SS mi tirò per la manica verso un punto più buio, poi si inginocchiò di fronte a me e capii chi era quando mi prese il viso tra le mani e disse: "Mi dispiace tanto. Fammi vedere". Io tenevo gli occhi chiusi: non potevo vederlo, non volevo guardarlo. "Angelica", ripeté lui, "fammi vedere. Ti fa tanto male?" Io feci segno di no con la testa, tenendo sempre gli occhi chiusi. "Guardami, per favore", disse. Non potevo. Non volevo e non lo feci. Lui stette lì a guardarmi ancora un po', poi sospirò e, tirandomi su per un braccio, mi disse: "Ti amo, Angelica". Io corsi via verso la baracca, con gli occhi ancora chiusi, e gridai solo: "Non dirlo più! Non dirlo mai più!"

Quella notte venni svegliata da un calcio alla testa e portata fuori dalla baracca nel piazzale d'appello. Era, mi pare di ricordare, la SS della sera, quella del termosifone, che mi gridò chi mi avesse detto di tornare nella baracca. Io non risposi: sarebbe stato inutile, come ogni altro tentativo di difesa lì. Presi le mie botte, dormii nuda sulla neve tutta la notte e, il mattino dopo, ero alla cava a spostar pietre come tutti gli altri. Nessuno domandava, nessuno rispondeva, nessuno cercava una spiegazione o una difesa: non c'era modo di difendersi da quel nuraghe al contrario.

Anni dopo seppi che all'entrata del campo di Dachau stava un grande cartello: *"Verrà fucilato sul posto o impiccato chiunque attacchi un sorvegliante o un soldato SS, rifiuti di obbedire o di eseguire un lavoro assegnatogli, inciti altri a farlo, e chi durante la marcia o il lavoro gridi, chiami, inviti gli altri alla ribellione o tenga discorsi"*. Lì erano più onesti; o almeno i detenuti sapevano già quali erano le regole. A Mauthausen non era così, non c'era alcun regolamento scritto e tutto quello che imparammo in quel senso, lo imparammo a nostre spese e su noi stessi lo sperimentammo.

Uno dei primi giorni che ero lì, mi accorsi che in fondo alla baracca c'era una bacheca con diverse informazioni. Cercai qualcosa riguardo a delle regole, a dei divieti, a che cosa si poteva o non si poteva fare, qualcosa che magari Satana e gli altri non sapessero e non mi avessero potuto dire. Non le trovai. Quando vidi il Kapo della nostra baracca provai stupidamente a chiedere se c'era qualcosa che dovevo sapere, qualcosa che non dovevo fare, quali erano le regole; e lui mi guardò, ma non credo mi vedesse, mi colpì con un pugno al viso e disse, prima di andarsene ridendo: "Eccoti le regole!".

Dormivamo in cento, centocinquanta in baracche che potevano contenere sessanta, settanta persone. C'erano letti a castello a tre piani e gli sfortunati che, come me, dormivano nel piano più alto arrivavano a toccare il soffitto e si prendevano sempre una doppia razione di botte la mattina perché erano gli ultimi a uscire dalla baracca. In ogni letto si dormiva da tre a quattro persone. All'inizio si stava abbastanza stretti e schiacciati ma, verso la fine, eravamo talmente stanchi e pelle e ossa che, almeno io, dormivo benissimo. Ho sempre dormito come un sasso a Mauthausen. Dopo non ho dormito quasi più.

La notte, tutto sommato, era la parte migliore della giornata: cessavano, almeno a volte, le grida, le botte, il lavoro inutile e faticoso; non vedevo più quelle facce strane, forse nemmeno cattive, ma strane, stanche, come pietrificate in un'espressione orrenda che qualcuno gli aveva ordinato di assumere senza nemmeno comunicargli il perché. E io sono convinta che se avessi chiesto a una SS il motivo, il perché lo faceva, perché ci trattavano a quel modo, non avrebbe saputo rispondere. Ma, soprattutto, la notte mi piaceva perché potevo sfogare la mia unica debolezza, l'unica cosa che non avevo abbandonato fuori dal campo, alla stazione dei treni, l'unica persona su cui Satana si era soffermato talmente poco, e William non aveva avuto il tempo, da non poter evitare che io lo portassi con me: Proust.

La notte, schiacciata in quel letto con altre tre poverette a righe, chiudevo gli occhi e mi ripetevo, un po' come la litania di nomi fatta da Satana, tutti i nomi dei personaggi e dei luoghi inventati da Proust. Cominciavo da Albertine per finire con Morel e, spesso, quasi sempre, arrivava l'ora dell' "Aufgehen" e io avevo ancora quei nomi nelle orecchie e la voce di Proust che, benché non avessi la più pallida idea di come fosse, di quale timbro avesse, mi ero col tempo creata: una sua voce del tutto mia, personale, cosicché non era più la sua voce, ma la sua voce per me; era per me che parlava, per me che aveva scritto e, alla fine, smise di essere Proust e, per me, divenne un Proust particolarissimo e del tutto personale che non aveva quasi più nulla a che fare con quello in carne e ossa. Il mio Proust, a Mauthausen, era infatti pelle e ossa e vestito a righe. Fu lui, credo, l'immagine che ebbi sempre di lui con me che, più d'ogni altro, mi tirò fuori dal campo. Era l'unico suono dolce e sensato in mezzo a grida disumane e incomprensibili.

I mezzi che usavano le SS, come non ci guardavano mai, tutta la teoria dell'annientamento attraverso il freddo, la fame e le botte, erano il messaggio, e il messaggio era che non ci volevano tra i piedi perché sporcavamo, o l'avevamo già fatto, quel loro mondo di plastica, nitido e pulito, assolutamente inodore e asettico dove noi, sporchi, puzzolenti, ridicolmente rapati e vestiti tutti uguali, non avevamo né avremmo mai potuto avere nemmeno un angolino. Ma il mio particolare Proust era il mio messaggio che pochi, quasi nessuno, nemmeno Frantz Horker, solo Sergio, avevano letto e capito: il mio messaggio era che non avevo la minima intenzione né di morire né di perdermi del tutto. Angelica non era stata abbandonata, solo sospesa e già, mentre io lavoravo al freddo e prendevo le botte vestita con quell'orrenda divisa a righe, lei mi aspettava, ci aspettava, con un cambio pulito di vestiti.

Quindici

Il lavoro alla cava delle pietre era sfinente, inutile e sfinente. Passavamo la giornata a portare enormi massi da un punto all'altro della cava e, spesso, cantando o correndo per le SS.

C'era una SS che era stata mandata da Dachau per "rieducare i prigionieri" e, sì, i suoi metodi erano abbastanza persuasivi, in effetti. Si chiamava, credo, Ludwig Plagge ed era un *SS-Oberscharführer*, cioè era cattivo come gli altri e, in più, si divertiva. Spesso ci costringeva a degli esercizi di ginnastica: salti, corse, sollevare le pietre sopra la testa, e chi non riusciva era frustato o fucilato. Esagerava anche con le frustate che, a quanto ricordo, dovevano essere al massimo venticinque, limite che lui aveva però portato a settantacinque. In più, quando frustava qualcuno, il poveretto, doveva contare in tedesco il numero delle frustate ricevute e, ogni volta che sbagliava (e tra "vier" e "fünf" sbagliavano tutti), si ricominciava a contare da capo.

Non dimenticherò mai quanto rideva nel vederci correre senza scopo come dei pazzi da una parte all'altra della cava, cercando di spingere quei massi enormi. A volte arrivava con enormi pezzi di pane pieno di vermi e formaggio e carne ancora buoni. Ci chiamava tutti, ci faceva mettere in ginocchio e, dopo aver dato il formaggio e la carne ai suoi due cani pastore, ci tirava il pane e ci diceva: "Imparate!". Soffrivo, mi vergognavo, ma non mi sono mai sentita ridicola, lì, carponi a terra, a mangiare quello schifo pieno di vermi: avevo troppa fame e, sì, ero anche disposta a imparare dai cani se loro sapevano come fare per ottenere della carne e del formaggio.

Frantz Horker doveva essere salito di parecchio nella gerarchia delle SS, perché ricordo che un giorno, alla cava, mentre si svolgeva la solita cerimonia del pane con i vermi, arrivò e urlò qualcosa di orrendo alla SS Plagge e lui, senza fiatare, se ne andò. Frantz Horker, solo e senza cani, prese il suo posto.

Non ci furono più, da quel momento, esercizi ginnici, corse o pane con i vermi: solo lavoro, quello nemmeno lui poteva impedirlo. Tutti noi, comunque, notammo il miglioramento e spesso, tra i detenuti, si sentivano voci che "quella SS è buona", "è meglio degli altri". Io non ascoltavo quasi mai, quasi mai lo guardavo mentre portavo le mie pietre avanti e indietro: ho sbagliato tutto. Avrei dovuto guardarlo il mio Sergio e, soprattutto, avrei dovuto ascoltare e tenere le orecchie ben aperte perché quei discorsi non circolavano solo tra di noi. E non era salito così in alto tra le SS per caso.

"Angelica", mi disse una sera. Eravamo soli nel *Revier* perché, a forza di pane con i vermi, botte e freddo e poca igiene avevo contratto il tifo. Non c'era nessuno, solo noi, e io mi stavo, poco a poco, riprendendo.

"Angelica", continuò, "ti ho portato da mangiare". Io non lo guardai nemmeno ma afferrai i due panini che mi aveva portato e li divorai in tre secondi. Poi la margarina. E mi venne subito mal di stomaco. La margarina era la cosa fondamentale a Mauthausen: era un mattone che riempiva la pancia e, almeno per quattro giorni, permetteva di sopportare abbastanza bene la fame e l'orrenda zuppa che ci davano due volte al giorno. Quella zuppa era un insulto: la preparavano il lunedì e doveva durare tutta la settimana, fino al lunedì successivo. Naturalmente, prima di arrivare a Mauthausen, l'orrenda zuppa di cavoli e rape passava per i campi di prigionia inglesi, italiani, poi Bergen Belsen, Dachau, Madjanek e, infine, Mauthausen: era acqua sporca quando arrivava da noi e non si vedeva più nemmeno l'ombra di un cavolo o di una rapa. Comunque, ad Auschwitz stavano molto peggio: a loro arrivava anche dopo di noi. La margarina era il vero cibo, ma era pericolosa però perché i nostri stomaci non erano più abituati al cibo; molti, infatti, morirono alla Liberazione perché si lanciarono nelle case, ovunque ci fosse una qualche forma di vita e rubavano e mangiavano tutto quello che trovavano. Lo stomaco di molti è scoppiato così. Penso che debba avergli fatto un brutto effetto, a Frantz Horker, vedermi mangiare a quel modo, ma non potevo fare altrimenti: avevo troppa fame e ora che avevo passato qualche giorno senza lavorare e al caldo la sentivo ancora di più.

Sentii che mi poggiava una mano sulla testa, così mi voltai: ne avevo abbastanza di mani sulla testa. Ero stanca e dolorante, avevo fame e non ce la facevo più.

Lui ritirò la mano e sentivo che mi guardava ma io non potevo, non riuscivo a guardarlo perché sapevo che se l'avessi fatto, se avessi alzato quella mia testa rapata a fissare i suoi occhi, tutto sarebbe ritornato a me: avrei visto Sergio non Frantz Horker e Sergio, a Mauthausen, non lo volevo vedere. Non volevo avere nulla a che fare con Frantz Horker perché era Sergio, solo Sergio, che volevo sposare.

"Angelica", disse ancora, "fai l'amore con me".

Io continuai a non guardarlo. "Fai l'amore con me", gli avevo detto la sera prima di partire. Quanto tempo era passato non avrei saputo dirlo e, chissà, forse non era passato, forse si era solo fermato, sospeso, interrotto nell'attesa che il delirio finisse, che la sofferenza passasse e che io, Marcel, o chi per me, ricominciassi a scrivere per poi ritrovarsi, il tempo, e ripartire. Ma chi per me poteva farlo? Qualcuno poteva scrivere, recuperare il tempo al posto mio?

Non potevo fare l'amore con lui: avevo fame, sonno, era stanca. Fare l'amore era il mio ultimo desiderio. Non avevo più alcun desiderio a Mauthausen, ma solo fame, freddo e sonno. Fare l'amore, l'amore, lì, mi sembrava la cosa più assurda del mondo. E, invece, credo mi sbagliassi ancora. Anche William si sbagliava quando, tempo prima, mi aveva detto che in guerra non c'è tempo per volersi bene. Sbagliava lui a pensarlo e sbagliavo io a non voler amare Sergio lì perché, ora lo so, se tutti ci fossimo voluti un po' di bene, forse l'orrore non sarebbe stato mai o, almeno, sarebbe stato debellato molto prima.

"Qui", gli dissi senza guardarlo, "è un sacrilegio".

"Solo se consideri questo posto un luogo sacro", rispose.

Non lo era: Mauthausen era tutto fuorché un luogo sacro, ma io sapevo, lo sentivo che, in qualche modo, lo sarebbe diventato.

"Lo sarà", dissi io voltando del tutto la testa da un'altra parte, "quando ci avrete uccisi tutti".

Ero completamente voltata rispetto a lui, seduta lì sul letto e non lo guardavo. Mi calcai di più il berretto sulla testa e, pur non vedendolo in faccia, sentii che l'avevo ferito: "quando ci avrete uccisi", quel "ci" l'aveva ferito.

Sospirò e mi chiese: "Angelica, tu sai ancora chi siamo?"

No, credo che non lo sapessi più, così, la mia risposta, più di quel "ci" dovette ferirlo tremendamente. "Tu", dissi, "sei Frantz Horker e io sono il numero 115.842".

"Angelica", fece lui, "stiamo facendo finta".

Io non lo guardai perché, davvero, non avrei potuto; solo dissi: "Io le botte le prendo davvero, però". Sospirai: "Questa è la vita. Non stiamo facendo finta".

Non so come reagì la sua faccia perché continuavo a non guardarlo, però posso immaginarlo: avrà appena stretto gli occhi in quell'espressione di sofferenza tipica di tutti, uomini e animali; quella tipica espressione di fulminea e dolorosissima pena e, dopo gli occhi, avrà stretto la bocca, chiusi gli occhi e sospirato.

"Ti amo, Angelica", mi disse posando la testa sulla mia spalla. "Ti amo".

Io mi alzai dal letto e lo scansai; poi, ancora senza guardarlo, gli dissi: "Allora portami da mangiare, ogni tanto". Lui non rispose e io mi avviai all'uscita del *Revier*. Mi fermai ad aspettarlo perché non si poteva uscire di lì se non si era scortati da una SS. Sentii che si stava avvicinando, sospirai e, sempre senza guardarlo, chiesi a me o a lui o a chi aveva una parvenza di risposta: "Che colpa ne abbiamo io e te? Che cosa abbiamo fatto? Potevamo essere a casa ..."

Sergio non rispose ma sentii un movimento, come una spinta nell'aria, e Frantz Horker mi afferrò il braccio per riportarmi alla cava.

Il corpo era il luogo su cui le SS si accanivano di più. Le botte e tutte le punizioni erano corporali, inflitte sul corpo e, inflitti sul corpo, erano anche gli esperimenti di Mengele. Il corpo dell'individuo è, infatti, sacro e inviolabile. Violarlo è dire a quell'individuo che non lo rispetti più, che per te non è più una persona e che col suo corpo puoi farci quello che vuoi. Calci il sasso perché non lo ritieni persona né animale. E i nazisti questo lo sapevano, perciò ci facevano di tutto con il nostro corpo; lo sapevano e quindi continuamente il nostro corpo era violato mutilato affamato assetato malato mezzo guarito e poi malato di nuovo; era un corpo picchiato rapato bruciato freddo assiderato sputato scavalcato mancato di rispetto schiaffeggiato stuprato e, solo il mio, solo il mio corpo, era, a volte, carezzato e riscaldato.

I nazisti sapevano perfettamente che certe cose vanno fatte in pubblico, o non servono. I migliori studi di criminologia lo confermano: che cosa vogliono, in definitiva, ladri, assassini, criminali? Essere visti, avere un pubblico, altrimenti è inutile. Loro, che erano ladri, assassini e criminali, si procuravano sempre d'avere un vasto pubblico, facevano sempre in modo che il più grande numero di persone li vedesse: non picchiavano quasi mai nessuno al buio in fondo alla baracca.

Il corpo dei deportati, poi, era un corpo particolare, non comune: non era come il corpo delle persone differente da quello degli animali differente da quello delle piante e dei fiori; era il corpo dei deportati: un corpo a parte, tutto loro, che non ebbi più dopo Mauthausen.

Seppi che nel 1971 venne denunciata, per la prima volta, una lacuna storica tra la grande abbondanza di ricordi, scritti e fotografie della guerra in sé: brigate partigiane, alleati russi e americani, armate tedesche ampiamente documentati e, dall'altra parte, la mancanza di documenti della vita dei deportati nei campi. Oggi si è ricuperato, per fortuna, ma, credo, fosse comprensibile all'epoca: il corpo del deportato, al contrario di quello del soldato russo, o americano o del partigiano, era il corpo del "perdente", dello sconfitto. Non si poteva mostrarlo quel corpo, perché in definitiva nessuno voleva vederlo. Non c'era nulla di glorioso, né vittorioso nell'immagine di quel corpo e, soprattutto, davanti a quel corpo, come davanti a qualunque corpo ma, al corpo del deportato ancora di più, ci si deve porre sempre con assoluta pietà, commozione e devoto rispetto.

Avevo sempre creduto che ogni essere umano fosse degno di vivere. Altrimenti, perché nascere se non si può vivere? Ma vivere, imparai a Mauthausen, non era vivere se non potevi fare nulla, prendere nessuna decisione. Non era vivere dormire in quattro nello stesso letto, magiare i resti di quell'orrenda zuppa che, prima, era già passata in altri tre campi. Non era vivere pisciare tutti insieme, vivi e morti, in una latrina orrenda: pisciavi in faccia ai morti perché venivano gettati lì quando i forni crematori erano pieni. Non era vivere rispondere continuamente ai comandi, essere vestiti tutti uguali, non potersi lavare mai, mai riposarsi, mai fermarsi un attimo: vietato pensare. Vietato leggere. Vietato scrivere. Vietato parlare se non per dire “Ja”, sempre “Ja”.

Ma, ancora, anche a Mauthausen, pensavo che ogni essere umano fosse degno di vivere, se non altro una volta che quella non vita fosse finita. Lì, però, capii anche che non sempre le cose possono essere semplici e, laddove i diritti non esistono più, sono prima esistiti, e così l'umanità e la dignità. Se non ci sono più, qualunque cosa sia capitata, vanno riottenuti perché nessuna conquista è per sempre. Tutti gli esseri umani sono umani per definizione, e anche l'umanità di Mauthausen era fatta di essere umani; e questo, capii, nessun nazista, nessun fascista, nessuna SS, nemmeno le folli teorie razziali o gli esperimenti di Mengele potevano cambiarlo, dimostrare il contrario. E loro lo sapevano. Sapevano perfettamente, io credo, di combattere una lotta ideologica persa in partenza sia sul piano psicologico che su quello umano: potevano ucciderci tutti, ma là, dove domani o il giorno successivo saremmo morti, qualcuno ci avrebbe slegato i piedi.

Gli esseri umani mai cessano d'essere umani, ma talvolta l'umanità, soprattutto quand'è maltrattata e derisa come lo era la nostra, deve essere riottenuta. Mettere una mano sulla testa, questo voleva dire: mettere una mano sulla testa e, in qualche modo, sollevare, tirare su quell'umanità dal fango della cava di Mauthausen.

Dovevo agire, allora. Anche se agire non era semplice. Dovevo fare qualcosa, e lo capii una notte in cui l'ennesima poveretta a righe venne picchiata, con gran divertimento delle SS e del Kapò della baracca, e impiccata in fondo alla baracca. Quella notte, però, quell'impiccagione non fu come le altre. Io, ormai, non guardavo nemmeno più, voltavo la testa dall'altra parte, ma sentii le botte, i gemiti leggeri, quasi impercettibili di lei che, evidentemente, forza per gridare non ne aveva; sentii le risa del Kapò e le grida delle SS. Sentii che nessuna di noi si muoveva dal suo posto, e così gli lasciavamo fare quello che volevano, convinti proprio dal nostro comportamento che, tra l'altro, loro ci avevano imposto, di avere ragione, che le loro teorie assurde fossero giuste: uccidevano qualcuno nella più totale indifferenza.

Sentii, quella notte, che la poveretta non riuscì a morire subito: mi voltai, infatti, quando le SS e il Kapò uscirono, e vidi che avevano posizionato il corpo della donna in modo che toccasse lo sgabello con le punte dei piedi. Ci mise un'ora a morire.

Dovevo fare qualcosa. Non ero lì per mettere una mano sulla testa a quei poveretti, in fondo? Fare qualcosa, sì: ma cosa?

La risposta venne l'indomani mattina. Dopo la solita marcia, suonata e camminata; dopo l'appello e l'avvio del lavoro alla cava, la risposta venne. Notai una SS che, ogni 10 – 15 minuti, veniva da noi alla cava e sceglieva, mi parve a caso ma sicuramente non era così, dieci di noi e li portava via: non seppi mai dove, ma nessuno tornava più.

Non poteva essere un caso la modalità di scelta, perché le SS non facevano quasi nulla a caso e, il terzo giorno di quella cerimonia, in effetti, notai Frantz Horker, che non riuscivo ancora a guardare in faccia, che mi faceva segno di indietreggiare, di andare via e continuare a spostare le mie pietre. Io lo feci e non venni scelta.

Dovevo capire. Dove andavano a finire quei poveretti? Che cosa ne era di loro? Era importantissimo che io capissi perché, qualora avessi capito, avrei potuto senz'altro mettergli una mano sulla testa. E' pur vero che l'artista, lo scrittore, il poeta, il pittore ha il diritto di frugare in mezzo alla natura umana, di non nascondere niente del cadavere umano; quindi è anche vero che l'uomo, ogni uomo, ha il dovere di capire e, prima di frugare il cadavere umano, provare a mettere una mano sulla testa di quell'essere umano e tentare di sollevarlo un po'. Ma dovevo capire in fretta e, in fretta, agire, o non sarebbe rimasta più nemmeno una testa sulla quale mettere la mano.

Non si guarda il cielo a Mauthausen, e Satana me l'aveva detto. Non si poteva e non si doveva, perché se la testa non era bassa fissa a terra si prendevano tante botte che poi era impossibile sollevarla quella testa; ma soprattutto perché, se guardavi il cielo a Mauthausen, era la fine.

Quel cielo, lì, a Mauthausen, era lo stesso cielo azzurro e, a volte, cupo che vedevi a casa, al lavoro; le stesse stelle che guardavo con Sergio, ora non potevo, non volevo guardarle con Frantz Horker.

A Mauthausen, il cielo era azzurro e, a volte, s'incupiva; a volte c'era il sole, anche se era sempre freddo; altre volte le nuvole; insomma era un cielo più che nella norma quello di Mauthausen, per questo non lo si poteva guardare. Non era un cielo diverso, strano, del quale potevi pensare che fosse una parentesi, un momento, un attimo e che poi sarebbe senz'altro passato. Nessuno guardando quel cielo poteva pensarlo, così come nessuno, a casa sua, nella sua vita quotidiana, alza gli occhi al cielo e pensa che sì, che è solo un attimo e che tutto passerà.

Quel cielo, a Mauthausen, che non era il cielo *di* Mauthausen perché non gli apparteneva, solo lo sovrastava, era la conferma che Abram si sbagliava nel ritenere che non ci fossero pezzi di vita, che la vita fosse tutt'una. Non era così. La vita non è tutt'una, mai; non lo è a prescindere, comunque; non lo è per sua natura; non lo è, tutt'una, se non la facciamo noi così. La vita può diventare tutt'una, fluida, scorrevole, ma è necessario unire i vari pezzi di vita, fluidificarli, renderli scorrevoli e, per quanto possibile, dar loro un senso e, non tutti, non sempre, non necessariamente ce l'hanno. Quest'operazione, però, siamo noi che dobbiamo farla: solo noi, non altri per noi, non la vita ma noi: noi dobbiamo prendere questi pezzi di vita, questi cieli diversi e renderli tutt'uno. Così, il cielo di Mauthausen, quello che non si poteva guardare per restare incolumi, per non pensare che fosse il pezzo di vita definitivo, era un pezzo di cielo, non tutto il cielo: sarebbe stato cupo, nuvoloso, avrebbe piovuto e nevicato ma, già lì, già a Mauthausen dove si pensava che nulla potesse fiorire, c'erano i semi dei fiori futuri che, sotto la neve amara, aspettavano il cielo dopo Mauthausen, il cielo fuori Mauthausen, quel cielo che andava unito assolutamente con il cielo a Mauthausen.

L'uomo è poco: Sergio lo diceva e aveva ragione. Siamo poco, contiamo poco ma, all'occorrenza, l'uomo è molto più forte di quello che crede o che gli hanno fatto credere. Quando sono necessarie, le forze nascoste di quest'uomo, anche e soprattutto dell'uomo triste imprigionato picchiato sputato denutrito schiaffeggiato deriso umiliato schiavizzato legato calciato, se consideriamo che anche questo è un uomo, queste forze che nessuno mai ha voluto, potuto o saputo vedere, eccole! Sono lì pronte a tirare quest'uomo fuori dal fango di Mauthausen, pronte a essere utilizzate. Sei tu: tu con le tue forze che, unite a quelle degli altri, sei in grado di mandare in aria, in vapore, in gas quello che ti costringe, ti schiaffeggia, ti deride, ti umilia e, più di tutto, ti fa dubitare di essere uomo.

Sedici

Credo fosse febbraio quando iniziarono grandi trasporti di ebrei dall'Ungheria. I treni arrivavano in continuazione: due tre quattro convogli al giorni carichi di persone. Tutte le mattine, la grande banchina appena fuori da Mauthausen era piena e, in continuazione, si sentivano grida: "Alles Raus!" La sera, però, tutto tornava come al solito. I crematori erano sempre accesi e grandi pire bruciavano i corpi che non avevano trovato posto nei forni. Lavoravano tantissimo i crematori in quel periodo, e non solo i crematori.

Un giorno stavo andando alla cava, quando vidi una grande pira con fiamme molto alte. C'erano quattro SS e due Kapò, attorno al fuoco, e cinque detenuti con delle carriole trasportavano dei corpi di persone e, mi parve, di animali dal crematorio alla zona della pira. Quelli sarebbero stati bruciati lì, all'aperto, perché i forni erano colmi, stracolmi. Non era quello il momento di fermarsi? Se nemmeno i forni riuscivano più a contenere l'orrore e la morte, non era il momento di fare basta? Capii che non avrebbero potuto fermarsi, soprattutto ora, nemmeno se avessero voluto, e comunque non volevano: era impossibile fermarsi ora e, proprio quelle pire all'aperto, glielo confermavano.

C'era qualcosa che non funzionava, però, perché, a un certo punto, vidi una SS che prendeva un corpo da una delle carriole e faceva una gran fatica a maneggiarlo: quel corpo, che mi parve di un cagnolino, si muoveva tutto, faceva strani versi, guaiva e si divincolava con tutte le sue povere forze: non era morto, insomma.

Io rallentai appena il passo e mi rivolsi alla detenuta davanti a me, dicendole: "Guarda! Stanno bruciando un cane vivo!"

Lei si voltò appena mentre io chiedevo il perché: che senso aveva bruciare un povero cane vivo?; parve mettere a fuoco a fatica quello che stava succedendo, poi si voltò bruscamente come se avesse visto abbastanza, scosse la testa e, senza guardarmi, piano, mi disse: "Quello non è un cane. E' un bambino".

In tutto quel periodo in cui i crematori lavoravano in continuazione perché in continuazione arrivavano treni capii che gli ebrei erano una razza particolare: una scoperta tutta tedesca. Erano la razza sofferente. Tutti, a Mauthausen, eravamo sempre sofferenti e per qualunque cosa perché qualunque cosa ci faceva soffrire, ma loro lo erano di più: erano i più sofferenti di tutti, gli ebrei e, in mezzo a loro anch'io, perché era sempre colpa loro. Mentre non sempre era colpa di altri deportati, per le SS era sempre a causa degli ebrei che capitava qualunque cosa, dunque si sentivano in diritto di trattarli come volevano e di fargli pagare qualunque cosa e, in fondo, il solo fatto di essere nati.

Fu sempre in quel periodo che mi domandai che cosa sarebbe successo a tutte queste persone che arrivavano e morivano oppure, come me, lavoravano e prendevano le botte prima di morire, se non fossero state loro, se fossero nate da un'altra parte, in un altro tempo. Cosa sarebbe successo se Ana Novac, cha a quattordici anni fu deportata a Auschwitz, si fosse invece chiamata Hanna Müller? E Han Mayer sarebbe stato torturato fino a morire se invece di essere ebreo austriaco fosse stato solo austriaco o tedesco? E se Giosuè, che aveva otto anni quando lo uccisero, fosse nato in America o in Africa o in Patagonia, l'odio razziale l'avrebbe raggiunto fin lì oppure sarebbe stato salvo? Pensai spesso che se Cecily Lefort, giustiziata a Ravensbrück, fosse nata anni prima chissà dove, sarebbe potuta essere una principessa e non una deportata. Cosa ne sarebbe stato di tutte queste vite se fossero state altre vite?

Capii ben presto che erano domande inutili e che non serviva a nulla avere una risposta. Forse l'unica risposta possibile l'aveva data quel signore sul treno, dicendo che "il destino è così". Non serviva a nulla farsi queste domande perché Ana Novac non si chiamava Hanna Müller, Han Mayer era probabilmente già morto mentre io mi domandavo il perché e il percome della sua morte, Tadeusz Borowski era ucraino e non tedesco, Isabella Leitner era ebrea oltre che ungherese e non aveva via di scampo. E nulla sarebbe cambiato, nemmeno per Cecily Lefort, se fosse stata una principessa, perché Anne de Bauffremont – Courtenay era una principessa francese e stava a Ravensbrück insieme a Cecily. Era inutile domandare: non c'era risposta. Smisi subito di fare simili domande, ma una persistette: che cos'altro serviva ai nazisti, di che cos'altro avevano bisogno da queste vite?

Una notte, poco prima dell'appello del mattino (dovevano essere le 3:30, credo, perché l'appello cominciava alle 4:00), una detenuta che non stava nel mio blocco ma prima, nel numero 6, venne sorpresa a fare i bisogni nella sua gamella.

Il blocco numero 6, o meglio i blocchi 11 e 6, erano i peggiori di tutti. Non che dove stavo io si stesse bene, questo no, stavamo piuttosto male anche nella baracca numero 10, ma questi due in particolare erano i peggiori di tutti. Nei blocchi numero 6 e 11, che avevano una capienza di 80 persone, dormivano infatti 2000 persone; le condizioni igieniche, già critiche negli altri blocchi, qui erano decisamente peggiori perché, in queste due baracche, venivano portati quasi tutti gli ebrei anziani (quelli che non erano mandati subito a morte) e i detenuti che non trovavano spazio nel *Revier*. Erano baracche particolari, queste, perché raccoglievano e mescolavano tutto il marcio e il compatibile che esisteva a Mauthausen: le conseguenze, gli effetti di Mauthausen stavano tutti lì, visibili a chiunque si fosse degnato di vederli, a chi avesse voluto rendersene conto, nelle baracche numero 6 e 11.

Questa signora era vecchia e ammalata. Non la conoscevo, non sapevo come si chiamava, ma l'avevo vista spesso alla cava delle pietre e non riuscivo a capire perché, anziana e malata, venisse ancora mandata a lavorare. Una Kapò del suo blocco, comunque, la vide e, ridendo forte, la prese e la picchiò senza pietà, cacciandole la testa nella gamella, nei suoi escrementi.

Tutte noi guardavamo, naturalmente, ma nessuno si muoveva, nessuno parlava, nessuno faceva nulla mentre quella poveretta veniva picchiata e si sporcava tutta in modo orribilmente umiliante.

A un certo punto, la Kapò la lasciò andare come se avesse finito con lei, si volse verso di noi tutte attaccate alla finestra della baracca e ci gridò di uscire. Uscimmo, dunque, e ci mettemmo in fila. Ci gridò di guardare bene, dunque no: non aveva finito con lei. Immediatamente, infatti, gridò qualcosa alle sue spalle e, pronto, un cane scattò verso la povera detenuta e le azzannò le gambe. La poveretta gridò alto mentre il cane continuava a morderla; lei gridava il cane mordeva il sangue lei gridava la Kapò rideva su quella poveretta sporca anziana e dolorante il cane mordeva ancora e lei gridava ...

"Basta!", feci io e mi lanciai contro la Kapò, contro il cane, sulla poveretta a righe con tutte le mani. "Basta! Basta! Basta!"

Sentii subito il manganello della Kapò sulla mia testa: le mie mani stavano sulla testa di quella poveretta picchiata e umiliata fino allo stremo e, sulla mia testa rapata, invece, colpiva il manganello. Stavo male, sentivo la Kapò gridare, il cane che si stava spostando piano, quasi incredulo, su di me, ma non importava: ora che avevo le mani sulla testa di quella poveretta non intendevo lasciarla.

A un certo punto sentii un grido e, subito, tutto si fermò. La Kapò si sollevò, il cane se ne andò e io ancora stavo lì, per terra, con le mani sulla testa di quella poveretta che non piangeva ma respirava piano piano.

Qualcuno gridò di nuovo qualcosa che poteva essere "Vattene!" "Va all'inferno!" (mi sembrava "*Weg von hier*!") e la Kapò, in silenzio, se ne andò.

Io non mi alzai, stavo ancora lì stretta alla poveretta a righe e non feci neppure un movimento: non potevo guardarlo ma sapevo chi era. Sentii che si avvicinava a noi ancora per terra, allungava una mano verso di me, ma io mi scansai in fretta e, ancora più in fretta, corsi in baracca.

Non vidi se mi guardava ma sentii un sospiro che non pareva quello della poveretta a righe e doveva essere Sergio. Mi affacciai alla piccola finestra della baracca e lo vidi che sollevava la poveretta e, guardando le altre che ancora stavano lì, fece: "*Appelplatz*!". Così, la colonna si incamminò.

Non ricordo se era fine febbraio o marzo, però so con certezza che era un martedì, perché il martedì ci davano sempre la margarina e io, quel martedì, non la ricevetti perché venni mandata, con altre quattro detenute, nel blocco dell' UNTERSUCHUNGSRAUM: l'area di ricerca sulle malattie, formalmente. Informalmente, la zona di annientamento razziale biologico delle popolazioni "inferiori": il dominio del "dottor Morte".

Di solito, Mengele non lavorava a Mauthausen ma sempre e solo a Auschwitz II – Birkenau e, almeno da quanto sapevo e ne sapevo poco perché William e Satana non mi avevano quasi mai parlato di lui, lavorava spesso con i gemelli. Faceva strani esperimenti su tutti ma la sua ossessione erano i gemelli e i nani: su di loro faceva di tutto, senza freno e senza un minimo di etica, per lo meno, professionale. Si occupava specialmente di gemelli perché, se avesse capito il segreto della gemellarità, avrebbe potuto trovare il modo di aumentare la popolazione di razza pura tedesca. Era tremendo e faceva di tutto a quei poveri bambini, senza freno alcuno. Non che qualcuno se l'aspettasse. "Faceva spogliare quei bambini", mi raccontò Elzbieta Piekut- Warszawska , una delle poche internate con cui mantenni una sorta di rapporto dopo Mauthausen, "e li lasciava nudi per tutto il tempo delle misurazioni antropometriche, ossia da due a cinque ore. Gli esami radiologici erano fatti nelle stesse condizioni. I bambini stavano lì, di fronte allo schermo, per quindici minuti perché, durante la radioscopia, quei medici discutevano quello che appariva sullo schermo". A questo punto, Elzbieta, si fermava sempre, sospirava poi diceva: "Al ritorno in baracca, e lo so perché dovevo accompagnarli io con il Kapò di turno, avevano già la febbre, gli occhi gonfi e rossi, l'angina, tosse, sinusite e polmonite in qualche caso".

Era tremendo e cattivo, Mengele, lui sì che era un mostro, e Giosuè, che aveva solo otto anni ed era molto bravo a scuola, morì per la sua cattiveria e mostruosità. Non seppi mai, né avrebbe cambiato nulla, perché era a Mauthausen quel martedì. Al campo, infatti, sapere non cambiava mai nulla.

Fummo mandate, senza sapere perché né a fare cosa, in un grande stanzone bianco. Ricordo che era molto lungo e estremamente pulito e bianco. Lì, a differenza delle nostre baracche, dove ogni cosa puzzava ed era sporca, tutto era pulito e bianco. C'erano lunghe mensole bianche ricoperte di cellophane e, su ogni mensola, quattro o cinque barattoli che non capii subito che cosa contenessero. Guardai meglio mentre aspettavamo di ricevere ordini, e vidi che in quei barattoli stava una specie di grossa rana in un liquido verdastro. L'esserino, però, non galleggiava ma stava fermo, tutto accovacciato su se stesso. I barattoli erano sigillati e, su ognuno, stava lo stesso foglio bianco con una scritta nera. Riuscii a leggerla perché era mezza in latino e mezza in italiano: "FETUS IUDEUM. UNA BRUTTA RAZZA VISSUTA FINO AL 1940, STERMINATA POI DA UOMINI DI GRANDE GENIO". Venivano dall'Italia quei poveri feti, resti di bambini che non sarebbero nati mai, per colpa di uomini di "grande genio".

Appena sopra la mensola, in alto, sulla parete stava un grande cartello raffigurante un uomo alla Lombroso, dunque non un uomo ma un pregiudizio: basso, quasi gobbo, tarchiato, nudo e quasi totalmente privo di attributi maschili o femminili. Il volto era grandemente squadrato e pateticamente primitivo: una lunga barba nera che finiva a punta come quelle delle capre, occhi stupidi, un naso adunco e, più sotto, un collo appena accennato da cui, per la quasi totale assenza di spalle, sembravano spuntare due enormi braccia che, ricurve in modo ridicolo, arrivavano quasi a terra toccando due grandi e deformi piedi. L'intera figura era ricoperta di una peluria nera. Sotto il disegno stava la scritta: "BESTIA INFETTA: se ne incontri uno, rivolgiti al più vicino Kommando di polizia".

Ci fecero spogliare e ci disinfettarono prima di entrare,

probabilmente perché noi, sporche come eravamo, avremmo infettato e contrastato in maniera troppo evidente con quel bianco. E qui, già qui, ancora prima di entrare al cospetto del dottore della morte, stava tutto il paradosso di quell'assurdo sistema: ora sì che si vedeva la differenza. Infatti, sembravamo essere noi, sporche affamate estremamente spaventosamente magre, il male il brutto la piaga il virus di quel posto; sembrava davvero che fossimo noi le colpevoli e responsabili di tutto e, in quel momento, forse per questo inconscio motivo, ritornò a me la figura di quel tedesco che avevo ucciso. Ricordai la montagna e la lama che affondavo nella sua schiena. Ritornò a me, in quell'attimo, ogni cosa: le passeggiate, la grotta, Satana che non si trovava, le raffiche dei tedeschi e William ... e William ...

Eravamo noi, in quel momento, la differenza e la bruttezza rispetto a tutto quel bianco, come se davvero fossimo noi dalla parte del torto e loro, invece, perfettamente biondi e puliti, con gli occhi azzurri e i camici impeccabili, alti in mezzo a tutto quel candore, fossero lì per curare quel male che eravamo noi.

Mi sbagliavo, naturalmente, fu solo un'impressione, una paura momentanea perché erano loro dalla parte del torto e c'erano fin sopra la testa; ma, ne sono certa, tutto era calcolato: ogni singolo passo, ogni parola, ogni gesto, ogni pensiero, anche quella paurosa momentanea impressione.

Dopo averci fatte spogliare e disinfettare passammo lungo tutto il corridoio, una dietro l'altra, braccia lungo i fianchi e, in silenzio, a testa bassa, passammo tutta una fila di SS e Kapò fino a lui, eccolo, in fondo alla stanza, il medico della morte, il galoppino del padrone delle razze, il soldato dei forti e dei sani, l'antropologo che stabiliva chi era degno di vivere: Joseph Mengele.

Alto, moro, con un ciuffo di capelli in alto – ma non disordinatamente bensì volutamente in alto, la faccia non tanto squadrata, sorrideva. Sorrise e non parlò quasi mai, Mengele: lo lasciava fare agli altri. In effetti, ricordo, oltre a Mengele c'erano altri due medici, anche loro provenienti da Auschwitz: Heinz Thilo e Friedrich Entress; c'erano tre donne, (SS? Infermiere?) che si affaccendavano attorno a noi: ci fecero sdraiare, aprire le braccia, stringere le gambe e, uno dei due medici, ci legò i polsi. Mengele, al contrario, stava fermo, non si muoveva ma accennava solo col dito, una volta a destra, poi su, poi giù, poi a sinistra e neppur muoveva una mano, solo un dito, e comandava alle tre cosa dovevano fare e quelle, pronte, senza pensare, eseguivano.

Ci disposero così legate su quattro lettini diversi e io ancora non capivo cosa stessero sperimentando a tenerci così ferme e sdraiate; poi sentii un urlò tremendo e mi spaventai: l'ultima, la più lontana da me, perdeva un sacco di sangue dall'ascella destra. Le era stato fatto un taglio e le infermiere, ora, estraevano non so che cosa e lo sigillavano in un barattolo. Applicarono la targhetta con il numero sul barattolo, e lo consegnarono a Mengele. Lui prese il barattolo senza muovere né la testa né un muscolo: solo allungò le braccia verso l'infermiera e pose il barattolo su una mensola. Il dottor Thilo, intanto, passò all'altra cavia, lasciando la poveretta sanguinante.

Gli esperimenti – perché d'esperimenti si trattava non di cure – che i medici nazisti, sotto la diretta supervisione del "dottor Morte" facevano su di noi erano, ovviamente, inutili: non servivano a nulla, non avevano alcun risvolto pratico e loro lo sapevano. Mengele, ad esempio, era certo che, per curare la malaria, la dissenteria e il tifo che erano problemi non da poco se attaccavano l'esercito ariano e biondo nel pieno espletamento delle proprie funzioni, ebbene, lui era convinto – o si era convinto – che l'unico modo per sperimentare una cura a questi disturbi fosse vivisezionarci, sezionare il malato – dunque prima far ammalare il deportato – mentre era ancora in vita. Millenovecentosettantotto persone, in due mesi e mezzo, forse tre morirono per mano di Mengele e seguaci.

L'esperimento continuò, e i due dottori con le infermiere aprirono a tutte l'ascella destra, estrassero non so che cosa e poi passarono oltre lasciando le poverette lì, sanguinanti. Quando arrivarono a me, chiusi forte gli occhi mentre mi tagliavano: sentii un fortissimo bruciore e, di nuovo, per la seconda volta in poco più di un'ora, pensai che anche quel soldato doveva aver sentito lo stesso bruciore mentre io, come loro facevano adesso, proprio come loro, gli conficcavo una lama nella schiena. Colò, dalla mia ascella aperta, un fiotto di sangue rosso quanto quello che colò sulle mie mani in montagna. Mi estrassero le ghiandole linfatiche, ecco che cos'era, e mi lasciarono lì, per mezz'ora, a sanguinare come le altre.

Uscirono tutti. E adesso? Che cosa ne sarebbe stato di noi? Ci avrebbero uccise tutte o ci avrebbero lasciate lì a sanguinare fino a morire?

Non m'importava più. Ricordo che quello fu il primo dei due momenti in cui desiderai fortemente ardentemente mostruosamente spaventosamente morire. Non m'importava più nulla né della guerra né di mettere una mano sulla testa a nessuno, infatti, ero una poveretta a righe anch'io, proprio come loro; né m'importava più nulla di Sergio: non lo volevo più sposare.

Chiusi gli occhi e respirai appena. Li riaprì e vidi fulmineamente, così velocemente che non sono sicura di averlo visto davvero, William. Risentii il suo "porco diavolo" e, al sentirlo, mi convinsi all'istante a rimanere in vita.

Credo che ci lasciarono lì stese e legate a gocciolare sangue almeno per un'ora; poi rientrò Mengele e, dietro, un alto uomo scuro: capelli neri e occhi neri, camice bianco, guanti neri e quattro siringhe in mano. Lui sì che stonava con tutto quel candore.

Si avvicinò subito a me e, prima di chiudere gli occhi, vidi sul suo camice una targhetta con il nome: Kurt Heissmeyer, assistente di Mengele.

Chiusi gli occhi mentre mi faceva un'iniezione di non so che e chiudeva la ferita. Così fece anche con le altre e, solo quando tutte e quattro fummo state ricucite, ci slegarono e ci fecero rivestire. Ci ordinarono di alzarci ma io a stento mi reggevo in piedi così caddi e, istintivamente, mi misi una mano sulla testa: una caduta, venti colpi di manganello. Non arrivarono, però, quella volta; anzi, una SS mi tirò su per un braccio e, tutte e quattro, fummo portate nel *Revier*.

Nemmeno per un attimo pensai che quella SS non mi avesse colpito per misericordia o bontà ma, comunque e come al solito, mi sbagliai perché credetti che fosse stato Frantz Horker a non colpirmi e a tirarmi su per il braccio. Non era lui, invece. Era una comune SS che non mi aveva colpito perché il dottor Heissmeyer ci aveva iniettato la TBC e, ora, attendevano di vedere gli effetti o aspettavano che morissimo tutte e quattro.

Due morirono la sera stessa, l'altra non so perché non rimase nel *Revier* tutto il tempo in cui rimasi io. Restai lì per quindici giorni e, oltre a due visite di Heissmeyer che, entrambe le volte se ne andò scuotendo la testa, non successe nulla. Sicuramente qualcuno aveva influito su questa cosa.

Ebbi, però, la febbre altissima e allucinazioni; persi tantissimo sangue dal naso e avevo un gran freddo. Per tutto il tempo della mia permanenza al *Revier*, esclusi i primi due giorni, Frantz Horker venne regolarmente a visitarmi e io, regolarmente, voltai la faccia dall'altra parte e chiusi gli occhi.

Avevo la febbre altissima e dei brividi fortissimi; non sarei riuscita comunque ad aprire gli occhi, nemmeno se avessi voluto. Qualcuno, comunque, mi stava asciugando il sudore con una pezza bagnata, proprio come io avevo fatto mesi prima con ... "William ...", mormorai. "William ...". "No", rispose qualcuno, "sono Sergio". Non ricordo nulla di quei quindici giorni solo che continuai ossessivamente a chiamare William e che, ossessivamente, mi venne risposto: "No, sono Sergio". E io, devo ammetterlo, non ricordavo di conoscere nessuno che si chiamasse Sergio: ricordavo solo William che chiamavo disperatamente e che non veniva, William il cui nome continuavo a mormorare e mi calmavo nel farlo; e ricordavo Frantz Horker, ma di dove fosse, di che cosa stesse facendo Frantz

Horker, non mi preoccupavo affatto.

C'era qualcosa di sbagliato, e lo sentivo chiaramente, qualcosa di tristemente sbagliato e infelice nelle mie litanie. La sera, quando finalmente ci sdraiavamo per un paio d'ore, mi ripetevo puntualmente e meticolosamente tutti i nomi di tutti i personaggi di Proust. Cominciavo da Bergotte e finivo con Vinteuil, ma negli ultimi giorni, lo sentivo, c'era un problema.

E non era un problema da poco. Non riuscivo a ricordare, per quanto mi sforzassi, perché quella famosa sera Marcel non ricevette il solito bacio della buonanotte. Tentavo di ricordare ma non riuscivo ed ero sicura di averlo sempre saputo: ora non più. Avevo dimenticato? Aveva vinto il lager?

Non riuscivo a ricordare, così passavo tutte le notti, stretta in quel "letto" in cui, però, eravamo rimaste solo in tre, a pensare e a dirmi che dovevo ricordare, era fondamentale che ricordassi: se volevo sopravvivere a Mauthausen dovevo ricordare. Mauthausen schiacciava tutto: ogni affetto, pensiero, ricordo, emozione, esigenza; tutto schiacciava perché tutto era sottomesso alla necessità prima e unica di tutti noi là dentro: sopravvivere, corporalmente sopravvivere, fisicamente venirne fuori così che nessuno si preoccupava più d'altro. La domanda, l'unica permessa al campo, era: come arrivare al prossimo minuto? Non già alla prossima ora, tantomeno a domani, ma sopravvivere fino al prossimo minuto; come sopravvivere per i restanti sessanta secondi? Mauthausen annullava ogni cosa ma io, lo sentivo, dovevo ricordare perché Marcel non ricevette quel bacio, quella sera. Ricordando quello avrei recuperato ogni cosa.

Satana si sbagliava: non avrebbe dovuto farmi lasciare Angelica alle spalle, perché Zlata mi stava stretta, non la conoscevo e, soprattutto, Zlata non aveva modo di sopravvivere perché ignorava completamente il motivo del mancato bacio. Zlata ricordava a stento perché Swann non era uno scrittore e, invece, Bergotte sì; non capiva perché Swann si fosse sposato proprio quando non era più innamorato di Odette e, quel che è peggio, a Zlata, lì, a Mauthausen, non importava saperlo, non credeva fosse importante: ma lo era. Era fondamentale che io ricordassi. Dovevo ricordare e potevo farlo solo in un modo: basta Zlata, basta Frantz. Eravamo io e Sergio nel campo. Eravamo noi.

"Siamo noi ... siamo noi", ripetei tutta la notte. "Non altri, ma noi ... Siamo noi ..." . E, quell'unica notte, per tutto il tempo, piansi: capii e piansi. Non ricordai il motivo del mancato bacio, ma capii che Angelica, non Zlata, si trovava in una gravissima situazione; compresi che Angelica, non Zlata, prendeva le botte, non mangiava, e che ad Angelica, e non a Zlata, era stata iniettata la TBC. Capii, poi, che Sergio e non Frantz era infiltrato nelle SS e che Sergio e Angelica, non Frantz e Zlata, se fossero usciti vivi, avrebbero riportato tremendi e duraturi segni. Se fossimo usciti vivi.

Il signor Lazzari è nato a Cremona ed è un cugino e parente di Vacchelli. Cugino della moglie del signor Aristide.

Lavora alla FIAT a Torino, il signor Lazzari, dunque si è dovuto trasferire lì ma pensa sempre alla sua bella città, al torrazzo, alla piazza dove tutte le domeniche andava a comprare il giornale e si metteva, bel bello, seduto al sole a sfogliarlo in attesa che il pranzo fosse pronto.

Spesso rincasava troppo presto e il pranzo non era ancora pronto, così tranquillo andava in bagno, si pettinava i capelli e si sedeva a tavola.

"Non è mica pronto!", diceva la moglie affacciandosi dalla cucina.

"Non importa", rispondeva il signor Lazzari. "Aspetto", e riapriva il giornale.

Altre volte, si dovevano fare spese, così il signor Lazzari accompagnava la moglie con la macchina e poi, tranquillo, restava ad aspettare.

"Non entri te?", gli chiedeva.

"No no", rispondeva lui. "T'aspetto in macchina".

E capitava che, spesso, il signor Lazzari volesse andare a mangiar fuori, all'osteria, anche se le visite erano diminuite dal 1935 in poi; così chiamava la moglie, al ritorno dal lavoro, da sotto la finestra.

"Anche stasera?", diceva lei. "No, sono stanca".

"Allora ci vediamo dopo!", rispondeva il signor Lazzari e, tranquillo, si avviava solo all'osteria. Lì cenava sempre con polenta e coniglio o polenta e formaggio o polenta e lepre o polenta e qualche altro avanzo dell'osteria e un bicchiere di vino rosso. Poi, tranquillo, salutava tutti e tornava a casa dalla moglie che era stata ad aspettarlo fino all'ora del ritorno ma che, vedendolo sulle scale, per non dare l'impressione di controllarlo, spegneva la luce quando lui era ancora al secondo piano e, quando infilava la chiave nella toppa, si coricava. C'era questo segreto patto tra di loro: lei fingeva di non aspettarlo, di essere andata a letto tranquilla, invece l'aveva aspettato e dormiva tranquilla solo quando il marito era finalmente rincasato; lui fingeva di non sapere che lei l'aspettasse e, piano, si spogliava fingendo di non volerla svegliare, invece sapeva benissimo che era sveglia. Così andava avanti la loro bella vita insieme.

La moglie,Olga, però, un giorno era morta, lasciandolo con sette figli (uno dei quali sordomuto), morta non si seppe mai perché comunque appena in tempo per non vedere le leggi razziali e tutte le altre sciocchezze e brutalità del periodo; così, il signor Lazzari aveva domandato e ottenuto un trasferimento a Torino e, adesso, lavora lì, alla FIAT.

"Chi è?", chiede un giorno dal suo studiolo il signor Lazzari.

Questi non rispondono e entrano senza permesso.

"Lazzari?", chiede il primo dei due.

"Ahia!", pensa il signor Lazzari. Sono fascisti. Sì, sono proprio fascisti fascisti di quelli neri neri. Sono alti, vestono la grigioverde divisa fascista con tanto di fascia e gradi. Uno ne ha parecchi di gradi.

"Sì", risponde annuendo il signor Lazzari.

"Devi venire con noi", dice il secondo. "Ora".

"Sì", pensa il signor Lazzari, "sono proprio fascisti: im-

pongono il 'voi' e danno del 'tu'".

Il signor Lazzari prende il cappotto, chiude lo studiolo, saluta gli altri e segue i due fascisti. Non prova nemmeno a pensare ai capi d'imputazione, il signor Lazzari: comunista e partigiano, non è abbastanza?

"Sarà quel che dovrà essere", pensa mentre li segue in una specie di caserma.

Entrano e gli fanno cenno di sedersi. Il signor Lazzari si accomoda mentre i due fascisti se ne vanno.

"Lazzari?", chiama un altro ufficiale aprendo una porta.

Il signor Lazzari si alza e quello subito: "Chi ti ha detto di alzarti?", chiede.

"Scusate", fa il signor Lazzari sedendosi di nuovo, "io pensavo ..."

"E adesso chi ti ha detto di sederti?", domanda ancora l'ufficiale.

"Siate buono", fa il signor Lazzari. "Capite da voi che o mi siedo o sto in piedi; così a mezz'aria non posso stare".

"Entra", dice l'altro. "E stai in piedi", precisa subito.

Il signor Lazzari si toglie il cappello.

"Lazzari", comincia l'altro sedendosi alla scrivania. "Cos'hai combinato, Lazzari?", e si accende una sigaretta.

"Nulla", risponde lui tranquillo.

"Nulla!", grida l'ufficiale. "Perché per te essere partigiano e comunista è nulla?"

"Non gridate che vi può scoppiare una vena", dice il signor Lazzari. "No", continua, "certo che non è nulla. Sono due cose essenziali per me".

L'ufficiale si siede e spegne anche la sigaretta. Certo, uno come il signor Lazzari non l'aveva mai incontrato prima.

"Sedetevi", dice.

"Grazie", fa il signor Lazzari e si accomoda.

"Dunque, voi non negate?", chiede l'ufficiale.

"Non nego cosa?", domanda il signor Lazzari.

"Voi negate di essere comunista e partigiano?", chiede ancora il fascista.

"E perché dovrei?", fa il signor Lazzari.

"Perché io posso farvi arrestare e deportare", dice l'ufficiale riprendendo vigore.

"Voi fate senz'altro quello che dovete", dice il signor Lazzari. "Come io ho fatto e continuerò a fare quello che devo".

L'ufficiale tace, non sa che dire né cosa pensare: certo, uno come il signor Lazzari non gli era mai capitato prima. Non nega nulla, il signor Lazzari, anzi conferma tutto con assoluta tranquillità.

"Vedete", continua il signor Lazzari, "noi siamo profondamente diversi eppure entrambi si fa quel che si deve, se lo si crede, però".

"Non capisco", dice l'ufficiale.

"Vedete", si spiega il signor Lazzari, "io sono comunista e partigiano, e voi avete l'ordine di deportare tutti i comunisti e partigiani, no?"

L'ufficiale fa un segno di assenso con la testa.

"Allora deportatemi senz'altro", dice il signor Lazzari. "Se questo è quello che dovete fare, fatelo. Io devo fare il partigiano perché non sarei io, non potrei vivere questo momento se non fossi partigiano. Io sento che nella mia vita devo essere partigiano. Voi dovete fare il fascista? Dovete farlo davvero? Lo volete fare? Sentite che non sareste voi altrimenti? Bene. Scavate dentro di voi per una profonda risposta e se questa dovesse essere "sì", deportatemi pure ma non chiedetemi più di rinnegare. Io non nego quello che sono e, quando sarà il momento, non fatelo nemmeno voi".

E il signor Lazzari si alza.

"Scusate, dove andate?", chiede l'ufficiale a bocca aperta e con la sigaretta che si consuma lentamente in mano.

"Al treno", fa il signor Lazzari.

"Sedetevi e piantatela!", dice l'ufficiale.

Il signor Lazzari si siede e sorride, perché ha già vinto: qualunque cosa accada, lui ha vinto e lo sa e anche l'ufficiale lo sa, mentre si tasta il petto e si controlla la camicia, forse in cerca di quella profonda risposta, di quel "sì" che è suonato e suona ancora forte e chiaro nelle orecchie del signor Lazzari. L'ufficiale non lo sentirà mai. Il signor Lazzari sempre, fino alla fine: l'ha sentito nelle Langhe la prima volta, mentre le stavano rastrellando; e poi quando i fascisti sono venuti a prenderlo e, ancora, ha sentito quel "sì" sul treno per Mauthausen e, di nuovo, forte chiaro e per nulla inibito o stanco, l'hanno sentito i suoi 30 kg che dall'Austria sono tornati in Italia, a casa, a piedi. E "sì" è stata l'ultima parola che il signor Lazzari ha detto prima di morire, tre giorni dopo la fine della guerra e il ritorno dal campo.

Diciasette

Proprio nel periodo in cui arrivarono grandi convogli di ebrei dall'Ungheria, il campo, paradossalmente, piano piano si andava svuotando. Quegli ebrei, comunque, non entrarono mai in campo ma vennero subito mandati a morire. Di questo sono sicura perché io, con tutte le donne della mia baracca, fui mandata nella sala principale della camera a gas e lì, tutte quante, dovevamo dividere i vestiti da uomo (berretti, maglie, pantaloni ognuno in un posto diverso), da quelli da donna e da bambino. C'erano tantissimi vestiti da bambino. Ricordo un paio di scarpette rosse, da bambina, numero dodici. Erano di quelle scarpette basse, da ballerina, con una fibbia rossa che finiva in un bottone con il fiocco: praticamente nuove. Doveva averle usate poco quella bambina.

Un giorno, mentre come al solito andavamo verso la stanza dello smistamento, vidi una donna appena dentro il cancello principale: doveva essere arrivata col convoglio della notte perché era visibilmente stanca ma non stanca come lo eravamo noi, era un'altra stanchezza la sua: più diffusa, più fisica che psicologica e, soprattutto, conservava ancora i suoi vestiti.

Aveva un cappotto giallo senape, lungo, e cappello e guanti neri, forse di pelle. Alti stivali anch'essi gialli e, addirittura, una spilla forse in oro, forse finto oro, appuntata sul cappotto. Stava parlando con un internato dietro al cancello, addetto all'indirizzamento dei nuovi arrivati. Questi particolari internati facevano parte delle squadre di lavoro "Canada" perché smistavano le proprietà confiscate ai nuovi arrivati, e avevano l'ordine rigoroso di non parlare, assolutamente non aprire la bocca su camere a gas e simili. Ai nuovi arrivati che facevano domande sul fuoco e sul fumo che usciva dai camini (e che erano pochi), dovevano rispondere che si trattava di fabbriche o di un grosso panificio. La scusa del panificio, però, non resse mai: c'era troppa puzza, un odore particolare di DDT e fragole e, almeno penso, nessuno credette mai a questa spiegazione o, se qualcuno lo fece, s'accorse ben presto che panifici, a Mauthausen, non ce n'erano.

Tutti i nuovi arrivati erano fermi, immobili, in fila come lo eravamo stati tutti, davanti al cancello del campo e, la SS di turno che era, quel giorno, l'*Obersturmführer* Hössler, davanti al cancello ma segnando pericolosamente la camera a gas, faceva il "discorso di benvenuto": "A nome dell'amministrazione del campo", lo sentii dire, "vi auguro il benvenuto. Questa non è una stazione balneare, ma un lager di lavoro. Come i nostri soldati rischiano la loro vita al fronte, per condurre alla vittoria il Terzo Reich, voi qui vi apresterete a lavorare per il futuro benessere della nuova Europa. Questo compito", continuò dopo una breve pausa a effetto, "poggia interamente sulle vostre spalle. Ciascuno di voi ha una sua possibilità. Noi veglieremo sulla vostra salute", il "Canada" all'entrata scosse impercettibilmente la testa in una maniera visibile solo a noi deportati, "e vi offriremo un lavoro ben retribuito. Dopo la guerra ciascuno di voi verrà giudicato secondo i propri meriti e trattato di conseguenza". Scossi anch'io la testa pensando che, dopo la guerra, nessuno di noi o solo pochi di noi ci sarebbero stati ancora. "Ora", continuò la SS, "per cortesia, avanzate per quella banchina, lì spogliatevi e appendete i vostri abiti al gancio numerato che abbiamo predisposto e, ve ne prego, ricordatevene il numero". Si fermò e tutti annuirono. Lui sorrise addirittura e continuò con la sua malvagia farsa: impossibile interromperlo. "Dopo la doccia, per tutti ci sarà un piatto di zuppa, del caffè o del tè. Intanto, prima di entrare nella sala da bagno, preparate per cortesia i certificati, diplomi, libretti scolastici o altri documenti, perché possiamo collocarvi in ragione delle vostre esperienze e capacità. I diabetici, cui è vietato far uso dello zucchero, si presentino subito dopo il bagno alla squadra addetta al servizio medico". E, con quest' ultimo spietato generoso pensiero ai diabetici, aveva finito di inzuccherare la pillola: ora potevano morire tutti con i loro diplomi e i loro abiti numerati.

Stetti ancora lì perché, mentre la colonna partiva, vidi la donna dal cappotto senape, staccarsi dal gruppo e rimanere vicino al “Canada” che le diceva che presto “se ne sarebbe andata in fumo per quel camino”. Vidi la donna incredula portarsi le mani alla bocca e stupidamente correre verso una SS chiedendo probabilmente spiegazioni e parlando indicando l’internato che, abbassata la testa, continuò il suo lavoro.

Non seppi come andò a finire perché venni spinta e dovetti proseguire, ma posso immaginarlo: la SS Horker non c’era, quindi venivano meno tutte le speranze per l’internato. Quando passai di lì il giorno dopo, lui non c’era ma stava una donna al posto suo che non parlava già più e guardava in basso.

Il lavoro allo smistamento era peggio di quello alla cava perché, anche se non volevi, anche se cercavi d’essere indifferente, venivi messa sempre di fronte all’orrore, alla morte. Sì, alla cava ti trovavi di fronte a gente che lavorava e veniva picchiata e potevi credere che tutti venissero trattati così, che la vita al campo fosse dura grave pesante ma, in linea di massima, che fosse quella per tutti, tant’è che l’uomo è solito attribuire o comunque considerare con i suoi parametri di vita, con i suoi orari e i suoi impegni le vite degli altri.

Alla cava eri lasciata, per lo meno, libera di pensare che, nel momento terribile in cui si viveva, la vita lì al campo fosse quella: che tutti dovessero lavorare e prendere le botte ma che, presto o tardi, sarebbe finita. Anche Mauthausen, in fondo, pur essendo una cosa disumana era sempre fatta da menti e mani umane: sarebbe finita così come tutte le cose fatte da mani umane finiscono. Prima o dopo.

Questo, lì allo smistamento, non era possibile. In quel posto, infatti, ti trovavi di fronte all’evidenza della morte: era lì la fine che tutti avremmo dovuto fare. Vestiti un tempo pieni: una maglia rossa, una sciarpa, un cappotto color senape; berretti che avevano riparato dal freddo delle teste che non erano più; maglie che erano state indossate su petti che non s'alzavano e s'abbassavano più perché nemmeno un respiro era rimasto. Forme vuote, sgonfie perché la vita se n'era andata.

Stetti lì quasi un mese e non avevo mai pensato che avrei anche potuto trovare un vestito conosciuto tra quell'ammasso di panni: non lo potevo pensare e l'idea non mi sfiorò neppure finché, un giorno tremendo, riconobbi una divisa da partigiano. La giacca era quella che avevo visto indosso a Nord e William, Satana e Paolo: marrone chiara, slabbrata ai polsi e, vicino alla giacca, il fazzoletto rosso. Presi in mano quel fazzoletto pensando a William. No, non poteva essere lui. E nemmeno gli altri. "Andiamo", mi dissi, "ci saranno un sacco di partigiani. Non possono essere loro quattro".

Tenendo in mano il fazzoletto rosso cercai i pantaloni ma non riuscii a trovarli, così tornai alla giacca. La presi in mano e la girai in tutti i modi convincendomi sempre più che non poteva essere di William perché era troppo larga; non poteva essere di Satana perché la sua aveva una bruciatura sul fianco destro e questa no; non poteva essere di William perché era troppo marrone e la sua non lo era così e non poteva senz'altro nemmeno essere di Nord o di Paolo perché la tonalità del colore non era la stessa; soprattutto, però, non poteva essere di William perché l'avrei senz'altro riconosciuta: ci avevo pianto sopra a quella giacca, avevo ballato con quella giacca. No, non era né di Paolo né di Satana né di Nord e nemmeno .... no ... perché ...

Perché era di William. Era di William e lo seppi con assoluta precisione quando la voltai e, dalla tasca, una piccola penna mi cadde tra le mani. "La terrò per quando uscirai", aveva detto. Era di William allora. Era morto dunque.

Rimasi lì, ferma, con la giacca di William in mano, e non riuscii più a muovermi. Non cercai nemmeno di convincermi che non fosse morto, perché eravamo in guerra ed era più che possibile che fosse morto; così, la certezza, semplice e inesorabile, della sua morte mi prese totalmente e non m'abbandonò almeno per le tre seguenti settimane.

Ricordo che presi tante botte quel giorno perché ero come un sasso, una pietra, come quegli "Schwinner" che andavano avanti e indietro a testa bassa, sicuramente senza sapere dove né perché né come erano arrivati là dov'erano. Ora capii cosa provassero: non m'importava più nulla. William era morto, non mi avrebbe aspettata all'uscita, non avrebbe mai più detto "porco diavolo", non avrebbe più ballato insieme a me né avrei più sentito quella sua canzone sul vento che fischiava e la bufera che infuriava. Non m'importava più di sentirla: il vento poteva fischiare per sempre e la bufera travolgerci tutti. Non m'importava più di nulla: avevamo perso. Sarebbero potuti arrivare gli alleati o altri mille partigiani di lì a un minuto: per me, la guerra, era irrimediabilmente persa. Nulla m'importava più e, mentre una SS mi cacciava nella baracca a colpi di manganello, non sentii e non pensai assolutamente nulla, tranne che William era morto e quindi, da quel momento, per me, non era più importante che il vento soffiasse, che il cielo si riempisse di fumo e che persone senza nome né volto venissero uccise. Non m'importava più. William era morto chissà come e chissà dove. Chi aveva ucciso William? Non m'importava. Non importava più nulla. Volevo morire anch'io. E in quell'attimo di forte dolore e di estrema lucidità capii di amare profondamente William e che il mio amore era inutile, talmente inutile che William era morto e io non ero stata capace di mettergli una mano sulla testa.

Diciotto

Non so cosa accadde nelle due settimane seguenti perché, se non ero uno “Schwinner”, ero sulla loro strada.

Non ricordo nulla di cosa feci, anche se so che continuai ad andare alla cava e che presi le solite botte. Non ricordo perché il dolore era talmente grande e inaspettato che cancellava ogni cosa.

Era inaspettato il dolore perché mai, mai, nemmeno per un momento, io credetti che a William fosse precluso di vedere la fine della guerra; al contrario, avevo sempre segretamente pensato che, passato questo tempo, finita questa guerra, avremmo visto insieme, noi due, noi sei, tutti insieme il dopo.

Il dopo, invece, William non l’avrebbe visto mai né avrebbe saputo che cosa c’era oltre la guerra, finiti i combattimenti, i rastrellamenti, le deportazioni che, in qualche modo dovevo ancora saperlo, sarebbero finiti presto o tardi. Beh, era tardi per William. No, non l’avrebbe saputo mai perché era morto in guerra, nel mezzo dei combattimenti, dei rastrellamenti e delle deportazioni e, se la guerra fosse finita il giorno dopo o tra mille anni, non avrebbe significato più nulla per me.

Amavo dunque a tal punto William? Sì, e solo ora me ne rendevo conto. Ricordo che non mi chiesi mai, per tutto quel periodo di dolore immenso che cancellava ogni cosa, mai mi domandai di Sergio, di me e Sergio, di che posto andava allora a occupare Sergio ora che era palese, inutile ma palese, che io amavo William. Avrei dovuto trovare un nuovo posto per Sergio perché non volevo buttare via tutto, ma sarebbe servito? Importava davvero dal momento che William era morto? Sergio non c’entrava nulla con me e William. Non è mai c’entrato nulla con noi.

E William mi amava? Nemmeno questo mi sono mai domandata perché non era più importante e, soprattutto, sapevo che, da qualche parte, dentro o fuori di lui, anche lui mi aveva voluto bene, anche lui mi aveva amata.

Passai così due intere settimane, senza provare nulla, solo pensando pensieri indistinti, provando sentimenti confusi e misti, che si producevano nella mia mente o nel mio cuore e, una volta usciti da me, andavano a ficcarsi in quel punto che non capii se stava dentro o fuori di me e, da lì, mi rendevano questo dolore e l'assenza perpetua, eterna, l'assenza decisa e infinita di William sempre presente. Di lì vegetavano, si riproducevano, marcivano e si riproducevano di nuovo e così io: vegetavo e marcivo con loro.

Mi ammalai di nuovo: mi tornò la febbre alta e avevo forti brividi. Vomitai anche un paio di volte. Non so se Frantz Horker ne fu informato in qualche modo, perché doveva esserci chi lo informava di tutto quello che mi capitava dal momento che era sempre sul posto a impedire che mi capitasse, comunque quella volta non venne mai.

Di me, infatti, si occupò una donna che stava nella stessa baracca e, la riconobbi, era la stessa che, durante il breve periodo della nostra interna resistenza, aveva portato la notizia del boicottaggio della camera a gas e della fuga da Treblinka.

Fu lei che mi curò, come poté; che mi costrinse a andare alla cava comunque; che mi pizzicò sulle guance, prima dell'appello, per farle diventare rosa e non correre il rischio di venire mandata nella camera a gas.

Fu lei, Clara, il n. 116788, che mi seguì per tutto il tempo della mia malattia e che mai, mai permise che andassi al *Revier* perché era la terza volta che stavo male e, dopo tre volte nel *Revier*, si andava direttamente alla camera a gas.

Fu Clara che mi asciugò la fronte per tutto il tempo, tutte le notti, in quella baracca stretta e puzzolente; fu lei che mischiò la sua zuppa alla mia e me la lasciò mangiare tutta; fu Clara, sempre e solo Clara, che ascoltò i miei discorsi deliranti che includevano senz'altro un tedesco morto, il vento che fischiava e William, William che non era più ... Clara fece con me tutte le cose che io avevo fatto durante la malattia di William, con lui che era ancora, malato, ma era ancora.

Fu Clara, non Sergio, non Frantz, ma Clara che, alla fine, mi mise una mano sulla testa.

La febbre passò e ricominciai a ricordare tutto, se mai avevo dimenticato e il dolore tornò, prepotente, devastante. La febbre passò, Clara ricominciò a condurre la sua vita di sempre al campo e io provai ad adeguarmi di nuovo: cercavo, soprattutto, un posto per quel nuovo dolore, non già, avevo inteso, un posto dove collocare Sergio ma un luogo sicuro, riparato, protetto da combattimenti e stupide morti per brutali idee dove poter tenere William con me.

Lo cercai a lungo quel posto, mentre rispondevo all'appello, mentre marciavo e lavoravo alla cava, mentre prendevo le botte. Cercai quel posto mentre uscivo e tornavo stremata nella baracca, mentre mangiavo in silenzio l'orrenda zuppa di cavolo e rapa; cercai un luogo sicuro, un posto buono e bello per William per tutto il tempo ma non credo lo trovai mai, oppure già William stava in un posto buono e bello, dentro di me, e io neppure me ne rendevo conto.

Mentre vivevo ancora totalmente immersa nel mio dolore e nella spaventosa, dichiarata assenza di William, mentre cercavo un posto bello e buono per lui, però, la guerra continuava.

Continuavano ad arrivare trasporti dalla Russia e dalla Polonia e il lavoro alla cava era sempre più duro: ugualmente inutile ma sempre più duro perché faceva veramente freddo. Non avrei resistito per molto, lo sentivo, ma non m'importava più. Moriva un sacco di gente, in quel periodo, alla cava: di freddo, soprattutto, più che di fame o per le percosse subite. Inoltre, anche le botte che si prendevano abitualmente erano raddoppiate perché il lavoro veniva inevitabilmente rallentato dal freddo: le mani congelate, tagliate, spesso non riuscivano a sollevare i sassi, così si doveva provare più e più volte e Mauthausen non era il posto giusto per provare: bisognava riuscire e subito se non si voleva morire subito.

Per fortuna, o più probabilmente per diretto intervento

della SS Horker, venni mandata, con altre quindici donne, alla I.G. Farben così smisi di patire il freddo. Non avevo la più pallida idea di cosa dovessi fare né di dove fossimo dirette quando ci caricarono su un camion. Clara non era con noi. Tutte credevano che ci avrebbero uccise subito e si disperavano. A me non importava più: non importava più nulla e non riuscivo, non ci pensavo nemmeno, a mettere una mano sulla testa a nessuno; così, con il mio dolore devastante per la morte di William, stavo bellamente buttando all'aria tutto quello per cui lui era vissuto, aveva combattuto e era morto.

Fummo portate a Gusen II, un distaccamento di Mauthausen, perché i lavori per la I.G. Farben si svolgevano lì. Ogni mattina, per quindici giorni, venimmo caricate sul camion fino a Gusen II e, la sera, di nuovo sul camion fino a Mauthausen.

La I.G. Farben, all'inizio, produceva vernici e tinture, poi cominciò a dedicarsi ad una chimica sempre più avanzata. Era la fabbrica che forniva lo Zyklon B ai campi di sterminio che venivano inscatolati come "prodotti per la disinfezione" e, in quella stessa fabbrica, molti deportati ma, non seppi mai perché solo dai tre campi di Auschwitz, vennero utilizzati come cavie per test di medicinali di vario genere.

Io, per tutto il tempo in cui lavorai alla I.G. Farben, non vidi mai un solo contenitore di Zyklon B né un barattolo di vernice né venni sottoposta ai test medicinali; invece dovetti, insieme agli altri, inscatolare e pressare gli armamenti da guerra: chiudere le scatole con fucili, bombe a mano, mitragliatrici, ecc. Non avevo mai visto, nemmeno con i partigiani, tanti fucili o tante mitragliatrici e, chissà, fu questa una fortuna, la loro buona stella: i tedeschi e i fascisti, infatti, seppi poi, credevano che i partigiani fossero tanti e ben armati, mentre invece erano pochi e mal armati, almeno lassù nelle Langhe. Fu una fortuna per loro. Per noi.

Clara non era con noi alla fabbrica ma continuava a lavorare alla cava. Non mi aveva più rivolto né una parola né un cenno da quando la febbre era scesa e, sempre più, pensai che il suo fosse stato soltanto un intermezzo, una pausa di umanità in mezzo alle sofferenze bestiali e disumane nelle quali vivevamo di solito.

Era molto meglio lavorare alla I.G. Farben che alla cava e se c'era stato, come sicuramente era stato, un intervento della SS Horker, gliene sarei stata eternamente grata. Il freddo non lo si sentiva più e nemmeno si prendevano tante botte come alla cava perché il lavoro era tanto e urgente. Non c'era tempo per picchiare.

Si era alla fine del febbraio del 1944, periodo in cui, come oggi sappiamo, l'intero edificio nazista stava ormai crollando e bisognava fare in fretta. Meglio, loro dovevano fare in fretta, a quanto pareva, e si stavano senz'altro adoperando in quel senso: tutti lavoravano alla I.G. Farben, ormai. Noi deportati da Mauthausen, dai tre campi di Auschwitz, dai campi di prigionia inglesi e perfino dei civili tedeschi lavoravano lì.

La I.G. Farben era, più del campo di concentramento forse, il luogo dove le differenze si mescolavano, si univano, si confondevano e diventavano tutt'uno. Infatti, non c'era più nessuno seduto con un fucile che gridava ordini a un pezzo di pelle e ossa a righe che correva dietro a una pietra; ma tutti si faceva lo stesso lavoro: dov'erano, lì, la differenza, l'inferiorità e, invece, l'arianità? Chi avrebbe saputo distinguerli?

Lavorai lì per quindici giorni, poi, un giorno, vennero a prenderci e ci caricarono sul camion diretti a Gusen II ma, una volta sul sentiero di marmo e granito che, di solito, percorrevamo in camion fino alla I.G. Farben, ci fecero scendere con le solite grida e proseguire a piedi.

Proseguimmo, dunque, a piedi, in fila, una dietro l'altra verso la collina ma, a un certo punto, una SS gridò di bloccarsi e di disporsi, schiena contro schiena, per due, proprio vicino a uno strapiombo. "Qui si mette male ...", sentii dire da qualcuna.

Questa SS che aveva gridato si chiamava Hanna Schwartz e fu l'unica la cui sorte seguii meticolosamente al Processo di Norimberga che, invece, dal momento che Mengele non fu mai arrestato e se ne andava bel bello nel mondo, perse per me qualsiasi interesse. Hanna Schwartz era, se non l'unica, una dei pochi mostri che stavano a Mauthausen. Gli aguzzini erano tanti, erano tutte le SS, ma i mostri, i sadici come Plagge, quelli che si divertivano a torturarci e a trattarci così come ci trattavano erano davvero pochi: la SS Schwartz era una di quelli. Bionda, con i capelli raccolti sempre dietro la testa, tirati a tal punto che anche la pelle sembrava più estesa, anzi, quella pelle all'attaccatura dei capelli era il vero segno cui tutti i deportati prestavano attenzione. Si espandeva e si contraeva in continuazione, come avesse vita autonoma e stava a significare tranquillità o rabbia e odio. Noi tutti, imparai dopo un po', potevamo esattamente sapere quando e se doverci mettere al riparo dalla contrazione di quella pelle all'attaccatura della testa che viveva per sé sola e, mi parve, fosse quella pelle a imprigionare e comandare la SS Schwartz. Era il tipo perfetto di nazista: bionda, alta 1.73 mt. giusti (questa era un'altra caratteristica dei nazisti: non dovevano essere 1.73 mt. circa o un 1.72 mt. abbondanti ma precisamente 1.73 mt.), e di puro e finissimo sangue ariano.

Non so come né perché fosse finita a Mauthausen, tantomeno se l'avesse scelto o le fosse stato imposto diventare SS; comunque, se c'era o no, faceva davvero la differenza. Era cattiva: lei sì che era cattiva. Era lei che, una delle prime notti al campo, insieme a due Kapò e a altre SS, aveva impiccato quella poveretta che ci aveva impiegato un'ora a morire; era lei che aveva suggerito a Mengele di ingannare i bambini col trucco del "Chi vuole vedere la mamma?" quando Giosuè era andato a morire; ed era sempre lei, la SS Schwartz, che aveva suggerito a Himmler di istituire il bordello a Mauthausen e che lo riforniva costantemente di tutte le ragazze dai quindici ai diciannove che trovava.

Aveva gridato di mettersi in fila per due, schiena contro schiena e, piano, avanzare. Io e la mia compagna di cui non seppi mai il nome eravamo le penultime. La prima era sola dal momento che eravamo in numero dispari e, sola, venne mandata dopo di noi, a chiudere la fila. Avanzammo piano.

Piano si avanzava, al loro grido di venire avanti e, sempre, al grido seguiva un silenzioso strascicare di piedi e, al silenzioso movimento, un tonfo sordo. Le prime due nel burrone. Erano morte.

Avanzammo ancora e altre due nel burrone; poi un altro tonfo; poi grida, i piedi, un tonfo. Stavano morendo tutte, lì, in fila per due, schiena contro schiena, morire per un ordine cretino, impartito in un modo brutale e insensato. Ancora un grido, i piedi che stracicavano contro la loro stessa volontà verso il ciglio del burrone, incapaci di tirarsi indietro, e uno sparo. Mi voltai: Frantz Horker era arrivato e teneva la sua pistola in aria. Abbassai subito la testa.

La SS Schwartz corse subito da lui che, arrabbiato, le chiese spiegazioni; lei balbettò qualcosa che non riuscii a capire e, due minuti dopo, si volse a noi gridando di risalire sul camion perché si tornava a Mauthausen. Ci incamminammo e, subito, mi voltai perché sentii un tonfo secco: l'ultima detenuta della fila, quella che era rimasta sola, si era buttata nel burrone. Aveva finito con Mauthausen e tutto quello schifo.

Non vidi che cosa stesse facendo Sergio ma lo sentii sospirare, non capii nemmeno se mi avesse guardata, se stesse venendo con noi. Tenni la testa bassa per tutto il tempo fino a quando tornai in baracca la sera. Mi vergognavo. Mi vergognavo perché amavo William, lo amavo davvero, e non riuscivo a guardare Sergio che, invece, continuamente mi guardava, mi proteggeva e mi sorreggeva; mi vergognavo, soprattutto, perché ero una perfetta cretina incapace: altre nove persone erano morte oggi, giù in quel burrone, e io non ero riuscita a impedirlo. Non riuscivo a mettere una mano sulla testa a nessuno, mentre Sergio, lui, continuamente lo faceva. Era grazie a Sergio, infatti, che noi, io compresa, eravamo ancora vive. E grazie a me, invece, nove persone erano morte.

Diciannove

Si doveva agire, assolutamente. Fare qualcosa. Dovevo smettere di coprirmi: solo così avrei potuto fare qualcosa, solo così avrei ricordato perché Marcel quella sera non ricevette il bacio della buonanotte e, sempre e solo così, avrei trovato un posto buono e bello per tenere William con me. Basta Zlata, allora, basta Frantz, basta coperture. William era morto sul serio, era morto davvero, proprio lui. Non era un gioco e, se mai l'avessimo pensato, ebbene, avevamo perso.

Dopo l'episodio dei vestiti di William, non venni più mandata allo smistamento e cessarono, o almeno diminuirono, credo, i convogli di ebrei dall'Ungheria. Che li avessero deportati tutti?

Non venni nemmeno più mandata, nessuna di noi, alla I.G. Farben e la SS Schwartz venne inviata in congedo temporaneo. Tornai, invece, alla cava e, con il ritorno al lavoro inutile dei massi, l'unico che era talmente inutile da lasciarti il tempo di pensare, da lasciarmi la possibilità di pensare a William, tornò il dolore per la sua assenza.

Non ricordo nulla di quel periodo perché davvero di nulla mi importava più: mi stavo ammalando di nuovo. Il dolore che sentivo era atroce e nemmeno più mi sembrava di essere a Mauthausen; non sentivo più niente né le botte né le grida né mi accorgevo di dove stessi andando. Ero tornata allo stato in cui ero prima, quando Clara mi curò: non poteva guarirmi, non avrebbe potuto ricompormi perché il mio cuore era spezzato. William era morto e io come una perfetta cretina non riuscivo a impedire che le persone venissero uccise in continuazione. Vegetavo di nuovo e, di nuovo, marcivo. Non m'accorgevo più di nulla: di cosa facessi, di dove fossi né di quale direzione pericolosissima e grave stessi prendendo e, se anche me ne fossi accorta, avrei visto che stavo andando là: sulla strada degli "Schwinner", dietro loro stavo andando e non avrei saputo fare nulla per impedirlo.

Dovevamo agire, però: questo continuavo a pensarlo o, almeno, era un'idea che tornava a volte. Agire, ma come? Poi, un giorno, alla cava, la risposta venne: far saltare la camera a gas. Non so come ma l'idea arrivò sola mentre continuavo a spostare massi da una parte all'altra della cava. Sì, probabilmente ero talmente dolorante e fuori di me che non sapevo nemmeno più cosa pensare. Avevo un'assoluta necessità di agire, di fare qualcosa, di non stare lì ferma a farmi ammazzare; di trovare, soprattutto, e uccidere, eliminare gli uccisori di William, che già non mi sembrava più quel gran danno aver ucciso quel tedesco.

Non era così, in realtà. E' che la mia vita si era spaccata, divisa, tra quella con William e quella che mi si presentava ora, senza William e senza possibilità alcuna di rivederlo più. Il mio cuore, infatti, era spezzato e, così fatta, la mia vita, era doppia: Angelica e William e l'uomo che avevo ucciso, da una parte, lontanissimi e, adesso, Zlata o Angelica, non lo sapevo più, e William morto e tanti tedeschi vivi, qui e ora.

Non era un'idea nuova quella di far saltare la camera a gas. Già a Treblinka, aveva detto Clara che avevo poi scoperto essere la partigiana della bicicletta, avevano fatto una cosa simile. In parte, almeno alcuni, erano poi riusciti a scappare. Dovevo dirlo a Sergio, non a Frantz, ma a Sergio: lui poteva capire e doveva aiutarmi.

Ma come parlare a Sergio sotto quella divisa? Come arrivare a Frantz Horker che era salito così in alto nella tremenda gerarchia tanto da essere inaccessibile? Non veniva più alla cava. Dov'era finito? Come potevo fare? L'unica era aspettare e, intanto, parlare con Clara: lei poteva aiutarmi, forse.

Clara era una partigiana, internata anche lei da prima di me. Lei non disse mai nulla ma, secondo me, l'arrestarono appena dopo la riunione partigiana. Era l'unica, però, che conservasse, o almeno così mi sembrava, una qualche forma di speranza: non era in lei alcun ricordo di speranza perché una qualche spinta verso il futuro sembrava esserci ancora dentro o fuori di lei.

Un giorno, alla cava, la rividi e cercai di mettermi in fila appena dopo di lei; piano le sussurrai che dovevo parlarle. Lei non si voltò né fece cenno d'avermi sentita, ma io sapevo che era così e, per tutto il giorno, continuai il mio lavoro e presi le mie botte senza mai perderla di vista nel caso mi avesse fatto un cenno.

Non mi guardò neppure per tutto il tempo. Io, invece, continuai a fissarla, standо attenta più ai suoi movimenti che ai miei, e presi il doppio delle botte quel giorno.

Non m'importava.

La sera fummo rimandate nella baracca, dopo l'appello e la conta dei morti che mi parve lunghissima e fremetti per tutto il tempo nell'attesa. Una volta che la porta fu chiusa e il Kapò di turno uscito, subito mi venne vicina e disse: "Cosa c'è?"

"Io ...", cominciai. "Voglio far saltare la camera a gas".

Lei mi zittì immediatamente e mi portò in un punto buio e fondo della baracca.

"Tu cosa?", chiese.

"Facciamo saltare la camera a gas", ripetei io sospirando.

Cominciavo a sentirmi stupida perché lei mi guardava in un modo strano, come se mi considerasse completamente cretina e, senz'altro, avventata e del tutto inesperta. Lo ero, in effetti, ma non importava più: William era morto e io non potevo star lì a fare nulla. Avere un'idea, per quanto infattibile e cretina, era meglio che non averla e stare lì a prendere le botte, vegetare e morire.

"Ci avevo pensato così tante volte ...", disse lei guardando la parete di legno della baracca. Si mise una mano sulla bocca e iniziò a passeggiare avanti e indietro, piano e a piccoli passi perché lo spazio era poco. Sembrava considerare la mia idea che, allora, non doveva esserle sembrata così cretina e fuori luogo. Si fermò ma continuò a tenersi una mano sulla bocca e, con l'altra, faceva strani segni in aria come se calcolasse qualcosa. A un certo momento del calcolo, forse era arrivata a una qualche conclusione, schioccò le dita e si voltò bruscamente verso di me: “Tu c’entri qualcosa con Horker, vero?”

Io non risposi e chiesi: “Tu sei una partigiana?”

Lei annuì: “Siamo rimasti in pochi, ormai”, disse sospirando alla certezza della sua futura morte. Clara era una partigiana e, doveva saperlo, anche lei, come l’Agnese della baracca numero 4, come noi tutti, che stava andando a morire.

Io non dissi nulla e lei mi chiese ancora se c’entrassi qualcosa con Horker, perché aveva sentito delle cose e ...

“Dove? Qui le hai sentite?”, le chiesi.

“No”, fece lei. “Tranquilla”. Mi guardò, provò appena a sorridere e disse: “Stavo con Nord. Me l’ha detto lui”.

Quindi lei sapeva già tutto di me e Sergio.

“Stavi con Nord?”, chiesi. Lei annuì. Io ero contenta di sentire un nome familiare: Nord, disse, “Stavo con Nord”, e io non mi sentii più così sola. “E sai come ...”, cominciai.

“Morto”, fece lei.

Io abbassai la testa. “Anche lui”, dissi appena.

“Come anche lui?”, mi chiese.

Mi voltai dall’altra parte e con la facilità con cui lei disse “Morto” io dissi: “William”.

Lei si mise le mani alla bocca: “William!”, fece. “Non è possibile!”

Io non risposi, non mi mossi.

“No”, continuò lei passando la mano dalla bocca al petto come seguendo la linea immaginaria del suo concreto reale disappunto e dolore. “Non può essere perché ...”

“Ne sono assolutamente sicura”, dissi io. “Ho trovato la sua divisa qualche settimana fa”.

“Eri allo smistamento?”, mi chiese.

“Sì”, annuii.

“Quante settimane fa?”, domandò.

“Non lo so ...”, le dissi. Cosa importava? “Tre, credo. Quando arrivavano tutti quei treni dall’Ungheria”.

Lei sorrise e batté le mani come se il dolore si fosse risolto tutto in quel passaggio dalla bocca alla punta delle dita, e io pensai che era una mancanza di rispetto, se non altro per William.

"Ehi!", mi disse poi. "Guardami!" E io mi voltai verso di lei.

Aveva gli occhi azzurrissimi, proprio come William, e sembrava tanto buona. Sorrideva e, in quella sua magrezza, in quel suo disfacimento che erano poi la magrezza e il disfacimento di tutti lì dentro, c'era una qualche forma di speranza. Sperava ancora e pareva avesse solidi e numerati specifici motivi per farlo.

"William è vivo", mi disse.

Io la guardai. "Non prendermi in giro!", dissi. E feci per andarmene. "Ti stavo chiedendo un po' d'aiuto, ma ...". Lei mi bloccò e, forse stremata dalla sforzo, sospirò: "E' vivo, credi. L'ho sentito otto giorni fa".

Non poteva essere. Mi prendeva in giro. William non poteva essere vivo, se io stessa avevo avuto in mano la sua divisa e il suo fazzoletto rosso e, più di tutto, quello che non si poteva confondere con nessun altro partigiano, la penna.

"Otto giorni fa?", chiesi comunque.

"Sì", disse lei annuendo piano e guardandomi. "Sì, li sento con regolarità perché, anche se qua sembra tutto uguale, qualcosa si muove sotto". Si fermò e si guardò in giro, ma nessuna ci ascoltava o non pareva darlo a vedere. "Non siamo sole", concluse segnando piano, con il collo secco, la baracca numero 4 e, più lontano, la sezione maschile.

"Otto giorni fa, l'hai sentito?", chiesi ancora.

"Sì", fece lei. "E' vivo, credi. Non ti direi una bugia".

"E la divisa allora?", feci io. La divisa poteva essere di chiunque, obiettò Clara ed era vero ma la penna no: la penna era la prova inconfutabile che William era morto. Era morto. Era morto ...

"No", disse lei e scosse la testa in maniera tanto decisa che fui costretta a crederle. "No, Nord è morto tre settimane fa".

"Nord? Tre settimane fa?", chiesi. E lei annuì triste.

"Ma la penna?", chiesi di nuovo.

"La penna", sospirò lei, "probabilmente gliel'avrà prestata".

La spiegazione era così debole ma avevo così bisogno di crederci che non domandai più nulla.

"Credi", disse ancora, "William è vivo. E' vivo perché l'avrei saputo senz'altro se fosse morto mio fratello".

Tutto mi fu chiaro due notti dopo, e fui assolutamente certa che Clara non mentiva e che William era vivo.

Non so come né perché, tantomeno da dove mi venisse il ricordo, ma questo arrivò: eravamo nella grotta, subito dopo che io avevo ucciso quel tedesco, seduti sugli zaini stesi da William e io piangevo sulla sua spalla.

"Tieni", aveva detto porgendomi qualcosa.

Così mi ero asciugata gli occhi e soffiata il naso, poi avevo guardato quel piccolo pezzo di stoffa marrone, e ridendo gli avevo chiesto: "Vuoi indietro la tua tasca?"

William aveva sorriso e aveva detto: "No, no, tienila pure".

La tasca di William era strappata mentre quella della divisa che avevo trovato allo smistamento, ne ero certa, era ancora integra: non era la divisa di William, non era lui.

Non era morto e, ora che avevo la certezza che William era vivo, magari ferito o a combattere da qualche parte al freddo, ma vivo: triste solo stanco come me, ma vivo; ebbene avevo anche la forza necessaria per credere che, quella divisa, non fosse nemmeno di Nord, che Clara si fosse sbagliata su di lui.

Non era così: la divisa era proprio di Nord.

Far saltare la camera a gas, già, ma come? E quando?

Clara non ne parlò più e, per un po' di giorni, nemmeno io tornai più sull'argomento ma sempre, sempre ci pensavo perché, sempre più, mi sembrava non già una cosa buona o giusta o particolarmente efficace, ma l'unica cosa da fare.

Si doveva agire in qualche modo per non morire prima del tempo, per smettere di credere d'essere solo burattini di cui, quelle bestie in divisa, tiravano a loro piacimento i fili. Avevo imparato questo, se qualcosa avevo imparato: che le bestie in divisa non eravamo noi. Non ho mai saputo se avesse ragione Abram dicendo che le creature a immagine di Dio eravamo noi e non loro; ma sicuramente, lo sapevo e l'odio che ho conservato per molti anni dopo l'uscita dal campo lo confermava, le bestie, gli anormali, gli inumani non eravamo noi.

Far saltare la camera a gas, quindi, come a Treblinka, già: ma come avevano fatto a Treblinka? Dovevo parlare di nuovo con Clara: era fondamentale, infatti, organizzarsi alla svelta, perché certe cose estremamente belle o estremamente estreme vanno fatte subito, prima ancora di pensarle, o non si faranno mai più.

Parlare con Clara al più presto, ma come raggiungerla? Io venivo sempre mandata alla cava e, ultimamente, lei non c'era mai: uscivamo insieme per l'appello ogni mattina ma, ogni giorno, invece di seguire la nostra fila diretta alla "scala della morte", dunque alla cava; Clara veniva mandata con altre cinque deportate verso il lato sinistro del campo dove c'era solo un lungo e grande stanzone bianco. A fare cosa, non lo sapevo.

Come parlare a Clara che, una volta tornate la sera dopo l'appello, dopo le marce e l'orrenda zuppa, finalmente in baracca, neppure mi guardava? Come parlare a Clara che, da quando avevamo parlato di William e Nord l'ultima volta, sembrava ancora più triste, se possibile? Avrei dovuto guardarla negli occhi, perché solo così avrei capito se ogni minima speranza era svanita anche in lei; e, se questo era capitato, potevamo lasciar perdere tutto: se Clara aveva perso la speranza, se l'avevano convinta, là in quello stanzone bianco mentre le facevano non so che, che tutto era irrimediabilmente perduto, eravamo tutti irrimediabilmente perduti.

Non riuscii subito a capire dove portassero Clara e altre cinque di noi tutte le mattine e, quando lo capii, fu l'unica volta in cui avrei voluto non saperlo.

Lo seppi, invece, una mattina, alla cava. Solito lavoro, freddo, botte e solite pietre da spostare ma, quel giorno, vidi che un uomo, era il numero 53347 e doveva essere lì da parecchio tempo, mi guardava e seguiva in continuazione. Cosa voleva?

Mi seguì per tutto il tempo e, nei rari brevi momenti in cui riuscimmo a scambiare due parole, seppi che si chiamava Josef Cursot e che era il partigiano Athos. Era abbastanza loquace e fu grazie a questo che seppi che aveva ventidue anni, faceva parte della 103 Brigata Garibaldi ed era stato arrestato dai fascisti, per appartenenza a banda armata, con tali Luciano Politi e Donato Simonetti. Dovevano essere molto amici, da quello che capii, perché parlava in continuazione di loro. "Il destino ha voluto così", questo continuava a ripetere Athos ma, benché ripetesse che era il destino a volere così e che non ci si poteva, in fondo, fare nulla, non sembrava rassegnato al destino: per essere uno che sosteneva di non poter fare nulla contro il destino, pareva molto attivo.

Mi disse tra i denti che conosceva William e che, William, gli aveva detto di dirmi che mi voleva bene e che gli alleati si stavano muovendo; che per la primavera sarebbe finito tutto. Non aveva specificato, però, per quale primavera, per la primavera di quale anno sarebbe finito tutto.

Seguendomi tutto il giorno, Athos riuscì, bene o male, a farmi capire che lui sapeva della mia idea di far saltare la camera a gas; era d'accordo, avrebbe aiutato me e Clara, ma bisognava coinvolgere altri, non potevamo farlo in tre e, soprattutto, a quanto diceva Athos, non si poteva prescindere da Frantz Horker, come io invece speravo. Non eravamo sole, aveva ragione Clara e, mi accorsi, in molti sapevano di me e Frantz Horker, ma non capii al momento se fosse un bene oppure no.

La sera tornai alla baracca con un filo in più di speranza rispetto alla mattina e pronta a dire a Clara che avevo parlato con Athos e che, sì, saremmo riusciti a far saltare la camera a gas. Ancora, in realtà, non sapevo bene a cosa sarebbe servito: far saltare la camera a gas, tentare una fuga impossibile, e poi? Per il momento, però, credo mi bastasse agire, fare qualcosa, qualunque cosa visto che William era vivo e avrei potuto rivederlo.

Clara però non c'era. Dov'era? Era morta? Che cosa le avevano fatto?

Non ebbi tempo di domandarmi che cosa era capitato a Clara perché, un giorno e senza un motivo apparente, come tutto era senza un motivo a Mauthausen, venni mandata, insieme a quattro donne e cinque uomini, sul lato ultimo destro del campo, quello più lontano dalla cava e più vicino al crematorio.

C'ero stata poche volte, anzi l'unica volta che ero stata là fu quando mi trovai, con Abram, a infilare pelle e ossa nel forno, poi non c'ero tornata più.

Fummo mandati là, appena fuori del crematorio e, le due SS che ci avevano accompagnato, ci diedero delle vanghe in mano facendoci silenziosamente gesto di scavare e in fretta. Cominciai piano a scavare ma mi bloccai subito perché la mia vanga urtò contro qualcosa e rimase sporca di una sostanza rossa: era sangue. Subito, dunque, capii cosa dovevamo fare: rimuovere i corpi che erano stati sepolti. Ma perché? Naturalmente era inutile chiedere, così piano ripresi a scavare facendo più che potessi attenzione a non urtare troppo quei corpi, cercando di rispettare, almeno io, almeno ora, quei corpi morti che non lo erano stati affatto, rispettati, in vita.

Scavammo tutta la mattina, con le SS che ci sorvegliavano e ci gridavano di muoverci, di fare presto: sembravano abbastanza agitati ma non mi chiesi mai perché. Naturalmente, se loro erano agitati, significava che noi potevamo sperare di provare a essere contenti: che stesse per finire la guerra? Forse stavano per arrivare gli alleati? O i partigiani? Paolo, Satana e William, insomma? Per me, i partigiani, che potevano essere migliaia, si sintetizzavano in definitiva nelle quattro figure di Nord con la sua divisa di panno inglese che, purtroppo, non sarebbe arrivato mai; Paolo, con la sigaretta sempre dietro l'orecchio a consumarsi così, sola; Satana, perfettamente pulito e impeccabilmente vestito in ogni situazione; e William: William con il suo "porco diavolo" che avevo tanta voglia di sentire ancora, William e la tasca strappata che mi aveva dato la certezza che fosse vivo, William che ballava con me canticchiando quella sua canzone sul vento che fischiava. Sempre, anche molto dopo Mauthausen, quando mi riferii ai partigiani, in realtà, era solo a loro quattro che pensavo.

Mi sbagliavo, naturalmente: non stava per finire nulla e lo capii quando una SS, dopo averci fatto portar via tutti quei corpi con delle carriole, decine e decine di corpi sepolti lì sotto, tutti gettati, uno sopra l'altro, sulle carriole, ci gridarono di spostarci e, spianata la terra che avevamo vangato, arrivarono due Kapò con arnesi e oggetti che mi parvero insoliti per il campo ma che erano l'apice, il coronamento delle loro crudeltà.

Lì, dove fino a pochi minuti prima, erano stati corpi morti e brutalmente cacciati sottoterra a imputridire, ora dovemmo piantare semi di fiori, montare una specie di dondolo e un'altalena. Nella baracca di fronte appendemmo una scritta che non capii mai cosa volesse dire ma, seppi poi, quella baracca era diventata, almeno per un giorno, una sorta di osteria. Grandi tavoli vennero messi al suo interno e poi bicchieri, stoviglie, tovaglie e, addirittura, Athos venne scelto come cameriere.

Quello che accadde dopo lo ricordo solo molto vagamente: ricordo che ci fecero lavare, pulirono i nostri poveri stracci e, fino alla sera, non ricevetti né un pugno né un calcio né una brutta parola. Cosa stava succedendo? A sera, addirittura, a tutti venne servito pollo e pane con il burro: nessuna traccia di quell'orrenda zuppa di cavoli e rape.

Che cosa stesse accadendo non riuscii a capirlo fino a quando non accadde. Non prestai molta attenzione a tutto il procedimento né m'illusi, come altri poveretti che, invece, proprio per questo o, di nuovo, senza un motivo, morirono due giorni dopo, d'essere vicina alla fine, alla Liberazione. Avevo altro a cui pensare e, quando montarono l'insegna dell'osteria e vidi Athos dietro al bancone, i ricordi subito arrivarono: ricordai quando avevo aperto il bar con l'aiuto di mio padre; ricordai la serranda che cigolava, Toni che mi doveva ancora 15000 lire, la signora che aveva fatto spegnere la radio. Ricordai il mio professore, il professor Federico che, ogni giorno, si spendeva perché io tornassi e la piantassi di fare la reietta, e Sergio che veniva a chiudere i conti del bar tutte le sere alle 18. Ricordai il quadro di Proust che tenevo dietro al bancone con un foglio e una penna perché speravo, speravo fortemente mentre servivo ai tavoli che, d'improvviso, arrivasse una frase, una parola che, fondendosi con altre, avesse dato vita a una storia e io, di nuovo, finalmente, sarei tornata a scrivere, a essere quello che sono e che solo William aveva improvvisamente, meravigliosamente visto. Ricordai e, mentre ricordavo, mai mi chiesi il perché di questo cambiamento, ma sapevo che non sarebbe durato a lungo.

Era così, infatti. Il giorno dopo questi grandi lavori, ci alzammo addirittura alle 8 e, addirittura, facemmo colazione con caffè e brioches. Non andammo a lavorare ma ci portarono nello spiazzo che avevamo allestito il giorno prima e ci fecero sedere sulle panche, alcuni dentro l'osteria e, dei bambini misteriosamente comparsi da non sapevo dove, vennero fatti sedere sulle altalene o incitati a giocare a palla. I bambini erano sospettosi, all'inizio, spaventati ma, benché stessero vivendo un'esperienza tremenda, rimanevano dei bambini: esseri umani bisognosi di sorrisi e carezze, per di più; dunque persone che, se trattate con dolcezza e gentilezza, non avrebbero esitato a credere, neppure per un istante, che l'aguzzino, il soldato che il giorno prima li aveva picchiati o torturati, la SS, l'uomo che, appena qualche ora prima, aveva ucciso la loro mamma davanti ai loro occhi fosse improvvisamente diventato buono.

Io non ero una bambina e non mi illusi mai, per tutto il tempo, che le cose d'ora in poi sarebbero state così: che mai più avremmo preso calci e pugni, che mai avremmo ricevuto un insulto o lavorato alla cava ancora; non m'illusi, mai credetti, che fossimo vicini alla fine ma molti lo fecero. Molti altri deportati come me, e come i bambini bisognosi di un atto di fiducia e di un moto d'affetto, credettero che tutto, d'ora in poi, sarebbe andato bene, che sempre avrebbero mangiato pollo alla sera e brioches e caffè al mattino. Chi si era illuso, chi aveva creduto a quell'orribile, cruenta, devastante finzione, fu ucciso il giorno dopo.

Noi, infatti, eravamo come quei fiori che avevamo piantato: estirpati senza nemmeno pensare di chiedere se avessimo voluto; nessuno che si domandava se avevamo altri progetti (e certo che li avevamo), se sognavamo ancora e quali sogni, ma tutti saremmo stati strappati il giorno dopo.

Nessuno si curò di chiederci cosa volevamo, cosa sentivamo, se sentivamo ancora qualcosa, ma tutti sapevano che portandoci via dal campo dove eravamo nati e vivevamo, e trapiantandoci tutti rinsecchiti e storti in un altro campo dove nulla poteva nascere o vivere, tutti sapevano che eravamo perduti, che nessuno sarebbe stato recuperato e non più un sogno sognato, nessun progetto portato a termine e nulla di noi rimasto. Nemmeno l'ombra.

L'ombra, poi, se fosse rimasta sarebbe stata quella di una scarna lunga magra trista figura senza più luogo dove andare né campo dove mettere radici e trovare pace.

Arrivarono a metà mattina, verso le 11. Io stavo al bancone dell'osteria, insieme a Athos, fingendo di pulire dei bicchieri perché, se dovevamo fingere quell'inganno ai nostri danni, almeno potevamo utilizzare quel tempo per organizzare il nostro piano.

Parlammo poco, però, e Athos non mi disse nulla di specifico per il piano: ribadì solamente che dovevo parlare con Horker, assolutamente parlare con Horker, poi avremmo potuto organizzare. Parlare a Sergio, dunque, parlare con Horker ma a Sergio: dovevo farlo, non potevo fuggire a questo.

Pensare di parlare a Sergio mi dava un'enorme vergogna: amavo William e, adesso che avevo la pancia un pochino piena e stavo lì, bene o male, appoggiata al bancone di un'osteria e non alla cava a trasportar pietre, potevo pensarci, era questo che mi impediva di pensare o parlare con Sergio: il mio amore per William mi impediva di alzare lo sguardo su Sergio. Con quale faccia, infatti, avrei potuto chiedergli aiuto? Non ebbi mai dubbio alcuno che Sergio ci avrebbe aiutati ma io, io mi sentivo una cosa sporca e schifosa perché, in qualche modo, sentivo d'averlo tradito amando un altro e non avevo più il diritto né la libertà di guardarlo in faccia.

"Ebbene", disse appena Athos sistemando un piatto, "non guardarlo, abbassa la testa come fai sempre, ma parlaci e muoviti! Anche perché", continuò sistemando il piatto nella credenza, "hai una sola faccia!"

Io annuii piano, poi sentii un lungo applauso e mi voltai.

Vidi due uomini, in borghese, e non sembravano nazisti o fascisti, con una telecamera e un blocco per gli appunti. Sorridevano e, accompagnati da due ufficiali (uno era Ziereis, l'altro non lo conoscevo), avanzavano nello spazio che noi avevamo appena sistemato. Si avvicinarono ai bambini sull'altalena e, piano, li accarezzarono; poi, vicino ai vecchi seduti sulla panca appena fuori dall'improvvisata osteria, gli fecero due domande che non ottennero risposta e, sorridendo come se si trovassero tra vecchi amici d'infanzia, passarono oltre. Si avvicinarono a due Kapò, del tutto ripuliti, e gli strinsero la mano muovendo la testa in cenno di assenso. "Gut! Gut!", facevano e, continuamente, annuivano e stringevano mani a chiunque gli capitasse davanti guardandosi intorno e sorridendo.

L'uomo con la telecamera riprendeva tutto: l'osteria, la gente seduta ai tavoli, i bambini che giocavano a palla, io e Athos al bancone a pulir bicchieri, e le SS, misteriosamente prive di manganello e moschetto, ridere tra loro attaccate alla porta dell'osteria.

Io non capivo cosa ci fosse di tanto buono, perché ridessero e stringessero le mani a tutti ma, sempre più quella pagliacciata che avevamo inscenato, mi sembrava sinistra e pericolosa. "Ma cosa ...", feci rivolta a Athos con un altro piatto in mano.

"Toh ...", fece lui scuotendo la testa, e mi indicò una specie di volantino che non avevo visto attaccato alla parete principale dell'osteria. Era scritto in tedesco, naturalmente, ma riuscii più o meno a capire cosa diceva. "*Prima il piacere poi ... il piacere!*", così stava scritto. "*Campo di contenzione e riabilitazione di Mauthausen. Tutto rigorosamente a norma. Riproduzione filmica a cura di funzionari dell'Ufficio di Igiene e la Polizia Statale*".

Guardai Athos che scosse la testa e, finalmente, capii: dovevano girare un film sul nostro presunto campo di contenzione dove stavamo con grande piacere, com'era scritto sul volantino, ed eccoci tutti qui: attori non richiesti, comparse, buffoni, un'altra volta, ci prendevamo in giro da soli. Ecco perché i bambini sull'altalena, i vecchi seduti fuori dell'osteria sotto il sole, il pollo la sera e il caffè la mattina: tutti buffoni inconsapevoli e ai danni di noi stessi. Ecco che tutti avrebbero visto e capito che non si stava poi così male in quel campo di contenzione dove, dopo il piacere, come assicurava la locandina, veniva ancora il piacere. Tutti loro, che concordavano sulla nostra detenzione, erano d'accordo sul fatto che non potevamo stare a piede libero, avrebbero pensato che, via, non stavamo poi così male. Eravamo imprigionati, ma in un luogo assolutamente piacevole, pulito e riposante. Già, avrebbero pensato che fossimo in vacanza. Avrebbero sicuramente pensato che avremmo dovuto ringraziarli per questo.

Mi sentii profondamente ridicola e seviziata. Sì, era una crudeltà, una sevizia, un orrore, quello che ci stavano facendo.

"Athos", feci, "cosa ...".

Lui scosse il capo e disse: "Niente", e scosse di nuovo il capo: "Niente", disse ancora guardandosi intorno. Dovevamo comunque stare attenti a non farci sentire perché, checché ne dicesse la locandina e a dispetto di quello che potevano credere i due funzionari, noi sapevamo perfettamente dov'eravamo: nulla era cambiato. "Lascia perdere", mi disse piano. "Piuttosto, parla con Horker. Parla al più presto con Horker". Ma Frantz Horker, lì, non c'era; non aveva voluto o potuto prendere parte a quella speciale buffonata.

Il film fu girato in meno di tre ore e, una volta partiti quelli della commissione, il piacere finì: la baracca adibita a osteria venne bruciata da SS che, magicamente, erano pienamente rientrate in possesso di manganello e moschetto; bruciate le altalene e la palla; strappati tutti i fiori, i bambini sparirono di nuovo, e tutto tornò come prima.

Mi consolò tutto questo: è strano ma è così. Mauthausen era così: cava di pietra, grida di soldati armati, niente fiori, zuppa di cavoli e rape, mai un minuto tranquilli o seduti; niente altalene, e lavoro, botte e morte. Era triste e dolorosa, Mauthausen, ma era così e, per quanto mi sembrò triste e doloroso rilevarlo, questo era il campo "familiare" in cui vivevo: sapevo come muovermi in quella Mauthausen senza altalene e osterie; sapevo le botte che dovevo prendere e conoscevo il sapore di quell'orrenda zuppa; riconoscevo le grida delle SS, dei Kapò e dei poveretti a righe e sapevo distinguerle; conoscevo l'odore di DDT e fragole. Onestamente, non avrei saputo muovermi in una Mauthausen tutta fiori e altalene ma, se possibile, ancora più inospitale, ancora più spaventosa.

Clara non c'era il giorno di quell'oscena buffonata, e non la vidi né all'appello del mattino né in baracca la sera, per tre giorni. "*E' morta*", pensai. Era sicuramente morta. Eppure non riuscivo a crederci: mai, per Clara, provai quel triste sentimento di perfetta convinzione, sulla sua morte, che provai, invece, per William. No, non poteva essere morta. Non adesso che dovevamo agire. No, sicuramente era al *Revier*: sì, forse era stata male e l'avevano trattenuta lì.

Clara era al *Revier*, in effetti, e lo capii quando la vidi in baracca una sera. Tornai dalla cava, dopo l'appello, la solita marcia e la solita orrenda zuppa di cavolo e rape, e la vidi che stava seduta sulla sua branda, con le mani lunghe e livide, bianchissime, strette ai bordi del "letto" di legno. Guardava nel vuoto e, vidi, avvicinandomi, portava ancora la solita nostra divisa ma, sul petto proprio sul lato del cuore, stava una scritta nera che non avevo mai visto: "EX – LB". Mi inginocchiai davanti a lei, ma lei continuò a fissare il vuoto e stringeva le gambe in una maniera non naturale.

"Clara", le dissi toccandole appena una spalla.

"Non mi toccare!", gridò scansando la mano e spingendomi a terra.

Io mi risollevai piano e controllai l'entrata della baracca:

per fortuna, la branda di Clara era la più lontana dalla porta e nessuno delle SS o dei Kapò aveva sentito nulla. Le altre non ci badavano.

Mi inginocchiai piano di nuovo davanti a lei ma non la toccai più.

"Clara", dissi ancora, "cosa c'è? Dove sei stata?"

Lei voltò la testa, continuando a fissare il vuoto, e non mi guardò mai per tutto il tempo. Non rispose ma dondolava la testa da una parte e dall'altra: sembrava impazzita. Non mi guardava, non parlava, dondolava la testa a destra e a sinistra come se volesse consolarsi di un qualche forte, tremendo dolore, e pareva, infatti, soffrire crudelmente, terribilmente. Soffriva come sempre, come tutti noi soffrivamo, ma in maniera più completa.

"Clara", la chiamai di nuovo, "dove sei stata?"

Lei, a quel punto, fermò la testa con le mani come se non ce la facesse con la sola sua volontà; mi guardò e mi sorrise con un sorriso tutto storto e deforme: "Ciao, Angelica", disse abbracciandomi, come se mi vedesse ora per la prima volta. "Ciao", continuò a dire. "Ciao ... Ciao ...".

Mi strinse forte e sentii tutte le sue ossa scricchiolare su di me. Si allontanò, poi, e sorridendo fece: "Shhh ... C'era un bambino ...", e di nuovo si voltò.

"Dove c'era un bambino?", le chiesi guardandomi intorno.

"C'era un bambino ...", ripeté lei sorridendo nella maniera più triste e innaturale che avessi mai visto. "Qui ...", disse dopo un po' toccandosi la pancia. E, di nuovo, mi abbracciò e ricominciò a salutarmi. Si sollevò quasi subito, però, e stava per ricominciare il suo dondolio quando le presi la testa e la costrinsi a guardarmi negli occhi.

"C'era un bambino lì?", le chiesi.

Lei annuì e sorrise, dicendo: "Shhhh .... Non dobbiamo svegliarlo".

"E adesso dov'è?", feci ancora cercando di tenerle ferma la testa.

Lei sorrise piano. Io ripetei: "Dov'è, Clara? Dov'è il bambino?", ma lei non rispose più. Ricominciava a dire "Ciao, Angelica, ciao", quando di colpo si bloccò. Si mise una mano sulla bocca stringendosi le guance orribilmente, come se avesse detto qualcosa che non doveva e, dicendo: "Ja, Arbeitgeber!", cominciò a cantare una canzonaccia in tedesco che avevo sentito solo una volta, cantata da due Kapò, passando di fronte a uno stanzone bianco che ...

Era il bordello. Ecco dov'era stata Clara. Ecco cos'era quella scritta sul pigiama a righe: "EX – LAGERBORDELL". Ecco la storia del bambino e il *Revier*: l'avevano violentata, messa incinta e fatta abortire. Sì, un qualche sporco, schifoso Arbeitgeber le aveva fatto questo e l'aveva ricacciata in baracca a lavorare e morire come tutti noi. Ancora di più, ma lo seppi solo anni dopo, le avevano asportato l'intero utero, quei bastardi!

Ancora cantava quando le chiusi la bocca, dicendo: "Basta, Clara, basta!". Lei parve ritornare fulmineamente alla dolorosa razionalità e, piano, disse: "Oddio, Angelica, oddio!"; poi mi strinse e cominciò a piangere.

Così, come mesi prima aveva fatto suo fratello con me, ora io feci con lei: rimanemmo lì, ferme, abbracciate, fino a che Clara ebbe esaurito tutte le lacrime e non si toccò più la pancia né parlò più del bambino che c'era stato dentro. Ma, sono sicura, ci pensava sempre.

Athos si stava organizzando, in qualche modo, anche se non seppi mai come né con chi, perché ogni giorno alla cava mi lanciava lunghe occhiate d'intesa, di un qualcosa che solo io, lui e Clara, in qualche maniera, condividevamo ma che ci avrebbe, se non avessimo fallito, liberati tutti.

Athos lo diceva sempre che, una volta saltata la camera a gas e creata una discreta confusione nel campo, saremmo potuti fuggire. "Basta arrivare a Linz", diceva piano quando salivamo quei 186 gradini. "Basta arrivare a Linz e è fatta". Era proprio quest'idea, il pensiero fisso d'arrivare a Linz che, credo, gli dava la forza di salire quei gradini, di rispondere all'appello e di lavorare e prendere le botte tutti i giorni.

Io non gli ho mai creduto così come mai ho creduto a Abram né a chi mi proponeva una soluzione troppo semplice per questo meccanismo complesso e crudele in cui ci trovavamo. Arrivare a Linz, sì, e poi? Innanzitutto, bisognava arrivare a Linz e noi eravamo estremamente deboli e non ce l'avremmo fatta; io, personalmente, non sapevo nemmeno come fare ad arrivare a Linz né perché Athos insistesse così tanto con Linz: Linz, dopo tutto, non faceva parte dell'*Anschluss*, della Germania o meglio, dell'Austria nazista?

A volte, e furono le uniche volte in cui risi di gusto a Mauthausen, stesa sulla mia branda, la notte, immaginavo me e Athos e Clara e altri che ci avevano aiutati e seguiti, entrare a Linz così vestiti e sporchi com'eravamo: divisa a righe tutta strappata con tanto di stelle gialli o triangoli rosa o cerchi neri, scarpe diseguali e sporche, mani e facce livide ... Ci avrebbero fermati subito. Non avevamo la benché minima possibilità d'arrivare a Linz né da nessun'altra parte. Saremmo morti appena scavalcato il filo spinato e, se fossi stata consapevole di tutte queste cose all'epoca, sicuramente avrei smesso di ridere.

Ci stavamo organizzando, piano piano e, ma non lo seppi mai con precisione, credo che Athos avesse coinvolto qualcun altro perché, ogni giorno alla cava, sempre più persone mi guardavano e mi lanciavano occhiate d'intesa. Eravamo d'accordo, insomma. Bisognava muoversi, però.

A Clara non dissi più nulla né le chiesi più di partecipare in nessun modo. Certo, me la sarei portata dietro, non sarei andata in nessun posto senza di lei, ma non potevo più chiederle molto: l'avevano svuotata, quei maiali, e non si riprese mai del tutto. Non parlò più, ad esempio, mai più. Le ultime parole che disse furono proprio: "Oddio, Angelica, oddio", e poi tacque per sempre.

A Clara volevo molto bene, infatti non sono d'accordo con chi dice che, nel campo, non c'era possibilità alcuna di instaurare dei rapporti: io, a Clara, volevo bene e gliene ho sempre voluto, anche dopo Mauthausen. Clara era come Sergio: era buona. Sergio e Clara non erano affatto dissimili, anzi, erano molto più simili di quanto potessi rendermi conto. Non che Satana e William o Paolo, Nord, Athos o Abram, ad esempio, fossero cattivi: i cattivi, nella situazione che vivevamo, erano altri; ma nessuno di loro, e ne fui sempre certa e consapevole, era come Clara e Sergio.

Loro, infatti, erano buoni sempre e comunque. Clara e Sergio erano buoni a prescindere, buoni per partito preso, buoni perché non avrebbero potuto né voluto essere altrimenti. Erano buoni anche con quei cattivi che su di loro, continuamente, s'accanivano. Buoni perché sapevano che, se c'era qualcosa che poteva risolvere la guerra, far saltare i campi, erano solo la bontà e la gentilezza, null'altro che bontà e gentilezza.

Erano estremamente, perfettamente buoni, Clara e Sergio, erano i più buoni tra tutti noi e, chissà, forse la guerra, forse quei cattivi paladini della guerra, l'avevano capito: loro, infatti, Clara e Sergio, non noi, avevano più di tutti, crudelmente attaccato.

Comunque, con o senza Clara all'attivo, dovevamo muoverci e, anche se facevo finta di niente e aspettavo chissà quale segno da Athos, il segno era da me che doveva venire: ero io che dovevo parlare alla SS Horker, non Athos né nessun altro.

Era il 24 febbraio quando finalmente mi decisi a fare qualcosa. Ricordo perfettamente la data, perché il 24 marzo del 1944, esattamente un mese dopo, ci fu l'eccidio delle Fosse Ardeatine e, di più, quel 24 febbraio, dei sei che eravamo, rimanemmo in quattro. Infatti, mentre venivo a conoscenza del fatto che Paolo era stato arrestato dai fascisti, Paolo, con la sua sigaretta rigorosamente dietro l'orecchio, senza emettere un grido né una parola veniva fucilato.

La notizia dell'eccidio delle Fosse Ardeatine venne direttamente dal megafono delle SS perché, senz'altro, dovevano considerarla una grande rivincita.

Comunque, quando la sera del 24 febbraio, feci in modo di farmi portare al comando generale delle SS (in pratica, mi bloccai in fondo alla "scala della morte" e mi rifiutai di salire), c'era proprio Sergio lì, ad aspettarmi.

Presi tante botte quella sera ma, Athos mi aveva detto, l'unico modo per farsi portare al comando generale era quello di lavorare sodo e splendidamente, cercando di farlo notare, per almeno una settimana prima, e poi, di colpo, rifiutarsi in qualcosa. Non si correva il rischio d'essere ammazzati così, perché le SS avevano bisogno di chi lavorava splendidamente e sodo.

Feci così, dunque, e per una settimana lavorai alla cava spostando pietre avanti e indietro, senza lamentarmi mai e con una solerzia e un'energia che ricavai, credo, solo dal fatto che m'illudevo d'esser libera, finalmente, di lì a due giorni e di rivedere William.

Lavorai sodo e mangiai quello che mi veniva dato, cercai anche di dormire e trattenere più energie che potessi e, dopo un'esatta settimana, mi bloccai lì, in fondo alla scala e mi rifiutai di salire. Athos si voltò appena e proseguì. Io stetti lì, ferma, immobile a prendere dei calci, dei pugni e a sentirmi dire che ero una sporca bastarda e che mi dovevo muovere. Non mi mossi, invece e la forza mi venne dalla profonda convinzione che stavo maturando che non ero io, non eravamo noi gli sporchi bastardi e che stavamo, credevo all'epoca, per fargliela sotto al naso.

Venni così portata al comando generale e lanciata addosso alla SS Horker. Quando la porta fu chiusa e mi trovai tra le braccia di Sergio, capii che era il momento e che dovevo guardarlo, assolutamente guardarlo; così alzai la testa e lo vidi.

Era sempre lui, era sempre Sergio. Io ero cambiata, forse, ma non lui. Sembrava più stanco, non più cattivo; era stanco e dolorante ma non era cambiato affatto: era sempre Sergio, pensava e sentiva sempre le stesse cose: lo vedevo ora. Lo abbracciai forte e lui disse: "Amore, stai bene?". Una porta sbatté, io non ci badai e non risposi e mi vergognai profondamente: io ero cambiata non a causa o per mezzo di Mauthausen ma perché amavo William. Amavo William e lo sentii anche mentre stavo lì, tra le braccia di Sergio a sentirmi chiamare "Amore" almeno per una volta ancora. Amavo William e avevo bisogno di Sergio. Amavo William e mi vergognavo non già del mio amore per lui, ma di me: di quello che ero, di come ero diventata e, di quello che ero diventata, non potevo incolpare nessuno né la guerra né Mauthausen. Stetti lì un po' e, a un certo punto, chiesi: "Puoi chiamarmi Angelica?". Lui, era sempre Sergio, non chiese perché né obiettò nulla, solo mi strinse più forte e, baciandomi la testa, disse: "Angelica ... Angelica mia ...". Era molto bello sentirsi gentilmente chiamare Angelica: restituiva un po' di dignità e rispetto di sé.

Comunque cercai di scacciare quei pensieri e di concentrarmi sulla cosa fondamentale: dovevo parlare a Sergio del nostro piano e farlo in fretta.

"Devo parlarti", gli dissi allontanandomi da lui.

"Ma cos'hai fatto?", mi chiese guardandomi. "Perché ti picchiano sempre?"

"Credo sia per via delle scarpe", feci io cercando di sistemare quell'orrido vestito. Mi vergognavo dentro e fuori: sia di non amarlo più sia di essere vestita in quel modo orrendo, di farmi vedere sporca, brutta e rapata a lui. "Cado. Sono troppo larghe".

Lui mi guardò mentre cercavo di sistemare il berretto e di pulirmi le mani sulla divisa a righe, e sorridendo disse: "Sei molto bella". Non risposi perché sapevo che, per lui, era così; per lui ero sempre bella, ma scossi la testa. "Devo parlarti seriamente, Sergio", dissi.

Quel "Sergio" non era previsto, controllato o particolarmente studiato: era lì. Io lo guardavo, lui mi guardava e, guardandolo, non potevo credere, non riuscivo a credere all'esistenza di Frantz Horker. Dov'era Frantz Horker? Cosa ne era di lui e, di più, cos'era Horker se non una divisa e uno stemma?

Lui si fece serio, buono e serio, e seriamente mi sorrise.

"Sergio ...", cominciai piano, ma lui fece segno di tacere. S'avvicinò alla porta e la chiuse a chiave, poi tornò vicino a me e disse: "Siediti", così mi sedetti vicino alla scrivania e lui accanto a me.

"Sergio ...", ricominciai, ma vidi che trafficava con un cassetto e ne estraeva una scatola. Me la porse.

"Mangia", disse. "Sono wurstel". E sorrise.

Io l'aprii e divorai i tre wurstel e il pezzo di pane che Sergio mi porse poi. Lui mi guardò e mi sorrise. Anch'io gli sorrisi e, in quell'attimo, capii che avrei dovuto guardarlo prima, avrei dovuto guardarlo più spesso, Sergio. Non l'amavo più, è vero, amavo William, ma Sergio non c'entrava con William e a Sergio ho sempre voluto bene, l'ho sempre amato in qualche parte di me.

"Sono buoni", feci io quando finii di mangiare.

"Non ne posso più di wurstel", disse lui aprendo le braccia.

Io sorrisi appena, e lui mi guardò in un modo strano: sembrava estremamente provato e stanco. Molto molto stanco. Lo guardai, poi cominciai: "Sergio", dissi, ma mi fermai perché fui presa da un desiderio forte e incontrollabile. Non avevo alcun desiderio al campo ma, ora che ero lì, con Sergio, e dopo aver mangiato, dopo essermi sentita abbracciata e chiamata per nome, un po' d'umanità doveva essere tornata a me. Così, non potendo ignorare quel bisogno, chiesi: "Sergio, tu credi che posso lavarmi un po'?"

Lui mi guardò e sorrise ma non rispose.

"Non ce la faccio più", dissi io. "Guarda che mani!", continuai e, girato il palmo, gliele feci vedere sporche com'erano.

Lui sorrise di nuovo, s'alzò e spinse una porta bianca che dava su un piccolo bagno.

"Prego, signorina", disse, e io mi avviai.

Chiusi la porta. Il bagno era decisamente un bagno, non una latrina come quella che stava al campo. C'erano un lavandino enorme, una vasca, le piastrelle bianche di marmo, tanti tipi diversi di sapone, il gabinetto con quattro rotoli di carta igienica e un buon profumo di pulito. Mi fermai e mi voltai verso il lavandino che era sormontato da uno specchio: ero orrenda. Sporca, la faccia scavata, avevo due orrendi buchi nelle guance e, forse solo Sergio, avrebbe detto che parevano fossette. Sembravo uno scheletro: un morto in piedi come tutti quelli al campo. Dov'era finita Angelica? Avevo riconosciuto

Sergio, in Frantz Horker, ma io dov'ero? Ero davvero rimasta alla banchina del treno?

Ero tutta sporca ma, più di questo, notai specchiandomi, avevo una faccia strana, non mia, come se qualcuno me l'avesse imposta senza chiedermi il permesso, senza neppure avvisarmi: era stato così, infatti. Era la faccia della poveretta a righe che avevo. Ecco, e lo vidi per la prima volta quel giorno perché, da quando ero arrivata non mi ero mai guardata allo specchio, quella era la faccia di Zlata. Ora facevo la conoscenza di Zlata. Zlata era così: rapata e non mora, scavata in faccia con orrendi buchi al posto delle guance e non fossette; Zlata pesava 24 kg e non 50 e, più di tutto, Zlata tremava, aveva freddo, era continuamente picchiata, picchiata umiliata e offesa. Uscii dal bagno senza nemmeno aprire l'acqua perché ebbi il timore che Angelica non fosse rimasta alla banchina del treno ma che si trovasse lì, sotto la faccia di Zlata, sotto tutto quello sporco e che, grattando via lo sporco, all'improvviso comparisse Angelica: non ero pronta, e non volevo, non volevo portare Angelica a Mauthausen.

Sergio si voltò e doveva aver notato che ero sporca come prima, ma non chiese nulla, così mi sedetti di nuovo al suo cenno e ricominciai:

"Sergio", feci, "io e altri due deportati vogliamo far saltare la camera a gas e ci serve il tuo aiuto".

Lui annuì e disse: "Ce l'avrete il mio aiuto".

Non so cosa mi aspettassi ma di sicuro non ero pronta a quel "sì" istantaneo; questo avrebbe dovuto farmi riflettere ma, lì dov'ero, tempo per pensare non ce n'era. Non conoscevo più Sergio e non l'amavo più perché mi ero confusa. Non ero confusa su William ma su Sergio e Frantz Horker. Questo è il motivo, capii anni dopo, per cui non riuscii a guardare Sergio subito, per cui non feci l'amore con lui quella sera al *Revier*, per cui mi rivolgevo a lui pensando alla SS Horker mentre lui pensava sempre e solo a me come Angelica.

Mi ero confusa: avevo lasciato Angelica alla banchina della stazione che mi salutava, che salutava Zlata, che salutava il numero 115842 mentre partivamo e, senza accorgermene, avevo lasciato lì, appena dietro Angelica, anche Sergio. Avevo sbagliato. Avrei dovuto portarli con me entrambi e, se l'avessi fatto, sicuramente non mi sarei stupita del "sì" pronto di Sergio: era lo stesso "sì" che aveva detto quella sera al bar, era il "sì" dei buoni e dei buoni in ogni occasione, dei buoni sempre, dei buoni per principio. Il "sì" di Sergio, di Clara, di Giosuè che aveva otto anni quando fu ucciso, e del signor Lazzari che lavorava alla FIAT a Torino quando fu deportato a Mauthausen.

"Dobbiamo fare in fretta", disse Sergio a un certo punto.

Io annuii.

"Non so", continuò lui alzandosi e passeggiando avanti e indietro, "com'è la situazione fuori ma sicuramente è grave e dobbiamo muoverci". Tacque e si voltò a guardarmi.

"Tuttavia", disse, "questo non è il momento adatto, Angi".

Io stavo ancora seduta e lo guardavo: alto, biondo, con la divisa nazista piena di gradi e gli alti stivali neri, ma mai, mai, guardandolo negli occhi si sarebbe detto un nazista. Non aveva nulla del nazista, Sergio, se non i vestiti. Continuai a guardarlo e non sapevo cosa dire, così non dissi nulla e lui chiese: "Hai saputo della rappresaglia?"

Io scossi la testa perché ancora pensavo a quanto fosse dolce e bello sentirsi chiamare "Angi", e gli dissi che non sapevo nemmeno che ci fosse stato un attacco, figurarsi se potevo sapere della rappresaglia.

Sergio sospirò e disse: "Ieri c'è stato un attacco partigiano contro una Compagnia del IV o del V Battaglione di un reggimento SS, non ricordo bene". E, aperto un cassetto, ne trasse un foglio bollato e disse: "Vedi? E contano di attaccare il III Battaglione il mese prossimo." Io annuii ma non capii cosa stava scritto.

Sergio appoggiò il foglio e continuò: "L'attaccò è stato compiuto da dodici partigiani, tra cui Paolo dei nostri, e è stata utilizzata una bomba che ..."

"Sergio", feci io, "Paolo sta bene?"

Lui sospirò e scosse la testa dicendo: "Kurt Mälzer", e tacque, come se con quelle due parole avesse già detto tutto. Io non sapevo neppure chi fosse Kurt Mälzer, così chiesi: "Kurt Mälzer cosa?"

"Kurt Mälzer è una SS di servizio a Roma e, dopo l'attentato, ha stabilito che l'intero quartiere sarebbe stato bruciato, che mille uomini per ogni tedesco ucciso sarebbero stati deportati e che sarebbero stati fucilati dieci partigiani e civili italiani arrestati per ogni tedesco ucciso. E Paolo ...".

"E' stato arrestato", conclusi io portandomi la mano alla bocca.

Sergio annuì e non disse nulla: aveva parlato tutto d'un fiato e ora pareva non avere più la forza per dire altro.

"Quindi è morto?", chiesi ancora visto che lui non parlava.

Sergio scosse il capo e aprì le braccia: "L'hanno preso i fascisti", fece. "E' lì, come gli altri, condannato a morte, e aspetta il suo turno". Sergio tacque e trasse un foglio dalla tasca, me lo porse e lessi un messaggio indirizzato *"Ai miei cinque compagni"*:*"Muoio"*, stava scritto, *"sicuramente morirò presto, per un mondo che splenderà con luce tanto forte, con tale bellezza che il mio stesso sacrificio non è nulla. Muoio per la giustizia. Le nostre idee vinceranno. Un bacio ai ragazzi"*.

Io non dissi nulla e sospirai quando Sergio, piegandolo delicatamente, ripose il foglietto in tasca: mi avevano davvero stancata i fascisti, i nazisti e tutta questa storia, tutte queste idee che tardavano a vincere... Poi, in un attimo fulmineo e intermittente, capii: non erano i fascisti, i nazisti, come non eravamo noi, era la guerra. Era la guerra, credo, ad avermi profondamente stancata: era non poter stare dove si voleva, non avere un posto sicuro, un luogo nascosto o abbastanza protetto dove sedersi e, finalmente, respirare. Mi aveva stancata questo quotidiano bollettino di morte e, di più, ero profondamente nauseata da tutto quell'odore di cenere, di pelle bruciata, di morte. Era, ma lo capii solo anni dopo, l'odore della guerra: lo stesso odore di Mauthausen stava, infatti, in qualsiasi altro campo; stava, quell'odore, alle Fosse Ardeatine, stava là dove avevano rastrellato le Langhe; stava, quell'odore incancellabile, in casa di ogni singolo soldato fascista o nazista e l'avvolgeva, lo imprigionava ma in modo diverso da come imprigionava noi. Così, alla fine, era da loro e dalla guerra, da loro che facevano la guerra, che eravamo nauseati.

Io continuai a tacere e Sergio scuotendo il capo disse: "Comunque, anche se non subito, dobbiamo fare in fretta. Vi siete organizzati?", mi chiese alzandosi. "Come vi siete organizzati?", chiese subito dopo.

Io mi ripresi e guardandolo gli dissi che Athos, che era un partigiano, era convinto a fuggire e andare a Linz, ma non sapevo perché e, dal momento che io non avevo la più pallida idea di cosa fare, ero d'accordo con lui.

"Linz non mi pare una grande idea", disse Sergio scuotendo il capo. "Forse", continuò estraendo una cartina dal cassetto della scrivania, "dovreste cercare un altro posto dove andare ..."

"Ma tu non verrai con noi?", chiesi.

Lui alzò gli occhi dalla cartina che aveva dispiegata e stava studiando e mi guardò. Mi guardò a lungo, piano, sospirò due o tre volte e aprì anche la bocca per parlare ma, o non ce la faceva o non voleva, comunque si vedeva che lottava contro qualcosa, dentro o fuori di lui, e non trovava pace, non aveva tregua né riposo, proprio come noi.

"No, Angelica", disse poi quasi tranquillo. "Linz non va bene come posto ... e io ...". E riabbassò gli occhi sulla cartina un istante, poi mi guardò di nuovo continuando, come aveva fatto Clara, a scuotere la testa e a dire che no, Linz non era un buon posto, proprio no.

A un certo punto smise di guardarmi e di scuotere la testa, si voltò a fissare la porta chiusa e, forse più a se stesso che a me, disse: "Sono stanco, molto stanco, e credo che, aiutandovi a scappare, farò tutto quello che avrei potuto". Si fermò come per riprendere fiato e disse: "Il mio amore per te, mi rende tutto più facile e, se riuscirete a scappare e, col tempo, sarai protetta e sicura ancora, ricorda che non avrà la benché minima importanza se riuscirai a perdonare oppure no, ma non odiare nessuno", e sorrise. "Sono molto stanco, Angelica".

Io aprii la bocca ma vidi che non mi guardava: apriva e chiudeva la bocca rivolto alla finestra, guardando l'acqua che filava veloce sui vetri: stava piovendo e io non me n'ero nemmeno accorta. Pioveva tanto e l'acqua cadeva leggera e silenziosa sui vetri e poi, veloce, scappava via, via da quei vetri, via da questo campo, via da Mauthausen. Il cielo a Mauthausen, quel cielo che non si poteva guardare, stava piangendo per chissà quale motivo, e nessuno se ne sarebbe mai accorto perché nessuno, nessuno guardava il cielo a Mauthausen. Tacqui. Anche Sergio non disse nulla: forse cercava la forza per dire qualcos'altro: "Un giorno", cominciò a dire voltandosi alla porta, giacché nemmeno le SS guardavano il cielo a Mauthausen, cielo di cui loro erano estremamente responsabili, "le acque si ritireranno, e la miseria sparirà dalle città e dai villaggi; e quando la miseria sarà sparita, giacché la responsabile dell'odio e della guerra è la miseria, è sempre la miseria, intellettuale, spirituale, economica, di tutti i tipi, il sole ritornerà a splendere e i fiori saranno più belli". Sospirò, poi si voltò verso di me e disse: "Quel giorno dimenticheremo le discordie e quando avremo voglia di morte cercheremo di sorridere, così tutto sarà più facile". Si fermò e respirò piano, a lungo, come se avesse davvero faticato nel pensare a quel giorno. "Un giorno ...", dissi io pensando che quell'idea non era consolante, perché, sì, sicuramente, un giorno, le acque si sarebbero ritirate e il sole sarebbe sorto di nuovo, ma la vita è adesso non un giorno e ora il sole non c'era e pioveva, le acque non si stavano ritirando. "Un giorno ...", ripetei. "Ma nel frattempo?". Sergio non rispose, si prese la testa tra le mani, si mise da solo una mano sulla testa e sospirò. Io aprii la bocca per dirgli che, intanto che aspettava quel giorno, doveva venire con noi, che poteva scappare anche lui, non era finita per lui: perché parlava così? Non eravamo d'accordo? Non eravamo entrati per aiutare i poveretti a righe? Ma tacqui, perché sapevo già cosa mi avrebbe risposto: "Appunto", avrebbe detto, "i poveretti a righe". Non mi accorsi che non mi venne nemmeno in mente di dirgli che non sarei andata da nessuna parte senza di lui, perché forse non era così.

"Sento", disse ancora parlando alla porta, "che non resisterei oltre". E poi, con una faccia allucinata, non molto dissimile da quella di Clara, mi guardò e disse: "Sono tanto stanco, Angelica. Sono stanco stanco stanco stanco ...". E continuò a ripetere "stanco" per un tempo quasi infinito.

Io non dissi nulla, così lui si voltò di nuovo e, tutto d'un tratto, come riprendendosi da un suo segreto pensiero, mi guardò e disse: "Bisogna fermarlo, Angelica". Io lo guardai e feci per aprir bocca ma lui alzò una mano e, come seguendo il filo di un suo personale pensiero che doveva per forza venir esplicitato, parlò per non scoppiare: "Hitler è brutale", fece, "si infuria, si lamenta; non persuade: minaccia, scaglia malefizi; da ultimo invoca il destino sostenendo che lui stesso è il destino. Così libera la folla dalle responsabilità dei suoi atti, per questo molti lo seguono: li libera dal loro proprio senso di colpa. La folla, la gente si arrende a lui, gli si consegna, inconsapevole quasi e lo proclama suo salvatore proprio nell'esatto momento in cui egli la incatena e la possiede". Si fermò e respirò a lungo profondamente, poi disse: "*Freien*", e mi guardò. "Lo sai cosa vuol dire?", mi chiese. Io scossi la testa e dissi: "Liberare?". Sergio annuì e mi fece notare che, però, "designa anche l'atto di sposare: liberare e sposare", disse. "E Hitler lo sa anche troppo bene". Tacque, respirò di nuovo a fatica, mi trasse a sé e mi diede un bacio, dicendo: "Ti amo, Angelica". Non feci in tempo a sentirmi in colpa di nuovo perché, e lo sentimmo entrambi chiaramente, una porta sbatté e un rumore di passi s'allontanò. "Ci hanno sentiti", dissi io allontanandomi da lui. Sergio non pareva particolarmente sorpreso, sembrava piuttosto se l'aspettasse, e fissava la porta tranquillo, respirando piano, sereno quasi, contento che quel momento fosse finalmente arrivato. Non mi guardò e a qualcuno o qualcosa dentro o fuori di lui disse: "L'abbiamo fatto di cuore. Per l'idea politica, ma di cuore: e potevamo morire tutti". Si risedette e, questa volta a me, disse: "Lo so", e di nuovo mi baciò la fronte. Respirò piano e piano fece: "Ho un'idea".

Venti

Tornai in baracca scortata dalla SS Horker e, una volta dentro, restai ferma a pensare per tutto il tempo a quello che aveva detto Sergio. Non pensai minimamente al fatto che potevano, anzi quasi sicuramente era così, averci sentiti: mi consolava, non so perché, il pensiero idiota che non sapevano l'italiano ma, via, un bacio lo riconoscono anche le SS, anche il peggiore tra i gerarchi nazisti, ma a questo non pensai mai. Più probabilmente, avevo tale necessità di credere che non ci avessero sentiti che finii col crederci davvero.

Non ce l'avremmo fatta mai e, sempre più, pensavo che far saltare la camera a gas, soprattutto con l'aiuto di Sergio, non era poi così complicato, ma dopo? Come fuggire? E come mettere in atto l'idea di Sergio che, per me, era tanto grandiosa e luminosa quanto infattibile?

Era inutile negarlo o far finta di nulla: molti di noi sarebbero morti nel tentativo. Non a tutti, nemmeno Sergio che era tanto buono ma tanto stanco, avrebbe potuto mettere una mano sulla testa.

Comunque dovevamo provare e, decisa a parlare al più presto con Athos, prima di stendermi sulla mia branda, mi avvicinai a Clara che stava lì, sdraiata con gli occhi spalancati fissi al soffitto, e le dissi: "Clara, tra un po' ce ne andremo di qui". Lei non rispose, non si mosse e non fece nessun cenno d'assenso o di diniego come se la cosa non la riguardasse più. Le accarezzai la testa, dicendole: "Ti porto via da qua, Clara", e mi sdraiai sulla mia branda sperando fortemente che avesse inteso.

Fu una notte interminabile: dovevo parlare assolutamente con Athos, dirgli che avevo parlato con Sergio e riferirgli la sua idea. Dovevamo muoverci e fare in fretta. Anche se Sergio aveva detto che non era il caso di farlo ora, avremmo dovuto comunque organizzarci, così da essere pronti, prima o dopo. Con questi pensieri per la testa, fremetti tutta la notte, incapace di chiudere occhio.

Mi sembrava, per un certo motivo che non compresi mai a fondo, d'essere ritornata sulle montagne con i partigiani: anche lì, anche quando stavo con loro, non riuscivo a dormire, fremevo all'idea di ricominciare l'addestramento, mi sentivo utile e viva, in qualche modo.

Mauthausen non era naturale: lo stato in cui si precipitava lì non era naturale perché, di fatto, tutto era organizzato affinché tu perdessi ogni spinta, ogni impulso, ogni stimolo verso qualunque cosa.

Ebbene, ora, tutte le spinte e gli impulsi repressi erano tornati a me: far saltare la camera a gas, scappare, rivedere William, trarre in salvo quei poveretti, portare via Clara, rivedere William ...

Fremetti e mi rivoltai per tutto il tempo quando, finalmente, il mattino arrivò.

La Ballata di Mauthausen

Era bello bello e dolce il mio amore
col suo vestito bianco della festa
e un fiore rosso tra i capelli
Nessuno può sapere quanto fosse bella
Nessuno può sapere quanto fosse bella
Nessuno può sapere quanto fosse bella
Ragazze di Auschwitz
ragazze di Dachau

Avete visto il mio amore
Avete visto il mio amore
Avete visto il mio amore

L'abbiamo visto in quel lungo viaggio

ma senza il suo vestito bianco
né il fiore rosso tra i capelli.

Era bello e dolce il mio amore
coi suoi capelli lungi e neri
cresciuti tra le mie carezze
Nessuno può sapere quanto fosse bella
Nessuno può sapere quanto fosse bella
Nessuno può sapere quanto fosse bella
Ragazze di Mauthausen
ragazze di Belsen

Avete visto il mio amore
Avete visto il mio amore
Avete visto il mio amore

L'abbiamo visto in uno spiazzo nudo
un numero marchiato sulla mano
ed una stella gialla sopra il cuore

La storia del partigiano "Antonio"
(marito di Ada, una delle figlie di Olga)
Mauthausen una lunga scala
bianco granito e dolore
scalini centottantasei
giornata dodici ore.
Laggiù ebrei e partigiani
massi trasportano in sorte
piegati sotto quelle pietre
bianchi crocefissi di morte.

Antonio si sente chiamare
da un vecchio ebreo barcollante:
"Compagno vieni ad aiutarmi

questa pietra è troppo pesante”.
Ma là su quella lunga scala
come una maledizione
una SS si avvicina
e colpisce con un bastone.

L’ebreo sullo scalino crolla
e l’aguzzino: “Vedrai,
di massi, signor partigiano,
non uno, due ne porterai”.
“Ne porto due ed anche tre
sono partigiano e sono forte
e dopo, se non sei codardo,
ti batterai con me fino alla morte”.

Ventuno

Per qualche giorno, come sempre in queste situazioni, non accadde nulla: io e Athos continuammo a lavorare alla cava e la SS Horker non si vide né alla cava né altrove.

L'unica cosa che facemmo, io e Athos, fu mettere una mano sulla testa a Clara. Avevamo deciso di riunirci per vedere, cosa che Sergio aveva consigliato, quanti eravamo, in non so quale modo, il 28 febbraio e dal 24, giorno in cui avevo parlato a Sergio, per i restanti quattro giorni cercammo in tutti i modi di nascondere Clara che, nello stato in cui si trovava, non poteva di certo andare a lavorare.

Avevo detto a Sergio di Clara e di quello che le era stato fatto; gli avevo detto che era come impazzita, che non parlava più, che dovevo imboccarla per farla mangiare e che non poteva andare ancora al *Revier:* non sarebbe servito a curare il male che aveva.

"Angelica", aveva obiettato Sergio, "amore, il *Revier* non serve a curare nessuno".

Comunque, non poteva andare a lavorare ancora e l'avrebbero senz'altro uccisa, in quello stato: che cosa si poteva fare?

Così, Sergio aveva detto che era tutto a posto, mi aveva chiesto qual era il numero di Clara e, presa la lista, aveva cancellato il suo numero, scrivendo accanto la data della sua morte fittizia. Poi, aprendo una grossa cassettiera, aveva estratto un mucchio di documenti e mi aveva chiesto come si chiamasse Clara in realtà.

Io non lo sapevo e gli dissi solo che era la sorella di William, ma non avevo la più pallida idea di come si chiamasse. Amavo un uomo, pensai in quel momento, di cui non sapevo nemmeno il nome e mi chiesi, in quell'attimo, chi dei due amassi per davvero: amavo l'uomo o il partigiano?

"Villa!", fece Sergio. "Villa ... Villa ...", e cercò tra i vari documenti. Sergio sapeva come si chiamava William: lui lo sapeva e non era stato nemmeno un giorno con William; io c'ero stata per dei mesi e non mi era nemmeno passato per la mente di chiedergli come si chiamasse. Non avevo bisogno di saperlo, comunque.

"Ecco!", disse dopo un po' prendendone fuori uno. "Villa Carolina. Nata il 4 gennaio 1921, a Sant'Ilario, Parma, comunista e partigiana", e lo strappò. "Adesso la tua amica è morta, e nessuno l'aspetterà alla cava".

Io lo guardai e lui, aprendo le braccia, disse: "Fanno così ...".

"Grazie", gli dissi.

Così, da quando Clara era ufficialmente morta, avevo un assoluto bisogno di tenerla nascosta. Parlai a Athos e decidemmo per dei turni: sì, aveva ragione lui, sarebbe stato molto più semplice chiedere a un'altra internata del mio blocco, ma non mi fidavo di nessuno e, proprio adesso che avevo una mano ben salda sulla testa di Clara, non potevo permettere che le capitasse qualcosa di brutto. No, solo io e lui dovevamo sapere.

Athos annuì e, per quei quattro giorni, cercammo di tenere Clara nascosta come meglio potevamo: la notte non era un problema, perché io ero lì e, per tutto il tempo, ogni sera quando ritornavo dalla cava, dalle botte, dall'orrenda zuppa di cavolo e rape, sempre, e quasi senza pensare, le mettevo una mano sulla testa e le dicevo che, se non fosse stato per lei, per portare in salvo lei ... "Se non fosse per te, Clara, per portarti in salvo, Clara, mi attaccherei a quel filo elettrico perché qui tutto mi è insopportabile", ma non seppi mai se mi ascoltava.

Il problema si presentò per il giorno perché sia io che Athos dovevamo andare alla cava. Clara era buona buona o tremendamente dolorante e sfinita che non si muoveva affatto, non si lamentava, non obiettava nulla; ma il pericolo c'era comunque: se fossero entrati un Kapò o una SS e l'avessero vista?

Non capitò, per fortuna, ma la fortuna, se mai ci fosse stata a Mauthausen o avesse minimamente contato qualcosa, ci assistette per pochissimo. Il sesto giorno, infatti, il giorno della riunione, il giorno in cui, veramente, avremmo dovuto prendere in mano la situazione; quel giorno, la fortuna, malauguratamente, ci abbandonò.

Mi alzai, quella mattina, pensando che era una stupidaggine che stavamo per fare e, ripassando mentalmente il piano che dovevo proporre alla riunione serale, lo trovai pieno di falle.

La riunione era stata stabilita da Athos nella baracca numero 7 per la mezzanotte. Io avevo proposto di incontrarci nella 5 che era, al tempo, una baracca piena zeppa di ebrei così più persone avrebbero potuto sapere ed essere coinvolte. In effetti, come disse Athos, non era una gran idea: la baracca numero 5, essendo appunto colma di ebrei, era solita ad attacchi delle SS e dei Kapò. Quei poveretti non venivano fatti riposare nemmeno un minuto perché le SS, ma più i Kapò, anche la notte, non li lasciavano in pace.

Spesso guardavo alla baracca numero 5 con un totale senso di estraneità, pensando a "quei poveretti ebrei", totalmente dimentica che anch'io, lì a Mauthausen, ero "jüden und polen" ma, per diretto intervento della SS Horker, ero stata catalogata come "polen" e basta: infatti, stavo nella baracca numero 10.

Il piano, in pratica, era un'assurdità, secondo me, e mi convinceva sempre meno. Il giorno della fuga, che ancora non avevamo stabilito e questo era un dettaglio non da poco, saremmo dovuti andare alla cava, come al solito, e fare il nostro solito lavoro; poi, Athos, avrebbe finto di farsi male e, almeno era quello che speravamo, sarebbe stato portato al *Revier*. Lì, ci sarebbe stata la SS Horker ad attenderlo e, insieme, sarebbero andati fino al blocco femminile (nessuno chiedeva spiegazioni a una SS, soprattutto quando accompagnava un deportato) e avrebbero prelevato Clara per portarla in un luogo che Sergio diceva sicuro.

Successivamente, la SS Horker con Athos, sarebbero andati

alla camera a gas, dove altri deportati che di norma lavoravano lì, come conciatetti o addetti alle pulizie, e che sarebbero stati avvisati del piano, li avrebbero aiutati con l'esplosivo. La SS Horker avrebbe fatto cambio guardia con la SS di turno e, insieme, avrebbero posizionato l'esplosivo tutt'attorno alla camera a gas.

Non so come, ma Frantz Horker era riuscito ad avvisare Satana del nostro piano; e, almeno pensavo, Satana avrebbe preso sicuramente parte al piano, ci avrebbe aiutati nella fuga. Di William, Sergio non mi disse nulla, e io nulla chiesi.

Una volta piazzato l'esplosivo, avremmo avuto ancora 12 minuti e, in quei 12 minuti, Athos sarebbe dovuto tornare alla cava, scortato dalla SS Horker mentre gli altri avrebbero dovuto fingere di lavorare tenendo in conto il passare del tempo. Io, che sarei stata ancora alla cava, al segnale di Athos, avrei dovuto cercare di portarmi in cima alla scala o, comunque, nel punto più alto della cava, così da riuscire a creare della discreta confusione mentre la camera a gas esplodeva.

L'idea di Athos contemplava anche il fatto che io tirassi dei massi direttamente sulle teste delle SS che sorvegliavano il lavoro alla cava, ma rifiutai subito: non ne avrei mai avuta la forza.

Fino a questo punto del piano, tutto mi era chiaro, ma il seguito non l'avevo capito: creare confusione, l'intero campo in uno stato di confusione, la camera a gas per aria e noi che tentavamo la fuga disperata attraverso i campi: sporchi, affamati, senza forze e, di più, con Clara da portare praticamente in braccio.

Mi confondevo sempre quando arrivavo a questo punto del piano ma, anche se non capivo qual era la funzione di Satana in tutto questo, mi consolava pensare che ci sarebbe stato anche lui e, senz'altro doveva essere così, anche William. Con loro, non avevo dubbio alcuno, saremmo stati in grado di fuggire e saremmo stati liberi prima ancora di rendercene conto. Loro ci avrebbero protetti e sorretti.

Andò tutto storto, invece e, il 28 febbraio del 1944, quando avremmo dovuto riunirci per comunicare a più persone possibili il nostro grande piano, fu uno dei giorni peggiori della mia vita.

Eravamo al mattino e, sia io che Athos, stavamo lavorando alla cava. Io avevo lasciato Clara nascosta in baracca dicendole che, di lì a poco, ci sarebbe stata la prima, e unica, riunione del "Comitato di resistenza di Mauthausen" (per il momento: io, lei, Sergio e Athos), e che presto saremmo stati liberi. Clara, di nuovo, non rispose ma, quel giorno, mosse impercettibilmente il capo in cenno di diniego e questo avrebbe dovuto darmi da pensare. Non ci pensai, invece, e mi convinsi di essermelo immaginata.

Ci stavamo organizzando e, se anche avevo discreti dubbi sull'effettiva riuscita del piano, tutta l'organizzazione, gli sguardi d'intesa alla cava, la data fissata per la riunione, l'aver parlato a Sergio e, soprattutto, il continuo promettere a Clara che presto l'avrei riportata a casa, mi facevano sentire viva e utile. Viva e utile non mi sentivo più da tanto tempo.

Athos era riuscito, avevo saputo da un uomo in divisa a righe come noi, ma con una strana scritta nera: "IMI", a coinvolgere dei deportati che stavano dall'altra parte del campo e, gran parte, a Gusen II e che io non avevo mai visto. Erano quelli della scritta "IMI" che, all'epoca non lo sapevo, ma poi capii essere gli "INTERNATI MILITARI ITALIANI" che, poveretti, stavano da un'altra parte del campo ma, se fosse possibile, stavano peggio di tutti.

Non solo, infatti, vivevano la normale sofferente condizione di deportato ma anche quella spaventosa di militare italiano e, un militare italiano, per essere internato, doveva necessariamente essere un militante antifascista o un partigiano. Dunque, loro vivevano una duplice sofferenza, dolori doppi, doppie razioni di botte e, in generale, una duplice condizione d'internati al campo: quella degli internati e quella dei traditori. Non erano tanto dissimili da me, comunque, dalla mia doppia, duplice, sdoppiata condizione di Zlata e Angelica; e ,capii subito, a loro andavano immediatamente e necessariamente messe due mani sulla testa.

Andai alla cava, quel 28 febbraio, e cominciai il mio lavoro: avanti e indietro con quegli enormi massi sulle spalle. Athos continuava a guardarmi e, impercettibilmente, scuoteva la testa. Che fosse successo qualcosa? Cercai, mentre portavo quelle pietre avanti e indietro, di avvicinarmi di più a lui per capire che cosa volesse. Piano riuscii a mettermi in fila proprio dietro di lui, che vedendomi arrivare disse: "E' capitato un casino tra le SS", e spostò un altro masso. "Riunione rimandata". E se ne andò.

Io non capii subito né pensai che potesse esserci di mezzo Sergio. Che cosa era capitato? Che avessero saputo del nostro "comitato" fu la prima cosa che pensai. Sì, sicuramente avevano saputo e adesso ci avrebbero uccisi tutti. Che avessero scoperto Clara? Che l'avessero trovata? Questa fu la seconda cosa che pensai e, per tutto il tempo, cercai di rimettermi invano in fila dietro Athos: lui sapeva, lui doveva sapere cos'era successo.

L'unica cosa che non pensai, che avessero scoperto me, fu, ovviamente, quella che era realmente accaduta: avevano scoperto me e Sergio.

Non feci in tempo a chiedermi perché, quando o come: la risposta, fulmineamente, venne da sé.

Swann, una sera, e lo ricordai perfettamente in quel momento in cui una SS venne a prelevarmi dicendo: "Angelica" e, ridendo, per tutto il tempo, continuò a dire: "Ich liebe Dich, Angelica!", teme che Odette l'abbia tradito e che, quella sera in cui aveva detto d'essere stata a casa, in realtà, sia uscita con un uomo, Forcheville. Swann, quella sera, va a casa di Odette deciso a scoprire la verità, talmente deciso che, preso dall'impeto, bussa alla finestra sbagliata. Risponde un uomo che non conosce né lui né Odette, Swann si scusa e, tutto contento, se ne va. Qual era la verità? E perché Swann, quando era il momento, non l'ha cercata? Bussare alla finestra sbagliata, per lui, diventa segno indiscutibile che Odette è in casa, che non l'ha tradito e, così, invece di cercare la verità, conferma la sua speciale visione di Odette e del loro sentimento. Non era la verità, allora, che Swann cercava.

Io sì, invece. E non bussai alla finestra sbagliata quando, a metà mattina del 28 febbraio 1944, la verità mi fu imposta crudelmente di fronte agli occhi.

Venni portata da due SS in uno spiazzo lontano dalla cava e fatta inginocchiare per terra davanti a quello che mi pareva un enorme telo bianco che, non sapevo come, stava perfettamente in piedi da solo.

"Angelica", così mi aveva chiamato quella SS. Dunque eravamo scoperti. "Angelica", aveva detto e altre parole che non avevo capito, che non ricordavo e, invece, avrei dovuto: se le avessi ricordate avrei saputo perfettamente perché quel telo bianco stava in piedi da solo.

Non ricordavo ma, fulmineamente, quando la SS che mi aveva chiamata col mio nome mi diede un calcio in faccia e mi sollevò la testa, ricordai che era a causa di Swann che Marcel non aveva ricevuto quel bacio quella sera; ricordai che Toni mi doveva ancora 15000 lire perché non era più venuto a saldare il conto; ricordai il mio professore che non era stato avvisato della mia partenza e, probabilmente, era venuto ancora al bar trovandolo chiuso; ricordai che la donna che aveva chiesto di spegnere la radio, al bar, era la proprietaria della bottega, la signora Dora, ed era lì che l'avevo già vista. Ebbi un'improvvisa acuta fulminea consapevolezza della morte di Nord e di Paolo: sì, anche Paolo doveva essere morto. Ricordai, soprattutto, che Clara, ancora nascosta, aspettava che la portassi in salvo come le avevo promesso. Non avrei dovuto prometterlo.

Ricordai e, in quel preciso istante, il telo bianco venne sollevato e lo vidi. Lo vidi e non potei più trattenermi. Lo vidi e, mentre quei due assassini ridevano e battevano le mani, piansi e gridai come un'ossessa.

Sergio era lì, sotto al telo bianco appena sollevato, in piedi, dritto attaccato a un palo. Era legato con le mani strette in un nodo non naturale e pareva attaccato al palo solo per la pelle; infatti, era completamente nudo, se non per un panno bianco alla vita, e riportava chiaramente i segni di non so quante frustate e botte e sputi. Era livido e completamente insanguinato. Mi alzai piano, continuando a piangere, mentre le due SS ridevano ancora tra loro, e ancora facevano: "Angelica! Angelica!", fingendo di baciarsi, mi avvicinai a Sergio e gli sollevai la testa con la mano: era morto.

Sergio era morto e io capii. "Vuoi farti voce di queste persone?", così aveva detto Satana. Ecco cos'ero andata a fare a Mauthausen: dovevo raccontare. Esserci, partecipare e poi raccontare. Raccontare per sempre, ininterrottamente, incessantemente raccontare perché è successo e può succedere di nuovo. Vincere la Materia è comprenderla: comprenderla e raccontare. Raccontare per conto di Sergio che era morto e non avrebbe potuto parlare più, raccontare di Clara che non parlava più. Raccontare di loro e per loro che, essendo i sommersi e non i salvati, era coloro che realmente e completamente avevano esperito il campo, il lager, la guerra, l'odio. Chi ha toccato il fondo, sia da una parte che dall'altra, non è tornato, proprio come Giosuè, proprio come Sergio; oppure è tornato muto, come Clara, e io per loro, per conto loro dovevo raccontare.

Non mi mossi ma sentii che le due SS se ne andavano e mi lasciavano lì, sola con Sergio morto. Gli diedi un bacio sulla fronte che era tutta sporca di sangue e, senza riuscire a dire nulla, piansi stringendo a me quella sua testa ciondolante e insanguinata.

Ci avevano scoperto. Ci avevano visti insieme e sentiti parlare. Adesso non aveva più nessuna importanza la riunione o la fuga, e fui presa da una rabbia feroce verso di me. Mi sentivo stupida e cretina, ero cattiva, ecco cos'ero: non avevo voluto guardare Sergio, l'avevo lasciato lì, completamente solo, pensando che io soffrissi, che solo io soffrissi, e più di tutti. Mi ero innamorata di un altro e Sergio, che aveva dovuto capirlo, era morto. Io avevo ucciso Sergio, molto più e molto prima di quelle SS che l'avevano trucidato così. Io ammazzavo tutti quelli che mi stavano vicino, che mi volevano bene. Era stanco per colpa mia, Sergio. Era morto per colpa mia. Era colpa mia. Era tutta colpa mia.

Piansi ancora e, lasciando la testa di Sergio, mi diedi tanti pugni sulla faccia, schiaffi e cercavo di strapparmi quei pochi capelli da quella testa schifosamente rapata, sulla quale tutti, Sergio in primis, avevano cercato di mettere una mano. Per questo erano morti. Per colpa mia.

Ventidue

Che Sergio fosse morto lo seppi perché lo vidi. Non ebbi né il modo né la possibilità di farmi tutte le domande che feci con William né potei permettermi il lusso di dubitare sulla morte di Sergio perché lo vidi. Vidi chiaramente che non era più.

Che Sergio era morto lo imparai quando al cuore mancò un battito. Fece, il mio cuore, un battito in mano: arrivò al quattordicesimo e saltò repentinamente al sedicesimo. Mancò un battito al cuore, gli mancò il quindicesimo, e lo sentii chiaramente. Mancò un battito e Sergio era morto perché il quindicesimo, il battito mancante, il battito perso per sempre, per sempre mancante, il battito venuto meno era Sergio.

Il mio autolesionismo, credo, cominciò quel giorno. Fu, infatti, la morte di Sergio che fu la mancanza fondamentale per me oltre ad essere un'altra nuova morte, dopo il tedesco, dopo Nord, Paolo, dopo la mamma e il suo bambino e Giosuè, dopo le nove del burrone, tutte morti delle quali io mi sentivo sempre e in ugual misura responsabile. Solo, la morte di Sergio, mi faceva più male.

Per anni continuai a tagliarmi le braccia, a scottarmi e a infliggermi ogni sorta di dolore che potevo perché provavo un grande dolore nel mio cuore e non riuscivo a farlo affiorare. Per anni, anche anni dopo Mauthausen, mi sentii in colpa di tutte quelle morti e, in particolare, di quella di Sergio perché, se anche le altre non lo erano, quella di Sergio, inutile negarlo, sì: era una mia colpa, una mia responsabilità, e come avrei potuto chiedergli perdono?

A Mauthausen, dopo la morte di Sergio, fosse stato per me, sarebbe svanita l'idea di riunirci, di far saltare la camera a gas e di fuggire ma, per fortuna, non dipendeva tutto da me: c'era Athos e, l'idea, non svanì, la riunione fu solo rimandata.

La sera, dopo avermi lasciata tutto il giorno accanto al palo dove stava Sergio, vennero due SS, lo slegarono, così che il suo corpo freddo mi cadde addosso e io lo strinsi forte. Poi, le due bestie SS ridendo, mi dissero: "Krematorium!"

Nessuno mi picchiò, nessuno gridò, nessuno mi disse di fare in fretta né mi insultò: dovevano saperlo perfettamente che, più di tutte le botte e gli insulti, dirmi di portare Sergio al crematorio era una punizione più che sufficiente. Non obiettai nulla perché sarebbe stato inutile ma, soprattutto, perché era stata colpa mia, su quello eravamo d'accordo: Sergio era morto per colpa mia, quindi io andavo punita, io dovevo assolutamente, brutalmente essere punita.

Lo trascinai, piano, come potevo, fino al crematorio dove, mesi prima avevo buttato nel forno ossa e pelle e, ora, in quello stesso forno avrei dovuto mettere Sergio. Piano arrivammo alla camera a gas che avrebbe dovuto saltare in aria di lì a non sapevo quando; poi girammo a sinistra verso il crematorio e le SS, sempre ridendo, mi fecero segno di aprire lo sportello e mettere Sergio là dentro.

Non sapevo cosa fare, non volevo farlo ma, pensai, che forse Sergio sarebbe davvero stato meglio lassù, una volta diventato cenere, in quel cielo ridicolmente azzurro che quaggiù, dove restavamo noi, a prendere le botte e morire. Quel cielo, quel cielo vuoto o pieno, azzurro o grigio, indifferente o sofferente come noi, avrebbe dovuto rendersi conto che Sergio era morto: nulla e nessuno in quel cielo avrebbe potuto ignorare la morte di Sergio.

Diedi un altro bacio sulla fronte gelida di Sergio e, piano, aprii lo sportello. Sollevai prima la testa, poi le spalle di Sergio e, piano, stringendolo per le mani, stringendo quelle mani buone che mi avevano disegnata in tutti i modi, in tutti i tempi possibili, e che avevano continuato a disegnarmi anche in questo tempo brutale, schifoso e spietato in cui entrambi vivevamo e in cui Sergio era morto, lo infilai, piano, nel forno. Di colpo chiusi lo sportello e il processo di cremazione si avviò.

Ventitre

Primavera
La rivincita

Ventiquattro

Venni mandata, in uno stato di totale inerzia, peggio ancora di quando mi convinsi della finta morte di William, alle latrine. Lì, tutto quello che si doveva fare, era l'umiliante gesto di passare, in continuazione, una spugna lercia e nera sul gabinetto altrettanto lercio e nero e, stando attenti a non urtare i morti che restavano lì, in quello schifo lercio e nero, in attesa di trovare posto e tregua alle loro sofferenze nel crematorio e poi nel cielo a Mauthausen, passare la spugna sulle piastrelle.

Era, come il lavoro alla cava, come ogni cosa a Mauthausen, totalmente priva di senso e d'effetto quella pulizia: nulla si poteva pulire ma, lo sapevo, doveva avere un suo preciso scopo nel nostro totale annientamento.

Pulivo superfici sporche e nere con una spugna ancora più sporca e nera, e non ottenevo nessun effetto tranne l'unico pensato e voluto dai miei aguzzini: quello di farmi, se possibile, ancora più umiliata e offesa. Tutti quelli che passavano alle latrine e stavano lì, a fregare nere superfici, nel cattivo odore, nell'aria irrespirabile e soffocante, senza ottenere effetto alcuno; lì, in mezzo a corpi morti e distrutti di poveretti che avevano cessato di patire, di prendere le botte, di essere a righe perché erano stati denudati finalmente dell'angosciante divisa, tutti quelli che di lì passavano dovevano, per forza e senza rimedio, sentirsi ancor più umiliati, inutili e offesi.

Così io stavo lì: in mezzo a nudi corpi morti che avevano cessato, con estremi dolori, di essere umiliati e offesi, picchiati, malmenati, sputati, graffiati, affamati e, il loro corpo, ora, non era più il corpo dei deportati. Tra qualche giorno, qualche ora, sarebbe andato in fumo, quel corpo, e salito al cielo che non avrebbe potuto più ignorarli, non avrebbe potuto più ignorare Sergio né noi tutti, come aveva fatto finora. Il cielo, però, stava sopra a Mauthausen e, per quanto m'illudessi del contrario, non avrebbe mai fatto riposare, mai dato tregua a quei poveretti a righe, diventati pelle e ossa e, infine, cenere e fumo.

Lì, alle latrine, stetti per un mese intero: ne uscii solo a aprile inoltrato. Tutto quel tempo, però, non fu vano; Mauthausen nel suo insieme, in un certo spaventoso modo, non fu vana: se non altro per la saggia abitudine che presi, una volta uscita, di riferirmi per ogni mia esperienza a quell'esperienza fondamentale.

Alle latrine, dove stavo in totale inerzia e, non so come né da dove prendessi la forza per fregare quelle superfici in quell'odore vomitevole, conobbi Marcello Martini, che era il numero 76430 e tale Milena, Milena Jesenská che, a quanto diceva, era stata trasferita da poco a Mauthausen e veniva direttamente da Ravensbrück. Lei era davvero una forza: parlava in continuazione, ma non come Abram: si vedeva che parlava seguendo un suo preciso e stabilito discorso, un esatto piano che aveva maturato in mesi e mesi di detenzione, fame, miseria. Era decisa, o così mi pareva, a venire fuori a tutti i costi da Mauthausen e non c'era giorno in cui non raccontasse, a me e Marcello, una sua idea o una sua trovata. Rideva molto ma in modo molto serio, proprio come Sergio rideva: era seriamente consapevole del pericolo gravissimo in cui ci trovavamo, ma altrettanto consapevole che non era ancora la fine e che non una parola per la nostra salvezza, ma nemmeno per la nostra condanna definitiva, erano state spese. Aveva molta fiducia nella nostra liberazione finale, come se qualcuno gliene avesse parlato e lei riportasse una notizia certa: bisognava, secondo lei, solo aspettare, avere fiducia, imparare ad avere fiducia e pazientare. Mi ricordava molto Clara di qualche mese prima che si chiudesse nel suo muto impenetrabile silenzio e, per tutto il tempo della mia permanenza alle latrine, Clara mi mancò tremendamente. E anche Athos. Mi mancavano i miei amici. E Sergio.

Marcello e Milena, come Clara e Athos, ma in modo diverso, mi misero una mano sulla testa: quello che avrei dovuto fare io.

Stetti sola, con il mio dolore, lì alle latrine, per i primi dieci giorni: fu meglio così. Non seppi mai elaborare la morte di Sergio perché sempre sentii la sua viva mancanza e il dolore per la sua assenza, ma probabilmente stare sola era la cosa migliore all'epoca.

Non pensai affatto, come feci invece con William, a una spiegazione per quella morte, né cercai di trovare una scusa, un oggetto, un pensiero, qualcosa che potesse convincermi che Sergio fosse vivo, perché io sapevo che non lo era. La morte di Sergio era stata tanto brutale quanto evidente: non ebbi la capacità né il coraggio necessario a credere che non fosse stata. Sergio era morto e io non ero capace di credere che non fosse vero.

L'undicesimo giorno arrivarono Marcello e Milena. Arrivarono insieme ma non si conoscevano o comunque era del tutto irrilevante al campo: entrarono scortati da due SS e, silenziosamente, cominciarono a fregare i gabinetti lerci e neri. Io non mi voltai neppure.

Non rivolsi la parola a nessuno dei due, almeno per i primi due giorni da quando erano arrivati. Fu Milena a parlare per prima.

"Angelica, vero?", mi chiese una mattina. Ma io non le risposi.

Non eravamo quasi mai sorvegliate dalle SS, quindi c'era più libertà di parlare e muoversi. Ci sorvegliavano solo due civili tedeschi, impossibile dire se fossero nazisti oppure no perché tutti, all'epoca, dicevano di "sì" come se fosse un vanto o una garanzia esserlo e, la sera, il Kapò mi riportava in baracca.

Lì, tutte le sere, guardavo come stava Clara che, puntualmente, era stesa sul letto con gli occhi fissi al soffitto e non mi guardava neppure. Non so come né me ne preoccupai ma

Athos riusciva ancora a tenerla nascosta: Sergio, dopo tutto, aveva strappato i suoi documenti, quindi ufficialmente era morta e, finché restava lì al riparo, nessuno sarebbe venuta a cercarla. Sergio aveva fatto molto più che nascondere e proteggere Clara: aveva protetto me, fino all'ultimo e fino in fondo.

Probabilmente ero troppo sconvolta per ragionare e non mi chiesi mai perché, dopo che chiaramente ci avevano scoperti, le SS non mi avessero fucilata subito o picchiata o trasferita al bagno penale.

Il fatto è, e lo seppi da Athos quando tornai a lavorare alla cava, che non ci avevano scoperti affatto o, almeno, non come intendevo io. Sergio, ancora una volta, era stato talmente abile da far credere alle SS che l'avevano interrogato, torturato e ucciso che lui si fosse innamorato di me e io di lui, lì, all'interno del campo: non disse mai che ci conoscevamo anche prima, mai fece il nome di un partigiano né parlò del nostro piano e, dal momento che passarono almeno 21 22 ore dal momento in cui quella maledetta porta sbatté a quando interrogarono Sergio, riuscì a distruggere i documenti di Zlata Flopic, dal momento che l'avevano sentito dire "Ti amo, Angelica", e a sostituirli con quelli di tale "Angelica Forti (il cognome non è il mio), nata a Padova (e io sono nata a Bologna) il 4 gennaio 1920 (e io sono nata il 13 agosto), comunista". Zlata era stranamente morta insieme a Sergio e io neppure me ne resi conto. Misteriosamente e all'improvviso la mia identità era cambiata ancora: mi allontanavo e, allo stesso tempo, mi avvicinavo piano a Angelica, ritornavo a essere un po' me ma non ero del tutto io.

Tutte le sere, comunque, tornata in baracca, sospiravo avvicinandomi a Clara perché entrambe dovevamo molto a Sergio; le dicevo "Buonanotte, Claretta" e mi sdraiavo sulla mia branda. Quelle furono le uniche parole che dissi per dieci giorni, fino a quando non arrivò Milena a farmi parlare di nuovo.

August Landmesser lavora alla Blohm&Voss ad Amburgo. Fa parte del partito nazista ma, un giorno, conosce Dora e, più importante, di Dora si innamora e decide di metter su casa con sua moglie e lasciare che Hitler vada avanti senza di lui.

Dora è ebrea, naturalmente.

Diventa oppositore del partito nazista, di quel partito nel quale militava fino a prima di innamorarsi della moglie perché l'amore non conosce razza né etnia e, soprattutto, l'amore non sa leggere per cui non è a conoscenza di nessun Manifesto della Razza né di alcuna Legge sulla protezione dell'arianità. L'amore di August per Dora ignora totalmente che cosa sia l'arianità.

Nel 1939, ad Amburgo, c'è una riunione del partito nazista con seguente pranzo e invasione festosa di piazza.

"Festosa per chi, poi?", domanda Dora sistemando la giacca del marito. "Ci devi proprio andare oggi alla banca? Non puoi aspettare?"

August si volta e le sorride: "Sì", dice, "posso aspettare".

La moglie sorride e sospira. Si siede, incrocia le mani in grembo e, aprendo la busta che è arrivata quella mattina, la legge contenta: è Olga, la sua amica italiana, che le scrive raccontandole le ultime novità dei suoi figli, soprattutto di Angelica, con la quale ha un rapporto molto difficile.

"Ma non lo farò", dice il marito interrompendo la lettura della moglie. "Non possono comandare tutto, quelli là; non possono controllare ogni nostro singolo gesto o parola o azione".

"Ma ...", comincia la moglie subito zittita dal marito.

"Domani potrei essere morto e, addio banca!", e sorride infilandosi i guanti.

"Se vai", fa la moglie rassegnata sedendosi, "lo sarai di sicuro morto".

Il marito la bacia in fronte e si avvia.

"Ci vediamo", fa sull'uscio salutandola.

Lei non risponde perché sa benissimo, come donna e come moglie, che non si vedranno più.

August esce, attraversa il piazzale di casa, entra in città e si avvia verso la banca ma viene ostacolato da una folla di simpatizzanti nazisti, tutti fermi in mezzo alla piazza, col braccio in alto come a indicare qualcosa o qualcuno che, però, tarda a venire.

August si ferma pensando che è meglio aspettare che la folla si sciolga per andare alla banca. Si avvicina a un uomo fermo, immobile, serio, il braccio teso in alto. August lo guarda: "Le si bloccherà la circolazione", dice.

L'uomo non si volta, non risponde, ma scuote la testa come se August non avesse capito nulla e lui tutto, ignaro che è esattamente il contrario.

August ride tra sé e poi sente un boato forte e, voltandosi, eccolo là! E' arrivato il padrone delle razze. Scende dalla macchina già con il braccio alzato e, salendo sul pulpito, saluta tutta la folla festante.

August incrocia le braccia e aspetta che tutti se ne vadano per poter andare alla banca.

Un uomo, dal palco, lo guarda torvo e, piano, cercando di non farsi vedere, gli fa segno di alzare il braccio, che lo tirasse su a salutare quel braccio.

August scuote la testa, incrocia di più e visibilmente le braccia e dice: "No".

August Landmesser non andò mai alla banca a ritirare i pochi risparmi per il secondo compleanno di sua figlia Ingrid né tornò più a casa a festeggiare quel compleanno. Venne tradotto in carcere dove si svolse un processo ai suoi danni che, stranamente, non necessitò affatto della sua presenza e, venne rilasciato dalla Gestapo nel 1941. Ancor più stranamente venne poi mandato lontano da Amburgo senza poter avere alcuna notizia della moglie e della figlia e, nel 1944, fu dichiarato "disperso".

Lui, però, avrebbe detto ancora "no": avrebbe detto "no" se avesse potuto assistere e prende parte al suo processo; avrebbe detto "no" ad essere portato lontano, lontano dalla sua famiglia senza possibilità di rivederla più, se solo fosse stato avvisato e, come il signor Lazzari di Torino aveva detto "sì", il signor Landmesser avrebbe ripetuto, con lo stesso medesimo intento e valore, di nuovo, il suo "no". Il signor Lazzari aveva detto "sì", confermando ciò che era e che voleva essere, quello che non era disposto a negare; il signor Landmesser ebbe il coraggio di dire "no", di dire che lui non era più così. "No", avrebbe detto se avesse potuto, "non sono disperso, non mi sono perso: mi hanno ucciso".

Venticinque

Marcello era stato alla Risiera di San Sabba prima di venir deportato a Mauthausen. Continuava a parlarne: diceva che era stato indirizzato in Romagna, a Viserba, perché c'era un impiegato che procurava documenti falsi. "Io ci sono andato", diceva mentre passava con la spugna su quelle pareti schifose, "e chi mi trovo? I fascisti! Neri neri! Più neri di questo schifo!", e indicava le latrine spremendo la spugna nel secchio: ne usciva un liquido nero e oleoso e, più d'una volta, pensai che se avessimo strizzato quell'orrenda divisa a righe lo stesso liquido sarebbe uscito anche da noi. Dovevano scoprirlo per forza, diceva, perché Viserba era troppo piccola per aver tutti quegli abitanti e, soprattutto, è una città di villeggiatura estiva, dunque perché tutti quei nuovi abitanti d'inverno? "C'erano i fascisti, lì", diceva dando il pugno alla parete, "dunque: niente documenti. Mi prendono e mi portano alla Risiera. Poi ho scoperto che qualcuno, un italiano sicuramente, aveva fatto la spia e mi aveva venduto per 5000 lire. Sapete, i prezzi son quelli!". Si fermava, posava la spugna e cominciava a contare sulle dita come se altrimenti non potessimo capire e invece fosse fondamentale capire: "Un uomo, ebreo o comunista o partigiano, maggiorenne: 5000 lire, una donna 4000 lire e un uomo o una donna minorenni 3000 lire". Poi riprendeva la spugna e ricominciava come se fosse tornato dalla spesa: "E ora", diceva, "eccomi qua con voi donzelle!", e bagnava di nuovo la spugna. Parlava senza giudicare nessuno, senza alcuna inflessione nella voce, come se quello che raccontava non fosse capitato a lui ma a qualcun altro che con lui non aveva nulla a che fare, nemmeno un vicino odioso, ma un lontano viso sconosciuto e anonimo. Parlava in continuazione della Risiera: dell'unico forno e dell'unica camera a gas, dell'attesa snervante di trenta giorni e del pasto che trovava ridottissimo e pessimo ma, confronto alla zuppa di rape e cavoli, un banchetto di festa.

A quanto diceva Marcello, alla Risiera, inizialmente, le uccisioni con il gas avvenivano utilizzando i motori diesel degli autocarri e, solo in un secondo momento, avrebbero utilizzato il metodo della fucilazione o di un colpo con una mazza alla nuca. Lo Zyklon B veniva usato solo nei campi nazisti in Germania, Polonia e Austria: qui da noi, a Mautahusen.

Stando ai racconti di Marcello, il forno crematorio era ricavato da un essiccatoio per il riso e poteva contenere 1000/1100 persone alla volta, che bruciavano in meno di un minuto.

"Una bazzecola per Mauthausen!", e rideva.

Mi dava parecchio fastidio con i suoi discorsi e, soprattutto, con quel suo continuo paragonare ridendo la Risiera a Mauthausen: era come se la Risiera che conteneva meno persone di Mauthausen, la Risiera dove non si utilizzava lo Zyklon B ma la fucilazione e dove si impiegava un minuto a morire e non trenta secondi come da noi, fosse nettamente inferiore, meno utile alla causa ariana del campo di Mauthausen. Non sopportavo quei suoi discorsi e mai intervenni né risposi alle domande che mi faceva e nemmeno Milena; così, finalmente, un giorno si tacque e cominciò a parlare Milena e a organizzare la nostra evasione.

Voltai la testa al tremendo grido, mi affacciai alla piccola finestra della latrina, e lo vidi: una palla di fuoco da cui spuntavano ancora due braccia e due mani, tese sopra quella che doveva essere la testa, correva, rotolava verso il punto più basso della cava e correndo gridava qualcosa di incomprensibile in polacco o in russo.

Seguii con gli occhi, affiancata da Marcello e Milena, il suo percorso, il suo grido, il fuoco sempre più alto e le SS attonite, che strabuzzavano gli occhi e imbracciavano poi subito riponevano i fucili, non sapendo cosa fare. Gridava mentre rotolava quella palla di fuoco, gridava una cosa che poteva essere: "Jan! Syn!", ma non fui mai tanto sicura. Rotolava e gridava con le braccia alzate, giù, lungo la discesa della cava che finiva al cancello; gridava e rotolava ma a un tratto tacque e si accasciò a terra.

Avvicinai di più la testa alla finestra ma non riuscii a vederlo. Sentivo solo un forte odore di bruciato che mi arrivava chiaro e distinto perché non era il solito, comune odore di DDT e fragole dei morti a Mauthausen: era un odore più dolce, meno forte ma acuto, preciso e arrivava fino a noi: alle SS con gli occhi ancora sgranati totalmente incapaci di intendere perché quell'uomo si fosse dato fuoco da solo, a me e Marcello e Milena alle latrine, a Clara stesa sulla branda in baracca, a Athos alla cava a spostare su e giù pietre e al mio professore, in qualunque posto si trovasse.

Quell'uomo era morto suicida, e questo era totalmente incomprensibile alle SS, non perché non sopportasse più il lavoro, l'orrenda zuppa o le botte, ma perché, seppi poi da Athos, si rifiutò decisamente di bastonare un vecchio della sua baracca che aveva messo dei pezzi di carta sotto la giacca della divisa per coprirsi dal freddo. Così, Helmut Palach si era dato fuoco e si era gettato giù dalla discesa della cava gridando il nome del figlio, Jan Palach.

"Secondo me è pura follia!", disse Marcello una mattina alle latrine.

"No!"", fece Milena. "E' la via verso la libertà!"

E' sempre stata così. Tutte le cose che prevedevano, in qualche modo, l'uscita da Mauthausen erano per lei il segno sicuro che saremmo stati liberi, che ce l'avremmo fatta. Doveva avere qualcuno o qualcosa che l'aspettava fuori, che aspettava lei e lei sola: fu così che sempre mi spiegai il suo entusiasmo e la sua fede. Di lei seppi sempre poco: parlava tanto della fuga, inventava mille piani e, se fossi stata meno dolorante o con la pancia meno vuota, avrei senz'altro inteso che non poteva essere lì per caso. Non sapevo nulla di lei né di quel qualcuno o quel qualcosa che l'aspettava fuori, se c'era; l'unica cosa che ci disse era una storia riguardo sua cognata a nome Helene Kafka, che era poi diventata Suor Restituta, e che lavorava in un ospedale a Vienna, che era stata decapitata dai nazisti perché si era rifiutata di togliere il crocefisso dalle stanze dei pazienti e aveva diffuso una specie di canzone contro il regime. Questo è tutto quello che seppi di lei e della sua famiglia, se ne aveva una.

Io non ero proprio d'accordo con l'entusiasmo di Milena: la via verso la libertà andava segnata per bene e nei minimi dettagli o saremmo morti per strada. Non credevo ce l'avremmo fatta perché il suo piano era delirante, entusiastico e privo di qualunque fondamento reale, proprio come lei; però, a volte, i suoi discorsi erano così travolgenti da farmi credere di essere già libera o vicina alla liberazione. E poi, più importante di tutto, volevo portare Clara via da Mauthausen non il giorno dopo, non la settimana successiva ma subito: subito Clara andava portata via. E proprio come Satana aveva detto a me e Sergio, sentivo che anche per Clara "prima era, meglio era".

Decisi che la carneficina doveva finire. Volevo che Mauthausen non uccidesse più nessuno, che le urla degli scagnozzi di quei due pazzi al balcone tacessero per sempre; desideravo fortemente che dopo Giosuè, dopo Paolo, Nord e Sergio e chissà quanti altri, la lista finisse. Mi decisi a fare qualcosa quando, invece, dovetti svegliarmi e rendermi bruscamente conto che la lista stava reclutando nuove e sempre più giovani vittime.

Accadde una mattina all'appello dell'alba, e fu del tutto inaspettato e molto veloce. Ci mettemmo in fila come al solito e io capitai vicino a un ragazzo giovane – secondo me, non aveva più di quattordici, quindici anni, ma era difficile stabilirlo – e aspettai, come tutti, in silenzio e a testa bassa che il mio numero venisse urlato. Non mi resi conto di nulla, all'inizio, e quando trovai consapevolezza di quello che era accaduto era già troppo tardi.

Nel silenzio e nel buio fosco del campo, illuminato solo dalle orrende lampade puntate su di noi, avanzavano le SS con i cani, pronte per l'appello. Non c'era un rumore intorno.

L'appello cominciò e una SS prese a fare avanti e indietro di fronte a noi, ma non seppi se ci guardava perché tenevo la testa bassa. Vedevo però i piedi andare e venire, scacciare la polvere del campo, tirare sassi, calciare la terra: non era una camminata serena né ansiosa né stanca: era una camminata superba, strafottente, quasi.

A un certo punto notai che la terra quasi rossa vicino a me si stava colorando di scuro come se dell'acqua, lentamente, fosse stata versata al suolo. Capii all'istante e piano mi voltai verso il ragazzo, sempre tenendo la testa bassa, e cercai di fargli capire di cambiare posto, mettersi dietro me e passare al mio posto. Urtai un paio di volte col mio piede il suo, ma lui non capiva o era terrorizzato al punto da non potersi muovere, oppure – chissà! – l'aveva fatto apposta a pisciarsi addosso perché non ce la faceva più e voleva morire, e a Mauthausen bastava così poco per morire; comunque fosse, stava lì, fermo.

La SS continuava su e giù, come se niente fosse, e a me sembrava così strano che non si fossero accorti di nulla. I numeri venivano urlati uno dopo l'altro e, mentre aspettavo il mio, cercavo ancora di spostare il ragazzo, di fargli cambiare posto, ma invano.

Il mio numero fu urlato e io, senza ragionare, venni avanti come al solito e, con un brusco movimento e un coraggio demenziale, mi misi al posto del ragazzo. Attesi la tempesta.

La tempesta non venne. La SS andò avanti con l'elenco e l'altra ancora passeggiava su e giù davanti a noi. Ce l'avevo fatta.

Tenni la testa bassa e non lo vidi in faccia, ma mi ripromisi di guardarlo, appena si sarebbe potuto, perché quel ragazzetto anonimo come tutti noi era il primo – senza contare Clara che non era per nulla anonima, per me – a cui mettevo finalmente, dopo tanti errori, una mano sulla testa.

L'appello finì e la SS ripose i fogli, ci urlò di metterci in fila e cominciammo piano a seguirla – io davanti e il ragazzo dietro – fino alla cava.

Io, seppi dopo, fui stupida e orgogliosa nel credere d'averlo salvato così facilmente, quel ragazzo: non l'avevo fatto, e fui, soprattutto, estremamente superficiale nel non preoccuparmi del fatto che la SS che passeggiava avanti e indietro non ci stesse seguendo. Non percorremmo nemmeno dieci metri che sentii uno sparo e il corpo del ragazzo mi cadde addosso. Caddi a terra mentre la fila procedeva perché si doveva marciare nonostante tutto e, mentre cercavo di rialzarmi stringendo a terra i pugni, quattro cinque sei dieci colpi di manganello mi vennero sbattuti in testa. Mi fermai e non cercai nemmeno di ripararmi: non ne sarei stata in grado, così come non avevo potuto aiutare il ragazzo.

Stetti lì, ferma, e presi le mie botte. Mi alzai all'urlo della SS, mi caricai piano quel povero corpo sulla schiena e, con un calcio della SS, venni avviata al forno crematorio.

Ventisei

Spesso, negli anni, ho sentito dire che la deportazione fu soprattutto in Germania e che la campagna antisemita, in Italia, fu ridicola se confrontata a quella dei nazisti tedeschi; che, queste cose, dopo tutto, non le abbiamo fatte noi ma loro. Ma le abbiamo cominciate noi.

La guerra d'Etiopia, di cui pochi parlano ma che è stata uno sterminio, finisce in qualche modo con la proclamazione del Duce. I metodi di gasamento delle vittime dei nazi – fascisti furono imitate dai nazisti sulla base di quello che fecero gli italiani in Etiopia.

Il primo censimento degli ebrei, il 2 agosto del 1938 è effettuato in Italia e, le Leggi Razziali del 1938 che danno il via all'espulsione degli ebrei da tutte le scuole, vengono scritte e firmate da italiani. Il procedimento è, inoltre, avviato prima in Italia poi in Germania.

Legge Razziale 1938
Si dichiara che l'alunno ... per il quale si chiede l'iscrizione alla classe 4ª della Scuola Elementare Dante Alighieri
(1) <u>non appartiene alla razza ebraica</u>
appartiene alla razza ebraica da parte di entrambi i genitore
appartiene alla razza ebraica da parte di padre
appartiene alla razza ebraica da parte di madre
Firenze, 18 Ottobre 1938
(2) Alma Mattei
(1) Controllare le dichiarazioni
(2) Firma di chi cura l'iscrizione

Dichiarazione
Io sottoscritto ..., sotto la mia responsabilità, dichiaro che

l'alunno ... di ... e di ...

ha il padre ... e la madre ... che non appartengono alla razza ebraica.

Sassuolo, ...

Il padre
o chi ne fa le veci

La scuola di Hitler, perfetta come tutte le organizzazioni naziste e che era una fabbrica di nazisti "pronti all'uso", fu chiaramente copiata da quella di Mussolini. Il signor Lazzari, che lavorava alla FIAT a Torino, fu arrestato da dei fascisti italiani e non dai tedeschi. Il padre e un cugino del signor Levi vennero venduti, per 5000 lire ciascuno, da una spia italiana. I campi di concentramento, in Italia, c'erano ed erano perfettamente funzionanti.

Localmente, queste cose, saranno anche avvenute in Germania, ma la responsabilità non ha nulla a che fare con la geografia e sta da entrambe le parti. Io vorrei si sapesse.

Ventisette

Per tutto il tempo in cui lavorai alle latrine, Marcello e Milena continuarono a parlare di far saltare la camera a gas, di uccidere questa o quella SS, di corrompere certi Kapò e darci alla fuga. Io non partecipai mai a queste loro conversazioni. Sognavano: non saremmo scappati mai. Sognavano e io ero stanca di sognare e risvegliarmi sempre lì, di notte, a Mauthausen, in mezzo a morti e grida e soldati.

In qualche modo li sentivo e percepivo che si organizzavano anche per me, per Clara e Athos. Di Athos parlavano molto, e lui senz'altro doveva essere d'accordo con loro, e anche di un altro detenuto, un uomo che però non chiamavano mai per nome ma solo con il suo numero che era il 260970 e che, stando a quello che dicevano, era una persona molto in gamba, intelligente e preparato, "da consultare assolutamente prima di decidere qualunque azione", concludeva sempre Milena.

Il problema, riguardo quest'uomo, era l'età: da quello che capii doveva essere sulla quarantina, dunque non era vecchio ma Mauthausen aveva un effetto tremendo su di lui. "Non riesce ad adeguarcisi", diceva sempre Milena. "Lo picchiano in continuazione, sai?", faceva con Marcello. "Non vuole seguire i comandi, non ascolta i consigli, finge di non essere internato …".

Io ascoltavo tacendo tutto quello che dicevano e pensavo che questo poveretto, in fondo, faceva nulla più né meno di quello che facevo io: quante volte, recitandomi Proust in quell'orrendo, duro letto dove stavo schiacciata in mezzo a altre due infelici come me, avevo finto di non essere al campo? E, in fondo, cambiare "Angelica" in "Zlata" non era un modo d'essere lì e, al tempo, non esserci? Potevo biasimare quest'uomo perché fingeva d'essere altrove, dappertutto, tranne che all'inferno?

L'età, poi, qualunque età, era un problema per tutti, perché

Mauthausen lo era. Negli anni, pensai che probabilmente l'età ottimale era la mia, anche se non c'era una legge comune: i ragazzini di quindici, sedici anni era troppo indisciplinati e non riuscivano a seguire i comandi o i consigli, proprio come quell'uomo, non riuscivano ad autodisciplinarsi e, invece, era fondamentale farlo a Mauthausen. Dei vecchi, poi, non parliamo ...

Comunque, checché ne dicessero, pareva indispensabile il parere di quest'uomo e andava senza meno consultato. Così, un giorno, sentii dire da Marcello che l'indomani mattina gli avrebbe senz'altro parlato e spiegato l'idea di fuggire. Quello che lui avrebbe detto sarebbe poi stato decisivo.

"Tutti d'accordo?", fece Marcello, e Milena disse: "Sì", anche troppo forte.

"Parla piano!", le fece lui. Poi sentii che si voltava e io continuai a pulire un pezzo di parete particolarmente sporco e rassegnato alla sporcizia finché mi chiese: "Angelica?". Io non mi voltai, non risposi, continuai a sfregare la spugna nera e lurida sulla lurida e nera parete di fronte a me. Poi, d'un tratto, vidi il mio professore e capii che dovevo smetterla di fare la vittima e che, se anche ero distrutta dal dolore, tutti lo erano; capii che ero lì per un certo scopo, non ero lì a caso e, all'improvviso, ricordai che lui, il professor Federico, che era solito venire al bar, tutti i giorni alle quattro a mangiarsi una brioches alle mandorle con il cucchiaino, aveva lottato perché io riprendessi il mio posto e non stessi più oscillando come una canna al vento: dovevo iniziare a dominarlo quel vento o mi avrebbe portata via per sempre. Dunque mi voltai, ringraziai tra me il mio professore e dissi: "Sì".

Mi rimandarono alla cava, e non riuscii nemmeno ad avvisare Marcello e Milena. Ritornai alle mie pietre da trasportare avanti e indietro tutto il giorno, la scala mattino e sera, la zuppa di cavoli e rape e, per fortuna, Clara la sera.

"Ci stiamo organizzando, sai?", le dissi una sera appena rientrata nella baracca.

Era meraviglioso come riuscivamo a tenere nascosta Clara, anzi come riusciva Athos, che io non avevo più visto, nemmeno alla cava, ma che doveva senz'altro star facendo molto per Clara. Non mi chiesi mai dove fosse Athos, anche perché, dopo la morte di Sergio, avevo deciso di finirla di perdere tempo facendomi domande inutili alle quali nessuno avrebbe voluto o potuto rispondere; così continuai a lavorare alla cava, avanti e indietro con i massi in mano e su e giù per quella squallida scala fino a quando due SS, un giorno, vennero a portarmi via.

"Dai! Fai in fretta!".

"Un momento ... non vedi che non si passa?".

"Esci! Esci! Arrivano! Vieni!".

Aprii gli occhi: tutto bianco, un soffitto bianco con, al centro, una lampada al neon puntata dritta sulla mia faccia che mi costrinse a strizzare gli occhi e a voltarmi di lato. Mi bruciava tremendamente la testa, mi sentivo debole e sfiancata. Provai a muovermi ma invano: mi accorsi che ero legata gambe e braccia. Strizzai di nuovo gli occhi poi, di colpo, li aprii. Così lo vidi.

Stava seduto al tavolino, accanto a me che, non me ne resi conto subito, dovevo essere distesa su un qualche lettino. Vestivo ancora l'orrenda divisa a righe e non riuscii a capire dove fossi o che cosa mi avessero fatto: non ricordavo nulla, solo che lavoravo alla cava spostando i soliti massi avanti e indietro, e poi erano venuti a prendermi le SS Plagge e Schwartz e lei aveva riso orrendamente ma non ricordavo perché, e ora mi bruciava tremendamente la testa e mi facevano male le gambe, legate aperte, bruciavano tremendamente su su fino all'inguine.

Lui era lì, comunque, seduto accanto a me, di fronte a un tavolino: leggeva. Era cambiato anche se non molto, e non mi stupii di vederlo lì: portava anche lui come tutti noi la divisa a righe e il berrettino ma era più pulito di noi, forse era arrivato da poco o forse non lavorava alla cava. Sembrava anche più grassoccio rispetto agli altri, tuttavia non sembrava più il dolce Cantore dai candidi capelli che sempre avevo visto, ma non era nemmeno un deportato qualsiasi: era con noi, vestito come noi, magro e picchiato come noi, ma pareva lontano da noi. Era ancora giovane, piccolo, conservava ancora i suoi modi pratici e vidi in lui, ancora, quella sua dolcezza e il tempo: una riserva di tempo che sempre conservava per gli altri. Strizzai gli occhi due o tre volte cercando di scansarli da quel neon tremendo e, sempre, lo vidi. Era lì. Era davvero lì anche lui e, per una volta a Mautahausen, non mi sentii sola né abbandonata.

"Professore?", lo chiamai piano.

Lui si voltò e sorridendo disse: "Angelica, ti sei svegliata ...", ma non era una domanda né un'esclamazione: era qualcosa come una forte speranza che stava perdendo quota e che, invece, alla fine, si era avverata. Quella frase voleva dire che aveva da un po' cessato di credere che mi sarei svegliata.

"Professore ...", dissi ancora io.

Mi disse di non chiamarlo così e si guardò attorno sospettoso ma non impaurito. Disse che lì, a Mauthausen, lui era Clarous Premt, polacco, di madre francese. Per me, comunque, rimase sempre "il professore".

"No", fece ancora, e mi sorrise: finalmente, non qualcuno ma lui, mi sorrideva. "Non ti muovere. Devi stare ferma. Mi hanno messo qui a sorvegliarti ed è stata la cosa migliore che ho potuto pattuire con quei cani".

"Professore ...", feci di nuovo. "Dove siamo?". Lui mi fermò e scosse la testa dicendo: "Ferma, ferma ...". Poi sospirò e scosse di nuovo la testa.

Non era cambiato ma doveva patire molto anche lui: sembrava più triste ma non più vecchio e, mentre mi teneva ferma e diceva di stare buona, di non muovermi, ebbi la certezza che non lo dicesse perché temeva che potessero arrivare le SS da un momento all'altro ma, pensai, lo dicesse per me. Diceva di stare ferma e buona come, per anni, mi aveva chiesto tutti i giorni di tornare a studiare, di lasciar perdere quel bar che non aveva nulla a che fare con me e di tornare là dove era il mio posto, di ricominciare a scrivere e di prendere in mano quella mia vita che, sempre più, se ne andava lontano, dove io non volevo, senza di me. Ora, così, allo stesso modo, mi diceva di stare ferma, di non muovermi, di stare buona e tranquilla perché sarei stata male altrimenti.

"Professore ...", feci ancora. "Dove siamo?"

"Ferma, Angelica, non ti muovere così ...", disse ancora cercando di raddrizzarmi e di allentare un po' i lacci, ma senza riuscirci. "Ferma ...", andava ripetendo. "Ferma, buona ...". E io mi fermai.

Lui sospirò di nuovo, poi sorrise e disse: "Brava", carezzandomi la testa. Si voltò e, senza guardarmi ma fissando la parete a sinistra, parve leggere lì la risposta e disse: "Al bordello".

"Professore ...", feci di nuovo cercando di non muovermi anche se era difficilissimo perché sentivo un forte bruciore dappertutto e l'inguine sembrava scoppiare. Mi facevano male le gambe, le braccia erano gonfie perché ero legata stretta, e sentivo le dita della mano destra come per esplodere. "Io ... non ...".

"No no", fece lui guardandomi. "Non preoccuparti, adesso. Non preoccuparti di nulla".

"Però loro hanno ...", feci io. "Cioè, mi hanno ...".

Lui scosse la testa e scrollò le spalle: "Non lo so. Sono arrivato dopo".

Mi fermai e fissai il soffitto: non ricordavo nulla. Mi sforzai, allora, di ricordare, di ricostruire quello che era successo o non era successo, ma inutilmente. Ricordavo solo che lavoravo alla cava, poi erano arrivate quelle due SS e ridendo mi avevano portata via. Ricordavo che avevo chiesto: "Dove andiamo?", sì, così avevo detto: "Dove andiamo?", e la SS Schwartz mi aveva rifilato uno schiaffo ridendo come una pazza. Ricordavo, ecco, che ero legata a una sedia in una grande stanza con una gigantesca immagine dell'uomo con i baffetti che aveva dato vita all'orrore attaccata alla parete, sopra la sua testa una svastica nera. Ero legata lì e ricordavo che la SS Plagge chiedeva: "Dove sono partigiani?", io avevo taciuto e la SS Schwartz mi aveva colpito forte alla testa. Una, due, tre, otto volte. Il sangue era colato dal naso sul vestito a righe. "Dove sono partigiani?", aveva chiesto ancora Plagge. Io avevo taciuto ancora e, di nuovo, uno due tre dieci colpi sulla testa. Il sangue che colava dal naso e dall'occhio sinistro. Ricordavo, nitidamente ora, di aver alzato la testa con il sangue che colava dal naso; la SS Plagge che mi fissava e rideva in modo strano, dondolava la testa e diceva: "Dove sono partigiani?"; ricordavo d'aver abbozzato una specie di sorriso, e d'aver risposto, con uno sbocco di sangue: "Dappertutto". Poi un po' di buio e il ricordo sfuocato della SS Schwartz che rideva e, con un ferro ardente, si avvicinava a me e lo premeva forte sulla mia spalla, un urlo, una botta, poi più nulla. Più nulla. Il buio, e non riuscivo a ricordare.

"Non farlo", sentii dire al professore.

Io lo guardai e lui disse: "Non farlo. Non ti sforzare. Lascia stare, Angelica".

Io sospirai e lo guardai forte dicendo ancora: "Professore ...".

Lui mi guardò e scosse la testa, e così continuammo: io chiamando: "Professore ..." e lui scuotendo piano la testa come a voler dire no, di lasciar stare, che quello che era successo era stato brutto, inevitabile, irreparabile, dunque era inutile farci dei pensieri sopra.

In realtà, non sapevo perché continuassi a chiamarlo, perché dicessi: "Professore, professore ...": non dovevo dirgli nulla ma mi pareva che il bruciore passasse, mi pareva di sentirmi meglio riempiendomi la bocca di lui, del suo nome. Non avevo più tanta paura. Credo che il mio dire: "Professore", quel giorno, fosse come il "Porco diavolo" di William: era un atto consolatorio e di forte spinta verso il futuro, se un futuro l'avevamo ancora, e solo pochi potevano capire.

Ventotto

A luglio tutto fu chiaro: non saremmo mai fuggiti.

Dopo il bordello venni rimandata alla cava: non seppi mai cosa mi avessero fatto perché non riuscii a ricordare nulla e, come aveva detto il professore, era meglio non pensarci, così lasciai perdere, non mi sforzai più di ricordare, perché io ho sempre ascoltato quello che lui mi diceva, e nessuno, d'altronde, mi spiegò nulla.

Alla cava ritrovai Athos ancora convinto a fuggire e, appena mi vide, mi fece dei gran complimenti perché ero riuscita a contattare l'uomo il cui parere sulla fuga era fondamentale, come diceva sempre Milena.

Mi accorsi che non ero sola: anche all'arrivo, all'inizio, io e Sergio non eravamo soli ma infilati, intrecciati in una fitta rete. Athos, Marcello e Milena, e Clara anche, non erano lì per caso: non erano mai, in nessun posto, per caso.

E chissà quanti altri.

"Ma come diavolo hai fatto?", chiese un giorno mentre salivamo la scala diretti al lavoro.

Dal tono pareva che quest'uomo fosse inarrivabile, irraggiungibile ma assolutamente imprescindibile: bisognava passare per quest'uomo se si voleva provare a pensare di organizzarsi e fuggire. Io, comunque, continuavo a non capire così chiesi:

"Scusa, chi ho contattato?"

"Ma sì", fece lui cercando di mettersi al passo con me, "il professore, Clarous Premt, no?"

Era lui, dunque: il mio professore.

Era lui il numero 260970 di cui Milena parlava in continuazione. Era lui l'uomo che avrebbe senz'altro aiutato per l'organizzazione della fuga: era lui, l'uomo e l'insegnante, il professore e la materia, la letteratura, che ci avrebbero salvati.

Clarous Premt, il professor Federico, il numero 260970.

E, in effetti, gli avevo raccontato tutto, ogni cosa. Dopo il bordello ero stata mandata per tre giorni al *Revier* e lui era stato incaricato di sorvegliarmi notte e giorno dal momento che le SS, ultimamente, si vedevano sempre meno al *Revier* e in qualunque altro posto.

Arrivati il sole e il caldo, le SS parevano aver preso un vigore tutto nuovo e rivolto al lavoro. Più di una volta, mentre andavo e tornavo dalla cava scortata da dei civili tedeschi (impossibile decidere se fossero nazisti oppure no), vidi le SS, impeccabili come sempre nelle loro divise nere, inforcare delle vanghe e trasportare su grandi camion chissà che cosa; poi ritornare, avanti e indietro come noi, e seminare in quegli stessi punti. Stavano sempre meno fermi a controllare che noi lavorassimo: c'era qualcosa che li agitava, che gli metteva fretta ma non riuscii mai a capire che cosa fosse, e mai mi illusi che la guerra stesse per finire.

"Ah!", feci io appena davanti a Athos. "Il professore, sì ...". Gli avevo parlato dell'arresto, dei partigiani, di Sergio e di come era morto, del piano fallito e delle nuove speranze di fuga.

"Chiamiamole idee: è meglio", aveva detto.

"Chiamiamole come vuole", avevo risposto io sedendomi piano sul letto perché il bruciore all'inguine continuò ancora per diverse settimane, "ma non riusciremo mai".

"Perché?", aveva chiesto lui. Lo disse nello stesso tono in cui mi salutava con "Arrivederci, Angelica" e, in quel momento, non prima né dopo, ma in quel preciso istante, seppi che non c'era un perché: avevo paura, tutto qui, ma quelle idee di libertà e di fuga dovevano andare avanti, essere portate avanti e resistere. Si doveva resistere comunque, proprio perché tutti avevano paura. Cedere alla paura e al dolore, alla morte di Sergio e di Nord, alla cattura di Paolo, allo stupro di Clara, alla morte di Felix, di otto anni, che cadde una mattina di gennaio con i pantaloni abbassati: la prova della sua inconfutabile appartenenza alla razza ebraica; cedere voleva dire lasciare quelle speranze di libertà solo e unicamente speranze. Invece, si doveva resistere fino alla fine e, fino all'ultimo, andare avanti, trovare qualcosa, aggrapparcisi e restare fermi saldi aggrappati a quel qualcosa: qualunque cosa.

"Per cambiarle in idee", mi disse, "in idee fattibili, possibili tanto quanto la possibilità che la guerra finisca presto con una vittoria o il tuo pronto ritorno all'università bisogna ...".

"Lo so", lo interruppi io, "smetterla di avere paura".

"No", fece lui scuotendo la testa, "smetterla di avere paura qui?", chiese poi guardandosi intorno. "Se ci riesci, quando torniamo, ti promuovo subito!", e sorrise.

Anch'io sorrisi e lo guardai senza parlare.

Lui scosse il capo e disse: "No, Angelica. Non è un problema se hai paura: solo gli idioti non ce l'hanno". Respirò piano e mi guardò forte: "C'è la paura, il dolore, la solitudine, ma c'è anche la scrittura". Io mi voltai e non vidi se sorrideva o sbuffava, ma percepii che piano scuoteva la testa a destra e a sinistra, poi riprese: "Bisogna calpestarla la paura, passarci sopra, tenerla a bada, sotto di noi, la paura". E mimò tutto con le mani e i piedi. Poi avvicinò di più la sedia a me e disse piano: "Non lasciare che sia la paura a passarti sopra: Sergio non l'ha fatto e nemmeno i tuoi amici partigiani". E si scostò.

"Sai di cosa c'è bisogno?", mi chiese dopo un po'.

Io lo guardai senza rispondere perché quella che aveva fatto non era, in realtà, una domanda, e lui disse: "Di letteratura", e annuì così forte con la testa che pareva, la letteratura, essere la sua unica certezza. E forse lo era.

"La letteratura", dissi io, "non ci tirerà fuori da Mauthausen, professore".

"Tirerà fuori la tua testa da Mauthausen", disse lui senza smettere di annuire. "E se la tua testa è fuori di qui, oltre, al di là, sei già salva, riscattata, a posto". Sospirò e intrecciò le mani sul grembo, tranquillo, come se già fossimo a posto, perché sicuramente la sua testa era già stata portata oltre Mauthausen.

Io non lo guardai, mi voltai e scossi la testa. Lui sospirò di nuovo e, forse, sentì che stavo rinunciando perché disse: "No,

Angelica, non farlo", poi, di colpo, mi prese e mi girò la faccia verso di lui, ma piano, dolcemente perché le sue mani sapevano agire solo così: teneramente; smise di annuire e cominciò un lungo discorso che voleva dire che non era la scrittura o la vita, che non c'era alcuna scelta da fare perché, mi disse: "Ci ho pensato per anni: la scrittura o la vita e io, senza pensarci due volte, avrei scelto la scrittura. Invece, mi sbagliavo, perché non c'è una scelta da fare: non è, dunque, la scrittura o la vita ma la vita che non conta di per sé ma per quanto è raccontabile. Non è importante la vita, Angelica, e tutto quello che, di buono e di meno buono ci può capitare: se piangiamo, se ridiamo, se siamo liberi o prigionieri; quello che conta è che la vita sia raccontabile, scrivibile, che della vita si possa parlare. E non è scontato".

Si fermò e sospirò sempre tenendomi la faccia tra le mani; si voltò verso la parete poi di nuovo mi guardò e disse: " La letteratura, è vero, non ti farà scavalcare quei fili spinati, non ti risparmierà le botte e gli insulti delle SS così come non le ha risparmiate a me o a Clara o a chiunque qua dentro, ma ti farà vedere che non tutto si decide né finisce qua dove siamo. Ti difenderà, la letteratura, e non permetterà mai che nessuno al mondo faccia di te un giocattolo, uno <Schwinner>. Non è il fatto di accettare la letteratura nel suo complesso, così com'è, ma di farla così come noi vogliamo, di riferirla ai valori sociali contemporanei per difenderli". Fece una pausa sempre tenendomi la faccia ferma verso di lui e continuò: "Questo solo la letteratura può dartelo". Si fermò, sospirò forte e tacque. Io però avevo bisogno di sentirlo ancora, così dissi: "Ancora, professore. Mi parli ancora".

"Tutto questo schifo", continuò lui, "non sarà cancellato dalla letteratura, puoi starne certa, ma ti darà la certezza, la letteratura, che fuori c'è un altro modo di vivere, che qualcosa è rimasto. La letteratura sola si adopererà perché nessuno sia più schiavo, dimostrando che quello che decidono i pochi al potere non è vangelo, non è la verità e non c'è una sola verità ma tante quante sono le realtà e i mondi possibili, e questi mondi possibili te li farà vedere solo la letteratura. Nessun'altra cosa, persona, animale o essere vivente è in grado di farlo. C'è una sola razza", disse concludendo e lasciandomi la faccia con una carezza, "ma non c'è un mondo solo". E riprese ad annuire.

Quando le sue mani lasciarono la mia faccia e tornarono a posarsi sui braccioli della sedia, io non ebbi più alcun dubbio che era di quello, di letteratura, di libri, di cui tutti avevamo bisogno: non già dei libri scritti ma, nella particolare situazione in cui vivevamo, dei libri ancora da scrivere. Il professore continuava a annuire con la testa e io lo guardavo e sentivo, ne ero certa, che non saremmo stati noi, gli uomini, a risolvere questa guerra schifosa ma i libri, la letteratura. E la letteratura, che sola può dire certe cose, è il più commovente prodotto interamente umano: la letteratura è umana; è prodotta da uomini, letta da uomini. E se gli uomini, tra le mille cose orrende che sono assolutamente in grado di pensare e fare, hanno prodotto la letteratura, questo può far ben sperare che non tutto sia perduto.

"Raccontare", mi disse ancora, "è uguale a vivere perché è l'arte a condurre il gioco e non la vita; e tu puoi farlo, puoi raccontare, dunque devi. Devi farlo perché il sentimento di sofferenza, il vivere sofferto che tutti facciamo qui e altrove, solo con questo, solo con l'arte può essere risolto e superato. Devi farlo perché, la letteratura, è l'unico urlo che possiamo fare in faccia a quelli là, al nostro destino e, contro le grida delle SS, l'unico urlo che valga qualcosa. Grazie all'arte noi possiamo tenere con noi le persone che amiamo, e trasformare la morte in vita, proprio perché l'arte, coincidendo con la perdita dell'amore, si da solo ai cuori spezzati e infelici e tratta per lo più di queste vite: nessuno che abbia mai amato e sia stato ricambiato a sua volta o non abbia mai perso il suo amore, ha mai prodotto alcunché di buono". Tacque e mi guardò come allucinato, poi disse ancora: "Ma il racconto è sempre una selezione, dunque stai attenta, prendi tempo, rifletti, non essere precipitosa; riduci, concentra, distilla, cristallizza l'attimo che vuoi raccontare e, un attimo dopo l'altro, racconta, scrivi. Se non vuoi parlare: non farlo, ma scrivi. Scrivi perché abitiamo un mondo vuoto con un cuore colmo. Scrivi tutto, Angelica. Separa, pensa, distingui, ma non giudicare nessuno: non includere gli uomini in quello che racconti. Finiscila di recitare la parte d'un'altra, e scrivi per essere quello che vuoi, quello che sei. Scrivi, ma valuta bene che cosa e in che modo racconti perché anche raccontare, proprio perché è la vita, uccide. L'arte", disse infine, "non è mai innocente". E tacque smettendo anche di annuire.

"Allora", disse Athos piano scuotendomi per una spalla, "siamo quasi d'accordo", e sollevò un altro masso. "Domani ti comunico la data della riunione. Porta anche Clara, va bene?"

Io annuii ma ero stufa di piani che fallivano e riunioni che andavano a monte ancor prima di decidere il luogo dove incontrarsi. E poi, portare Clara perché?

"Anche lei", rispose concludendo Athos, "vuole partecipare in qualche modo". Ma il motivo unico per cui acconsentii a portare Clara, lo capii guardando Athos allontanarsi su per la scala: era quello che aveva detto il professore, quasi una sorta di ilozoismo al contrario: gli oggetti dovevano recuperare le loro proprie qualità umane, diventare eroi della storia, e nessuno doveva essere più schiavo.

"L'olio di ricino è un olio orientale molto pregiato come lubrificante. Viene estratto dai semi della pianta del ricino. Il maggior produttore è l'India".

"Che cosa leggi, Roberto?", chiede la donna con un cesta di biancheria asciutta in mano.

"Niente. Pensa agli affari tuoi", risponde.

Lei sventola una mano in aria come per dire che ci pensava, sì, agli affari suoi e se ne va in lavanderia.

Roberto riapre il libro.

L'odore di bucato è molto più buono di quello dell'olio di ricino e poi non fa male a nessuno. Come può un buon odore far male a qualcuno?

La donna posa la cesta con i panni asciutti e, piano, inizia a piegarli riponendo in due scaffali distinti la sua biancheria e quella del marito.

" L'olio di ricino ha proprietà ammorbidenti importanti e consigliabili in caso di capelli secchi, sfibrati e spezzati".

Piano il suo scaffale si riempie, ma quello del marito si riempie sempre prima e più veloce: calze, mutande, canottiere, divise militari, cappelli neri, giacche verdi. Lei non ha tutti questi vestiti, non ha divise né cappelli né giacche di nessun colore e il suo cognome non compare, come quello del marito, dappertutto: in ogni dove, in ogni appunto o libro campeggia a lettere grandi e nere: "Farinacci", "Roberto Farinacci". Il suo nome non compare mai e il suo scaffale resta sempre più vuoto: un vestito per la settimana e uno, rappezzato mille volte, per la domenica, due canottiere, quattro paia di calze e due mutande. In più, un piccolo vestitino rosa che apparteneva alla loro figlioletta mai nata. Doveva chiamarsi Angelica, come la figlia di sua sorella, ma non è mai venuta al mondo.

"L'olio di ricino ed i suoi derivati vengono utilizzati per la manifattura dei saponi, lubrificanti, inchiostri, cere sintetiche".

Quel vestito gliel'ha regalato sua madre e, all'epoca, era tutto nero con una fascia bianca in fondo, all'altezza delle ginocchia. Ora, a forza di rammendare e rattoppare e, soprattutto, aggiungere pezzi di stoffa alle maniche e in fondo, sulle ginocchia, è tutto colorato. Dal colletto fino alla vita è nero, poi bianco, giallo, azzurro, rosso, viola e di nuovo bianco: i colori si accostano a caso, anche se ci si può vedere un proprio senso, a seconda della disponibilità di stoffa.

"L'olio di ricino è poco infiammabile e non secca all'aria ed ha notevoli proprietà lassative".

Suo marito non dorme più con lei, anzi non dorme affatto: ormai passa tutto il tempo a leggere quel libro sull'olio di ricino e su e giù per la stanza; a volte esce di casa e si incontra con alcuni amici in una grande camerata con le vetrate scu-

re, nere, perché nessuno possa guardarci dentro. Cosa fanno lì, lei non lo sa. E non le importa saperlo.

Molto meglio l'odore del suo bucato di quello dell'olio di suo marito.

Ventinove

"Lei deve vivere, promesso?". Mi dava del "lei", all'improvviso. Eravamo in baracca, seduti, aspettando il momento opportuno per far passare Clara alla latrina senza che le SS la vedessero, e lui parlandomi mi dava del "lei" e mai l'aveva fatto. Dunque doveva essere davvero grave, assoluto, definitivo e fondamentale quello che mi stava chiedendo.

"Promesso?", disse ancora.

Clara non si muoveva, non ci guardava né si lamentava – non si lamentava mai: stava ferma, stesa sulla sua branda tutto il tempo, girando piano la testa a destra e a sinistra, gli occhi fissi al soffitto e la mano destra sulla pancia. Non parlava più né guardava nessuno negli occhi, ma capiva tutto, secondo me e, almeno è questo che ricordo, mi sorrideva sempre quando mi vedeva.

Io voltai la testa da Clara a lui e annuii piano, lui scosse la testa forte e disse: "No no, me lo deve promettere!"

Sospirai perché non potevo. Promettere di vivere? Come avrei potuto?

Anche lui sospirò piano, ma in un modo diverso dal mio perché nel suo cuore, nel suo cervello o nel fondo della sua spina dorsale, lui sapeva – doveva saperlo – ciò che io ignoravo ancora, cioè che sì, sì, avrei potuto promettere. Non tutto era stato ancora deciso né per il sì né per il no e, comunque, non era la vita come la intendevo io quella per cui dovevo promettere. Era un'altra vita che a lui stava a cuore: non la vita solita, insomma, ma quasi un senso della vita, un senso profondo della vita, della morte e di cosa ci si può fare con la vita e la morte che andava capito e tratto alla luce. Continuò a scuotere la testa per un po', sbuffò, si grattò alzandosi il berretto e subito risistemandolo e, guardando un po' Clara un po' me, si illuminò come se avesse avuto una grande idea, così, con calma, con gentilezza e diplomazia, dal momento che lui era principalmente e soprattutto un professore, la prese alla larga, chiedendomi quello che sapeva non avrei potuto non promettere. Mi guardò e sorrise serio: "Lei deve scrivere", disse, "promesso?"

E io subito, involontariamente, misi una mano sulla bocca ma fu inutile perché, come trascinata da qualcosa di troppo deciso, forte e perentorio, un "sì" impossibile da frenare, forse guidata dalla scrittura stessa, annuii e mi sentii dire: "Promesso".

Il professor Federico sorrise e disse: "Bene. E deve scrivere un romanzo, perché è ovvio con solo con la scrittura si può dare un senso all'esperienza; è ovvio che la scrittura sola è l'unico modo umano di concepire la vita; è ovvio che solo con la scrittura si può evitare che l'esperienza sia trascinata via e il dolore passato inutile". Si fermò come per lasciare che i suoi "è ovvio" entrassero così tanto in me da essere ovvi, certi, scontati per me e i miei futuri lettori. "Poi scriva quello che vuole", continuò, "e tutto andrà bene, ma su questa storia, è ovvio che deve scrivere un romanzo". Si fermò, sospirò e disse: "Deve scrivere un romanzo, perché lo stile del romanzo è l'unione degli stili: è tutto messo insieme, senza divisioni, senza barriere. E' parlare in mezzo agli altri, ma allo stesso tempo scrivere soli e la scrittura è un ottimo mezzo, Angelica, per difendersi dall'eccesso di parole, per scrivere in faccia a chi grida. La lingua del romanzo sono tutte le lingue. Deve scrivere un romanzo, perché ci sono sempre dei libri dietro ogni esperienza e solo scrivendo si può evitare che le cose svaniscano in aria e si perdano per sempre. Scriva un romanzo. Deve scrivere, promesso?"

Io annuii senza pensare ma con la chiara e lampante consapevolezza che la mia testa si stava muovendo in su e in giù a produrre un sì.

Il professore annuì a sua volta: "Allora mi ha già promesso tutto", disse.

E mai più mi diede del "lei".

La storia ti riguarda e, un giorno, ti viene a prendere anche se l'ignori o mandi avanti gli altri. Gli altri finiranno, prima o poi, e resterai solamente tu con il tuo pezzo di storia, triste e difficile, che nessun altro può vivere per te.

Da questo assunto e forti di questa consapevolezza cominciammo quella notte la riunione. Mi trascinai, non so come, con Clara e Athos fino alla baracca segnalata. Non c'era ancora nessuno e io dubitavo che venissero in molti. Le SS avevano molti vantaggi nella realtà comune del campo rispetto a noi, ma uno in particolare: facevano paura e, soprattutto, ti facevano vergognare, una cosa, la vergogna, che non provai mai tra i partigiani. Lì, infatti, a fatica, goffamente, poveramente, si faceva qualcosa, si agiva, si combatteva, si pulivano i fucili, si andava per i monti, si ricevevano soffiate che andavano sempre e tutte verificate; e riuscivi a pensare, a illuderti di muoverti in qualche direzione, di decidere per quelle sorti almeno un po': qui, al campo, no. Nulla si poteva fare che incidesse minimamente né nella tua vita né in quella degli altri, nulla di tutto ciò che si poteva dire o fare o anche solo pensare poteva accelerare o rallentare il processo di liberazione o di morte che si evolveva solo, senza di te e, per tutto il tempo in cui fui a Mauthausen ne ebbi chiara e dolorosa conferma: la realtà, lì, era profondamente inoperabile. La vita o la morte ti passavano davanti e tu le vedevi andarsene lontano, senza di te. Non avevamo modo di cambiarla, neppure di striscio, la realtà, e molti di noi se ne vergognavano tremendamente.

Poi, piano, nella luce pallida e spaventosa che cadeva dalle lampade squadrate e abbassate sul campo, strisciando i piedi e a testa bassa, le ombre arrivarono e presero posto lentamente nella baracca. Notai che stavano entrando solo dalla poca luce che, quando Marcello che entrò l'ultimo, chiuse la porta, scomparve. Non sentii i piedi strascicare né una sola parola pronunciata: ero già abbastanza abituata al silenzio e allo strascicamento per poterli distinguere ancora.

Ci sedemmo, e quando tale Damiano Malabaila si trascinò tra la porta e il piazzale per fare un minimo di guardia, mi resi conto che eravamo pochi: eravamo veramente pochi. Mi sedetti piano su una branda e feci sedere Clara che non guardava nessun punto in particolare e continuava a scuotere la testa a destra e a sinistra. “Adesso ci organizziamo per andarcene di qui!”, le dissi all’orecchio carezzandole la testa. Lei non rispose, fermò per un attimo il movimento della testa, mi guardò e sorrise, poi riprese a fare “no”, come se già sapesse che non ci si sarebbe potuti organizzare a sufficienza per uscire di lì.

“Allora”, fece Athos in piedi al centro della baracca, “dobbiamo muoverci”, e mi guardò. Io annuii piano, lui sospirò e disse: “Siamo pochi, ma quelli che ci sono devono fare qualcosa, giusto?”. Guardò Damiano alla porta, non attese la risposta e, girando lo sguardo a destra e a sinistra, disse che dovevamo organizzarci, prendere in mano la situazione, finirla di essere gli oggetti e di farci trascinare qui e là, e fare qualcosa.

Clara continuava a scuotere la testa a destra e a sinistra e non riuscivo a tenerla ferma.

Muoverci: dovevamo muoverci, diceva Athos, o sarebbe finita male per tutti. Qualcuno ancora si illudeva di uscir vivo di lì?

Quel tale Damiano, attaccato alla porta, scuoteva anche lui la testa e, ogni tanto, faceva dei segni verso Athos, come per dirgli di stare tranquillo, che non c’era nessuno, di andare avanti ma di sbrigarsi. Era alto, magro come tutti, e con una lunga barba bianca, gli mancava il dito indice della mano sinistra: non doveva essere tanto giovane e si vedeva che era stanco ma che ancora qualche fioca, pallida speranza di andarsene, di morire sì un giorno, ma non ora, non lì, non così, qualche speranza doveva pur averla.

Dovevamo scappare, diceva Athos, darsi una mossa e andare via. Non era semplice ma potevamo farcela o almeno tentare: l’esito, in caso di sconfitta, non sarebbe stato troppo dissimile dal destino cui tutti, inerti e senza volontà alcuna, stavamo andando incontro.

“Se scappiamo, ci ammazzano!”, disse qualcuno in qualche angolo della baracca.

"Perché se restiamo, invece?", gli fece eco Athos.

Il professore ascoltava, piegato, la testa tra le mani: non vedevo la faccia ma sapevo che stava ascoltando attento. Era sempre attento quando ascoltava gli altri parlare. Sapevo che non era d'accordo con quanto diceva Athos; o meglio: era d'accordo sulla fuga, non sul modo di attuarla. Lo guardai forte e sentii perfettamente quello che stava pensando, quello che forse mi avrebbe detto ancora o forse mai più perché già una volta l'aveva detto e a Mauthausen, tutto: ordini, consigli, suggerimenti, tutto, veniva detto un'unica volta. Era la letteratura che doveva portarci fuori di lì, credo che pensasse questo il professore, ma Athos, lui, non poteva capire né essere d'accordo.

Che cosa volevamo fare?, stava chiedendo Athos e, qualcuno aveva delle proposte?

Milena e Marcello si alzarono insieme e raggiunsero Athos al centro della baracca. Lei era sempre uguale: sembrava raggiante, come se già fossimo fuggiti e tutto fosse un ricordo. Disse che era essenziale far saltare la camera a gas e quando sentii la parola "saltare" mi voltai istintivamente verso il professore che alzò la testa verso di me e, piano, mi sorrise e scosse la testa come per dirmi di non pensare, di lasciar perdere, di lasciarlo andare Sergio perché, forse, questa volta sarebbe andata bene. Forse.

"Dobbiamo farlo", continuò Marcello, "perché è impensabile fuggire senza creare baccano e questo è il modo migliore per creare caos all'interno del ...".

"E' il modo più efficace", disse una donna seduta vicino al professore, "non il migliore". Qualcuno disse "sì" forte e abbozzò un mezzo applauso che si perse subito nel silenzio.

"Sì", continuò Athos, "comunque bisogna farlo e non possiamo farlo noi soli".

"Però", disse qualcuno, "siamo noi soli".

La donna che aveva parlato la prima si chiamava Eva e, quand'era libera, gestiva i Gruppi di Difesa della Donna in Piemonte, per questo, entrata in campo, era diventata una prostituta che veniva direttamente dal bordello. "LAGER-BORDELL": era scritto così sulla sua divisa a righe, in grandi lettere nere. Era triste, magra e svuotata come tutti noi la dentro ma in un modo diverso: sembrava Clara ma andava oltre Clara. Era una Clara al futuro o quello che Clara sarebbe potuta diventare se non fosse impazzita, se non si fosse persa del tutto. Eva era "qualcosa" che si faticava a definire "qualcuno". Clara era impazzita forse dopo tutto quello che le era capitato, ma era facile definirla "qualcuno" che era impazzito. Eva, invece, faticai sempre, e me ne vergogno, a pensarla come "qualcuno": avevano esagerato con lei e lei, più di tutti gli "Schwinner", era chiaramente un oggetto. Più d'una volta, o forse tutte le volte che l'incontrai, mi disse che fuori, "là fuori era un rischiar la vita tutti i momenti, ma si sentiva di averla, una vita, non come qui". Non guardò nessuno quella sera: parlò chiara e netta, poi tacque di nuovo.

Quello che aveva applaudito si chiamava Federico Sanchez e veniva da La Cruz. Doveva essere un partigiano fallito o qualcosa di simile perché, non ricordo chi, ma qualcuno mi disse che si faceva chiamare "Il Marinese" e che era stato un periodo nei partigiani, aveva trafficato con una bomba a mano che poi era esplosa o non era esplosa, non ricordo, ma comunque l'esplosione, avvenuta o no che fosse, aveva messo fine alla sua carriera partigiana. Veniva da La Cruz, vicino a Buenos Aires, e lì voleva tornare: ne parlava sempre. Raccontava in continuazione del suo paese, di Buenos Aires, della farmacia che non c'era e del dottor Ponce che doveva andare a Pozo de Las Almas per rifornirsi di garze e cerotti. Parlava in continuazione, senza rendersi conto che si faceva male, delle cene che preparava sua madre, della figlia del dottore, Nora, che doveva essere una pazza pericolosa, a sentir lui, che era gelosa della sua relazione con Ana, la sua fidanzata che non vedeva da oltre un anno e mezzo.

Invece, l'ultimo uomo che aveva parlato era il più curioso e impenetrabile per me: si chiamava Fveirrolh che, nella sua lingua, voleva dire "perseverante". Era un rom e raramente lo sentii parlare: tutte le volte, comunque, stabiliva sempre che non si doveva chiamarlo "zingaro" ma "rom", oppure chiamarlo per nome, per numero, tirargli la giacchetta o non chiamarlo affatto, ma "zingaro" no: "zingaro", diceva, "è più offensivo di 112347". Comunque, parlava talmente poco e così di rado rispondeva alle domande che in pochi ebbero necessità di chiamarlo in un qualunque modo. Il professore, lui, fu uno di quelli con cui parlò di più.

"Io chiedo", fece l'uomo attaccato alla porta voltando continuamente la testa dalla porta a Athos, "cosa mai potremmo fare noi", e di nuovo si voltò verso la porta, "chiusi", guardò Athos, "qua dentro?", e si voltò verso la porta.

"Infatti", annuì Eva fissandosi i piedi, "ci sono i partigiani fuori? Che facciano loro!"

Mi voltai verso di lei quando sentii che parlava di partigiani, perché subito mi venne alla mente William e mi parve strano che fosse tanto tempo che non ci pensavo. Cosa faceva William ora? E Satana? Dov'erano? Aveva più detto "porco diavolo"? Lo stava dicendo ora?

La guardai e capii che non doveva essere mai stata con i partigiani: loro, fuori, sicuramente, ne sono sempre stata certa, si stavano adoperando meglio che potevano, non erano certamente fermi seduti in poltrona ma noi, anche noi, dovevamo fare la nostra parte. Gli oggetti della storia dovevano tornare a esserne i soggetti. Il cielo a Mauthausen non si sarebbe colorato di nuovo prima che ognuno avesse fatto tutto quello che poteva.

Nessuno disse nulla, forse perché quello a cui Eva aveva dato voce era un pensiero condiviso; io sospirai e ripresi a carezzare la testa di Clara che continuava a fissare il pavimento. Mi voltai e vidi il professore che mi fissava, sorrideva e annuiva con la testa. Io sorrisi in risposta, annuii, e dissi: "La storia ti riguarda: ci siamo noi dentro alla cortina di ferro. Qualcosa dobbiamo fare anche noi".

"Infatti", dissero insieme Marcello e Milena.

Eva non rispose e continuò a fissarsi i piedi; Damiano riprese a controllare la situazione fuori; Clara scuoteva la testa e guardava fisso il pavimento. Un sospiro generale di sconforto o speranza, e poi il professore finalmente parlò: "Crisi", disse, "deriva da *krìsis, krìno* che ha un duplice significato: da una parte, separare e, dall'altra, scegliere, decidere, giudicare". Nessuno parlava e tutti ascoltavano fermi il professore, tutti fissando le sue mani intrecciate. Damiano aveva smesso di voltarsi a destra e a sinistra, Eva aveva rialzato la testa e persino Clara non si dondolava più. "La crisi è probabilmente il nostro comune destino, ora: nostro, di noi che siamo qui separati da altri, i partigiani, i civili, tutti quelli che stanno fuori ma che vivono la stessa nostra crisi o che, attivandosi in un qualunque modo, hanno scelto di farne parte, di mettersi in mezzo. Decidendo di far parte della crisi, si deve poi giudicare in totale autonomia e sincerità da quale parte si vuole stare, se al limite o proprio al centro della cortina di ferro", e mi guardò, "che è calata su tutti". Fece una pausa e io notai che Damiano lo fissava a bocca aperta. "Quella della Resistenza, pure, è una guerra: con o senza armi, dentro o fuori dai fili spinati, uomini o donne, una volta che si è scelto – e si deve scegliere prima o poi – tutti si deve fare qualcosa. Un pezzo: ciascuno il suo, e non vale meno la donna che cucina per i partigiani rispetto ai partigiani stessi. Un pezzo: a ciascuno il suo. Nessuno può sperare di togliersi dalla cortina solo".

Continuai a fissarlo e vidi che Clara alzava piano la testa e gli sorrideva, lui rispose al sorriso mettendole una mano sulla testa e lei tornò a fissare il pavimento.

"Bene", disse Eva annuendo sempre con la testa bassa, "allora, cosa facciamo?"

Eravamo noi dieci: io e la letteratura, Clara, la letteratura, il professor Federico e la sua letteratura, Athos, la letteratura, Marcello e Milena e la letteratura, Eva, la letteratura, Damiano Malabaila, Federico Sanchez e Fveirrolh e la letteratura, noi: la resistenza a Mauthausen. Noi dieci che alzavamo la testa a guardare il cielo a Mauthausen e, quella sera, perfino il cielo aveva un altro colore, provavamo a resistere, e badate che resistere su per i monti non è la stessa cosa – e l'imparai – che resistere tra i fili spinati.

Fveirrolh si staccò dalla massa anonima dei deportati magri, vestiti a righe che popolava Mauthausen e divenne, per me, una figura autonoma, distinta, con una sua propria vita.

Tornai a lavorare alla cava e, di nuovo, dopo la riunione e la piccola euforia del momento, la grande inedia del girone infernale dove, muti, dovevamo caricarci di pietre e continuare, tutto il giorno, fino a sera, avanti e indietro senza motivo.

Quando poi, anni dopo, scrissi di tutto questo, ricordo che mi sorpresi, arrivata a questo punto del racconto, perché sempre, qui, le lacune si colmano, l'incertezza della memoria – di cui, in fondo, mai possiamo essere sicuri – scompare, e ricordo perfettamente tutto, ogni cosa. Tutte le vite hanno un segreto e la storia finisce nell'esatto momento in cui si rivela il segreto.

Ci sono, poi, io credo, tre livelli di ricordo, o meglio, uno stesso ricordo secondo cui la vita, alla fine, si stratifica: la fase iniziale, il ricordo originario, quando noi crediamo di ricordare l'esperienza che è appena capitata e siamo convinti di ricordarla nei minimi dettagli, per quello che è stata, ma già non è così; la fase intermedia, il ricordo malandato, quei particolari che, consciamente o no, togliamo dalla nostra descrizione dell'esperienza, da quello che abbiamo vissuto, quei particolari che, per qualche motivo, andranno persi per sempre e, la fase finale, la fantasia, il racconto – non già il ricordo, ma il racconto – dell'esperienza immaginata, che non ha più nulla a che vedere con l'esperienza fatta, vissuta. La fantasia non è vissuta.

Alla fine della riunione non avevamo deciso nulla di concreto. Saremo scappati? Prima o poi ma, oltre al tentativo di far saltare la camera a gas, null'altra azione s'era decisa. Tutti noi, capii in quella riunione, anche se non volevamo eravamo degli "Schwinner": alcuni in modo più evidente, altri meno, ma tutti – tutti – lo eravamo, e l'incapacità di parlare, il tedio, la noia, la paura di organizzarsi ne erano segni evidenti. Volevamo fare qualcosa, andarcene, agire in qualche modo, ma eravamo davvero in grado di farlo? Io già non ricordavo più cosa ero andata a fare a Mauthausen e, nelle settimane successive alla riunione, mentre di nuovo portavo avanti e indietro enormi pietre su e giù per la cava, mi sembrò di essere, come tutti, capitata lì, senza motivo o, almeno, senza nemmeno una ragione in più degli altri. Come potevo aiutarli e, soprattutto, quando sarebbe arrivato il momento? William e gli altri stavano senz'altro combattendo in montagna, da qualche parte; Sergio era entrato a Mauthausen e morto, non ne sarebbe uscito più, per aiutare, morto dandosi da fare; Clara aveva smesso di parlare per sempre mentre stava da infiltrata nel campo e il professor Federico, persino lui, non era lì per caso: né lui né Athos o Marcello o Milena. Tutti si adoperavano in qualche modo. E io?

La risposta, a quello che dovevo fare o non fare io, venne, insperata, proprio da Fveirrolh, il 2 agosto del 1944 perché, quel giorno, i sette fratelli di Fveirrolh con altre duemilanovecentonovantatre persone, tra sinti e rom, vennero mandate alla camera a gas perché uno di loro, mai si seppe chi, non aveva potuto resistere e, durante l'appello del mattino, si era pisciato nei pantaloni.

Si parla molto dello sterminio degli ebrei, oggi, ma non sono stati sterminati solo loro. A Mauthausen non c'era differenza alcuna: le differenze si mescolavano al punto che non si poteva parlare di sterminio degli ebrei, dei rom, delle donne o dei malati di mente: era sterminio e basta. Oggi forse si tende a differenziare troppo o, al contrario, a inglobare tutto sotto un'unica etichetta e a non ricordare esattamente come le cose sono andate; invece è necessario ricordare ed è necessario ricordare davvero: la facoltà immaginativa deve avere il minor spazio possibile in questo genere di ricordi. Allora, io dico, parliamo pure di sterminio degli ebrei, ma teniamo in conto che tra quegli ebrei c'erano i sinti, i rom, le donne italiane, rumene, spagnole, i bambini russi, polacchi, anche qualche tedesco; tra quegli ebrei c'erano i malati di mente, i panettieri, i partigiani, i soldati e le maestre; tra quegli ebrei c'erano fidanzati, promessi sposi, separati, nubili, gay, suore, preti, prostituite; c'erano Eva e Fveirrolh, Marcello, Milena, Athos; c'erano Sergio e il professor Federico: non tutti erano ebrei tra quegli ebrei.

"Ogni storia", mi disse qualche giorno dopo la riunione il mio professore, "finisce quando si rivela il segreto".

Si sedette piano sul letto schifoso di quell'orrenda baracca, si prese la testa tra le mani come se fosse disperato ma quando la rialzò aveva un sorriso in faccia per me. Sospirò.

"Come è possibile distinguere chi danza dalla danza?", disse.

Io lo guardai fissa: lo guardavo sempre così, e non riuscivo a togliere i miei occhi da lui, perché mi calmavo sempre quando lo guardavo. Il suo sguardo era così riposante che, soprattutto in quella circostanza, ne avevo un bisogno assoluto: ero completamente dipendente dal suo sguardo. Lui mi guardava e io stavo bene, mi calmavo, potevo affrontare qualunque cosa. Se lui mi guardava, se lui teneva il suo sguardo fisso su di me, se non mi lasciava sola potevo stare ovunque, sopportare tutto, prendere tutte le botte del mondo, vedere la morte e la guerra, e sopravvivere: passare in mezzo a tutto, e non morire.

"Questo è il segreto?", gli chiesi.

Lui sorrise appena: sorrideva in un modo così velato che, a non conoscerlo, si sarebbe detto che non sorrideva mai. Scosse la testa.

"No", rispose. "Questo è Yeats".

"180 ebrei, banditi e subumani sono stati distrutti. L'azione principale è stata terminata alle ore 20.15 con la distruzione della Sinagoga di Varsavia. Il numero totale degli ebrei eliminati è di 56.065, inclusi sia gli ebrei catturati che quelli dei quali lo sterminio può essere provato".

Questa è una voce e non si può spegnere.

Una donna lo chiese: domandò se non si poteva spegnere, ma questa era una voce – non una radio – e non si poteva spegnere.

Il discorso di Jürgen Stroop risuonò per tutto il campo: a un anno circa dalla rivolta del ghetto di Varsavia, i nazisti commemoravano con una grande festa la loro vittoria, la repressione dei ribelli. Avevano vinto loro – i nazisti, non i ribelli: qualcosa si era mosso, ma poi avevano vinto loro.

"Beh, non potranno vincere per sempre!", fece Athos quella mattina.

Eravamo in baracca perché, per via della commemorazione, quel giorno, nessuno lavorava: tutti i soldati erano impegnati e noi, con due sentinelle davanti ad ogni baracca, chiusi dentro: *"Heute haben Sie funktionieren nicht"*, così avevano detto e, appostate i Kapò, chiuse le baracche, se ne erano andati.

Mi ero avvicinata a Clara che se ne stava, come al solito, stesa sulla sua branda, gli occhi fissi al soffitto, massaggiandosi a turno la pancia e la testa.

"Come stai?", le chiesi.

Avevamo trovato questo modo di comunicare noi due, perché Clara non parlava più, con nessuno, però il mio professore mi aveva detto che le persone, anche quelle che ci sembrano più ostili e irrecuperabili, nascondono sempre qualche lato positivo che vale la pena di conoscere, e che, in fondo, tutti vogliono comunicare qualcosa così, io le parlavo e lei, se era d'accordo sorrideva, se non lo era, restava ferma. Fin'ora il metodo aveva funzionato e mi sembrava persino che Clara fosse meno assente.

"In fondo", aveva detto il professore, "ognuno si chiude nella sua personale stanza di sughero, con il suo vestito da sposa e la sua torta ammuffita, aspettando che qualcuno venga, lo prenda per mano e gli faccia fare un giro intorno al tavolo".

Cominciarono verso la metà di aprile. Molti dicevano che era finita, che la guerra era finita, che gli alleati avevano già liberato molti campi e, presto o tardi, sarebbe toccato anche a noi. Presto o tardi, oggi o domani faceva un'enorme, significativa differenza: se oggi era la vita, domani poteva essere la morte.

Verso la metà di aprile, comunque, cominciarono dei grandi trasporti: quasi nessuno più lavorava, ma tutti stavamo chiusi nelle baracche, senza mangiare né bere, aspettando di venir presi e portati chissà dove.

"Le cose si sono mosse", disse un giorno Athos. "Stanno arrivando i russi. E' questione di poco, ormai", e si attaccò con tutte le sue forze alla grata della piccola finestra, schiacciando il naso sul vetro come se i russi dovessero arrivare di lì a cinque minuti. "Sì sì", continuò. "Arrivano arrivano ... E' questione di poco".

Staccò bruscamente una mano dalla finestra, si voltò verso di noi parlando a tutti e a nessuno in particolare e disse: "State attenti a non salire su quei camion: non si torna indietro più".

Poi tacque, si staccò definitivamente dalla finestra e si avviò verso Milena, in fondo alla baracca. Io sospirai sorridendo piano a Clara. Fuori un gran trambusto incomprensibile. Mauthausen allo sbando.

Passammo circa quindici giorni chiusi nelle baracche. Alla mattina verso le sei, un Kapò apriva la porta sprangata e ci faceva andare alle latrine; alle quattro del pomeriggio ci servivano la solita orrenda zuppa e poi la porta non si apriva più fino alle sei del mattino successivo.

Molti si ammalarono e alcuni morirono in quei giorni e fu un problema perché, a quanto si poteva capire, le camere a gas non erano più in funzione e non si sapeva dove metterli quei corpi, nessuno veniva a prelevarli e puzzavano e facevano ammalare anche gli altri. La camera a gas era stata fatta saltare da due Kapò e una SS, così tutto il nostro progetto, maturato in quell'anno, di farla saltare, la camera a gas, ecco, era stato messo in atto dai tedeschi stessi.

Era davvero la fine allora.

Nessuno spiegava nulla a Mauthausen e noi, soprattutto ora, non capivamo o meglio, cercavamo di allontanare quello che avevamo capito: ci avrebbero uccisi tutti, prima della fine.

"No", faceva in continuazione Athos a Milena che era rimasta l'unica a ascoltarlo, "non possono: arriveranno i russi da un momento all'altro".

E così andammo avanti per quindici giorni: Athos aspettando i russi, Clara sorridendo e fissando il soffitto, Milena a ascoltare Athos e a fare "sì sì" con la testa, Marcello e Fveirrolh, misteriosamente diventati amici, sedevano sulla stessa branda, Eva decisa ancora a scappare prima della fine. Il mio professore non era con noi: forse stava in un'altra baracca, purtroppo non lo sapevo e non c'era modo di saperlo ma, per tutto il tempo, sperai con tutte le mie forze che si stesse organizzando, o stesse leggendo o stesse disperando, come molti di noi, buttato su un orrendo tavolaccio con la testa tra le mani in mezzo al puzzo di morte e malattia, ma che non fosse mai salito su quei camion, che non fosse morto.

I russi, come diceva sempre Athos, sicuramente sarebbero arrivati da un momento all'altro, tuttavia non furono i russi che la mattina del 1 maggio vennero a aprire la porta della baracca.

Ci fecero mettere in fila nel piazzale d'appello, urlavano, e si vedeva che erano agitati: più d'una volta sbagliarono a contare, ci fecero girare e rigirare, mettere in fila sul lato est del piazzale e poi sull'ovest. Non erano coordinati, freddi e lucidi come al solito: c'era qualcosa che non andava. Si sentiva.

In fila, iniziammo a marciare. Due SS aprivano la fila, due SS stavano in fondo e, ogni quattro di noi, c'era un Kapò.

Io cercai di stare il più possibile vicino a Clara: stavo dietro e cercavo di sorreggerla perché camminasse diritta e non sorridesse a destra e a sinistra, ma non era facile. Clara era del tutto scoordinata, non riusciva quasi a reggersi in piedi, continuava a fare "no" con la testa, si girava, mi guardava e sorrideva. Dietro di me c'era un Kapò e, ricordo, più d'una volta mi stupii del fatto che non dicesse nulla: non urlava, non rimproverava né me né Clara, solo camminava e ci spingeva in avanti.

Avanzammo piano e in silenzio fino al cancello di Mauthausen, poi la SS davanti urlò di fermarsi, e la lunga colonna si bloccò. Il Kapò dietro di me incrociò le braccia e abbassò la testa così non lo vidi in faccia. Clara mi guardò e sorrise.

Stavamo per varcare il cancello diretti chissà dove e io pensai improvvisamente a quando l'avevo varcato la prima volta, e tutto, in quell'attimo intermittente, ritornò a me. Mi vidi – non l'immaginai: lo vidi – col cappotto rosso e il cappello, ferma, zitta, come ora, in fila fuori dal cancello; rividi la SS chiacchierare poi avanzare fino a noi, urlare qualcosa e prendere per la testa quel bambino piangente; lo vidi morire di nuovo sui fili spinati e poi morire sua madre e poi le risa delle SS e io che mi domandavo cosa dovevo fare lì e dov'era Sergio e se l'avrei rivisto.

Ricordai com'ero quando ero partita, com'ero all'università e mi sforzai ma non riuscii a ricordare perché l'avessi lasciata; ricordai com'ero al bar, quanto poco mi importasse quel lavoro, quanto poco era mio; ricordai perché avevo smesso di scrivere ma cacciai quel pensiero che ancora mi spaventava: non potevo pensarci senza aver paura, non potevo pensarci senza qualcuno che mi calmasse, senza il mio professore. Ricordai, invece, com'ero con i partigiani: vidi William e Satana, Paolo e Nord al bar con me e Sergio, poi divisi e l'addestramento, tutto quel tedesco, l'irruzione dei nazisti, io che uccidevo quell'uomo, poi William malato, la Villa Merli e Mauthausen. Capii in quell'istante che Paolo era morto, che Sergio era morto, che quel bambino e la sua mamma erano morti il primo giorno a Mauthausen, ancora prima di entrarci nel campo; seppi, senza ombra di dubbio, che anche Abram era sicuramente morto: lui e tutte le sue teorie sugli uomini a immagine di Dio; capii che anche quel prete del crematorio doveva essere morto e anche la donna con la faccia in mezzo ai suoi escrementi e tutti eravamo morti da qualche parte, in qualche modo, e mi resi conto di quanto tempo fosse passato e di com'ero diversa – di come tutti lo eravamo – ora.

C'è sempre una parte di tempo che non è possibile recuperare se non con la scrittura letteraria, per questo il mio professore insisteva da anni affinché tornassi all'università e ricominciassi a scrivere. Ero io che dovevo raccontare, che dovevo scrivere: io e nessun altro. Satana aveva ragione: io dovevo scrivere e provare a evitare che il ricordo fosse sommerso; io, se fossi, infine, appartenuta ai salvati, avevo il preciso dovere di scrivere perché scrivendo la mente si svuota, il cuore s'acqueta e si fa pace col nemico.

Delle mie sofferenze nessuno aveva scritto e infatti erano rimaste tutte: si erano ingigantite, imputridite, avevano messo radici e non riuscivo a staccarmele di dosso. Erano diventate enormi: un albero gigantesco con giganteschi rami e il ramo più lungo e robusto era quello del senso di colpa. Senso di colpa dal quale non mi sarei liberata mai perché era davvero stata tutta colpa mia: la morte di Sergio come, anni prima, quella di mia madre.

"E' per questo che non scrivi più?", mi aveva chiesto un pomeriggio al bar il professore.

Io non avevo risposto, avevo preso dal tavolino la tazza, passandoci sopra un colpo di spugna e l'avevo messa nel lavandino, poi ero tornata dietro al bancone.

"Angelica, vieni qui, per favore", mi disse.

Lui aveva la capacità di farmi fare ogni cosa che voleva: mi diceva "Angelica, vieni qui" e io, automaticamente, senza pensare, senza quasi rendermene conto andavo lì, da lui, perché sentivo che, essere lì con lui, era la cosa più bella che mi fosse mai capitata. Da quando l'avevo conosciuto, la mia vita era stata sicuramente molto più dolorosa perché mi faceva pensare, mi faceva riflettere e considerare a fondo ogni cosa. Tutto, secondo lui, era serio e grave, anche il divertimento, e la vita era seria e grave, bella, diceva, ma seria e grave e così andava presa. La mia vita, allora, era più dolorosa da quando lo conoscevo perché sentivo fortemente l'assenza di lui quando non lo vedevo o non lo sentivo, ma era anche più bella e importante:

era lui che mi faceva vivere, che mi diceva che potevo vivere e vivere bene.

Mi sedetti di fronte a lui che si prese il viso tra le mani e mi guardò senza parlare.

"Sì", dissi dopo un po'. Mi guardai intorno ma non c'era quasi nessuno quel pomeriggio, così lo fissai e gli chiesi: "Lei crede che la letteratura possa far ammalare qualcuno fino a ucciderlo?"

Mi fissò senza muoversi e lo sentii domandare: "E' questo che pensi?"

"Lo sto chiedendo a lei", dissi.

"Quello che pensi tu è più importante, visto che stiamo parlando della tua di madre, giusto?", mi disse.

Abbassai la testa.

"E ogni posizione", mi disse guardandomi abbassare occhi e testa e poggiare la testa sulla mano sinistra, "ha una verità. E si deve cercare una verità profonda, non una superficiale. Una posizione degna di essere difesa fino alla morte".

L'avevo uccisa, per questo non scrivevo più. Avevo scritto e pubblicato due libri e il secondo l'aveva uccisa: io lo sapevo. Chiunque poteva dirmi che non era così, tutti avrebbero potuto consolarmi dicendomi che era già malata, che non ero stata io a ucciderla, che non era stato quello che avevo scritto, che, in fondo, la letteratura non ha questo potere, io sapevo che non era così: la letteratura ha questo potere: può alzare e abbassare, far vivere e morire, esaltare, rinforzare e annientare, distruggere. La letteratura ha un enorme potere e non sempre è salvifico.

Alzai la testa piano, mi voltai e lo vidi. Era lì, a fianco a me, sulla destra. Testa bassa, occhi che fissavano a destra e a sinistra un ugual tempo di minuti, occhi che fissavano e non parevano interessarsi a nulla in particolare tranne al grande cancello di Mauthausen. I suoi occhi fissavano, prima a destra poi a sinistra, dunque erano fissi ma non erano immobili, fissavano senza guardare nulla e nessuno eccetto il cancello.

I suoi occhi si voltavano a destra e a sinistra, guardavano il cancello, ma io guardavo lui. Era lui, era venuto a prenderci e forse non era solo. Era venuto e adesso stava lì, travestito da Kapò, con l'orrenda divisa, tutti gli stemmi, il berretto, le braccia incrociate e gli occhi che guardavano il cancello e solo il cancello mentre si voltavano a destra e a sinistra. Era arrivato, erano arrivati, allora per davvero stava tutto per finire.

Volli chiamarlo ma mi trattenni. Se era lì, se Satana era lì, vestito da Kapò e faceva girare gli occhi a destra e a sinistra fissando il cancello, sicuramente avevano un piano e quasi un anno e mezzo di permanenza a Mauthausen mi aveva insegnato che i piani funzionano se restano segreti, se ai piani non si da la parola.

Tacqui e mi voltai verso Clara mentre le SS in capo alla fila urlavano di riprendere la marcia.

Prima di lasciare l'università, avevo seguito due corsi con il mio professore: il corso di Letteratura di base e l'avanzato.

L'anno in cui seguii l'avanzato, ricordo, come testo c'era *Grandi Speranze* di Dickens. Una cosa mi ha sempre colpita di quel libro anzi, più che una cosa, una persona, un personaggio: Miss Havisham, la sua casa, il suo vestito da sposa ingiallito, la torta muffita e, più di tutto, il giardino. Miss Havisham, secondo me, aveva corso un grande pericolo perché, se è vero che a volte l'unica cosa che si è in grado di fare è di chiudersi in una stanza indossando il vestito del matrimonio che non è mai avvenuto e aspettando che qualcuno venga a tirarti fuori, bisogna avere, da qualche parte, la speranza o la certezza che, prima o poi, qualcuno verrà. Altrimenti, se nessuno arriva, è pericoloso.

La natura, fuori della casa di Miss Havisham, si stava rimpossessando di ogni cosa; il giardino incolto, volutamente lasciato andare, si stava ribellando, scuotendo, a significare che la vita va avanti e che, se non reagisci, ti sovrasta, ti schiaccia e corri il rischio di farti sotterrare dalla vita che comunque va avanti, che prosegue e sale con impeto irrefrenabile su di te e il tuo vestito giallo.

Miss Havisham era uno "Schwinner", ed ebbe tutto il tempo di esserlo, comodamente seduta sulla sua poltrona a guardare la torta disfarsi, il vestito ingiallire e il suo amore perduto allontanarsi sempre più da lei.

Noi, invece, tempo non ne avevamo, nemmeno gli "Schwinner": si doveva avanzare, marciare, andare avanti, senza bere né mangiare; camminare, sollevare la testa di Clara sempre penzoloni, evitare i sassi; poi, finalmente, sedersi. E subito ripartire tra le urla, e tra le urla e le raffiche qualcuno morì nel cammino. Ma noi si continuava a andare, avanti, avanti, senza sapere dove, senza chiederlo, senza avere la possibilità di una risposta; camminavamo e calpestavamo quell'erba, quei rami, quella terra, quella natura che mai ci avrebbe sovrastato perché noi non eravamo Miss Havisham, non eravamo ricchi, non avevamo tempo: si doveva andare, dovevamo andare soli perché nessuno, nessuno, da noi, sarebbe arrivato.

Continuammo a marciare per non so quanto tempo, tutti in silenzio, a testa bassa, sfiniti. L'unico rumore che si sentiva era lui, era quel rumore solito, il rumore di benvenuto a Mauthausen, quello che distingueva nettamente e più d'ogni altra cosa i deportati dai carnefici: lo strascicare dei piedi. Per essere un rumore era sottile, basso, lieve e appena si poteva percepirlo. Noi, naturalmente, lo sentivamo forte e chiaro perché nessun altro rumore c'era a scandire quella marcia, a accompagnare chissà dove quelle vite.

Se Satana aveva un piano, la sua attuazione tardava a venire. E poi, perché era solo? C'era William? E Paolo? Dov'erano tutti? E gli altri: Fveirrolh, Marcello, Athos? Dov'era Athos? E il mio professore? Erano in fondo alla fila o magari davanti? Come dovevamo agire?

Non accadde nulla per giorni e noi, in silenzio, piano, zitti a contrastare le loro urla, noi, con il nostro silenzio, continuammo a camminare, a trascinarci chissà in quale altro inferno e molti continuarono a morire lungo il cammino. Proprio come in campo si marciava, si prendevano le botte, si sentivano urli e, stremati, una volta usati del tutto, si moriva. Eravamo ancora in campo, allora: un campo più grande, senza mura né cancelli, ma sempre un campo. Il lager, imparai infatti mentre marciavo cercando di tenere Clara il più possibile dritta, è ovunque qualcuno si arroghi il diritto di dire che non siamo tutti uguali, che alcuni hanno dei diritti e altri no e che quelli che hanno i diritti stanno avanti la fila e urlano e quelli che non li hanno li seguono a testa bassa. Laddove questo verbo attecchisce, alla fine, c'è il lager: io lo so.

"Un giorno", mi avrebbe detto presto il mio professore, "questa realtà imperfetta, con tutte le sue inquietudini, i suoi desideri, le sue paure sarà superata.

E quando questo accadrà, tutti noi, saremo inseriti in un futuro gioioso, affrancato da tutte le imperfezioni, privo d'ogni paura, d'ogni affanno; senza inquietudini, senza desideri inappagati saremo fuori dal tempo umano e finalmente inseriti nell'unico tempo, a vivere l'unica vita: la letteratura".

"Un giorno", aveva detto Sergio, "le acque si ritireranno e il sole ritornerà a splendere".

Ma intanto la realtà era diversa.

Notai, innanzitutto, osservando questa "realtà diversa", improvvisamente e senza sapermelo spiegare, che il guscio si era rotto, il velluto era slabbrato e la porta era stata fatta saltare in aria. Di proposito.

Anzi, non lo notai: lo seppi.

Ne venni a conoscenza.

Ne ebbi un'improvvisa e chiara consapevolezza.

Seppi, marciando tra le urla in mezzo, al riparo tra Clara e Satana, che ogni riparo era una crudele illusione, che non ero più al sicuro; non eravamo – nessuno di noi lo era – già da tempo, più al sicuro.

Perché il guscio si era irreparabilmente, non crepato, ma rotto, rotto con la morte di Sergio. Perché il velluto del sacchettino nel quale ero immersa si era slabbrato con l'entrata a

Mauthausen. Perché la porta dello studio del mio professore, il mio unico guscio, il mio caldo sacchettino di velluto, la porta era saltata in aria in questi tempi crudeli e chi, chi sarebbe sopravvissuto per poterla riparare?

La letteratura – me lo diceva sempre il mio professore – non ha mai avuto né preteso d'avere una funzione salvifica. La letteratura non deve salvare nessuno. Può farlo, certo, ma non è sua prerogativa principale e, in fondo, a guardar bene, siamo noi che la maneggiamo in modo che ci salvi. Oppure è lei e non ce ne accorgiamo.

Io penso che la letteratura siamo noi. La letteratura, quella cosa imperfettamente stupendamente gratuitamente umana, siamo noi. Noi la scriviamo, anche se è lei che si lascia scrivere; noi la leggiamo, anche se lei si fa leggere; noi, a un certo punto, tiriamo il libro nel fuoco oppure ce lo teniamo per sempre sotto il cuscino. La letteratura siamo noi.

E allora, a chi l'onere di salvare un'altra vita umana?

La bambina, già da piccola, passava lunghe ore sola, stesa sull'albero di fronte casa, o seduta sulla seggiola in cucina mentre la madre cucinava, o nella falegnameria del nonno, a leggere.

Leggeva, leggeva e, per tutta la vita, non aveva fatto altro.

Un libro l'accompagnava sempre: grossi volumi, più che altro, che sembravano aver preso la forma del suo braccio e che, quasi magicamente, si aprivano sempre sull'ultima pagina a riprendere un discorso mai interrotto davvero.

"Nonno", chiese un giorno guardandolo togliere dei chiodi a una trave, "credi che il mondo possa essere così", e alzò alto il libro.

Il nonno smise un attimo di lavorare, la guardò, guardò il libro tentando di decifrare il titolo, guardò di nuovo la nipote e scosse le spalle.

Lei sorrise e continuò: "A me piacerebbe", disse parlando al libro e al nonno contemporaneamente. "Vivrei con meno paura, credo, se il mondo fosse così: leggibile."

Il nonno la guardava e, a tratti, lavorava e scuoteva le spalle.

Lei continuò: "Invece, non ci capisco nulla, e mi spaventa".

Il nonno fermò il lavoro, si alzò, si avvicinò alla nipote e le disse: "Angelica, allora fai un tentativo. Tenta, prova a rendere leggibile il mondo".

Tutto quello che i nazisti volevano fare, capì anni dopo la bambina, era evitare che questo tentativo riuscisse, non lasciare leggere il mondo, abolire la possibilità della lettura – di tante letture. Per questo è facile trovare nella letteratura la soluzione, l'ammenda al problema del nazismo – di tutti i nazismi, di tutti i fascismi, di tutti i tentativi di rendere illeggibile il mondo – che, altro non è, che il crudele e banale tentativo di togliere la possibilità della lettura.

Laddove si vuol ridurre tutto a un'unica lettura, laddove si nega la possibilità che esistano altre lingue, altri modi di leggere, altri modi di interpretare, laddove non si crede possibile – ma si vieta – che un libro possa essere letto anche a testa in giù, lì, alla fine, si muore.

Trenta

Morì tra le mie braccia esattamente dieci minuti e quarantaquattro secondi prima che Mauthausen fosse liberata dai russi.

Morì davanti alla mia faccia smagrita, stordita e incredula, il cinque maggio del 1945 alle ore 17.40.

Morì senza far rumore, in silenzio, come cresce o muore un albero, come una penna scrive su un foglio, come un sogno si realizza o è distrutto per sempre, come inizia o finisce una vita.

Morì e, dieci minuti dopo, Mauthausen non era più. Eravamo liberi.

Morì alle 17.40, e alle 17.50 la guerra era finita dappertutto.

Marciavamo da non so quanti giorni, tra gli urli delle SS e le spinte dei Kapò. Marciavamo giorno e notte, senza fermarci quasi mai. Molti di noi morirono durante la marcia.

Marciavamo, e questa camminata della morte, questa danza di spettri era il nostro arrivederci a Mauthausen verso la ben nota destinazione, verso il compiersi del destino che ci era stato imposto: la morte.

Non dovevamo sopravvivere. Nessuno – nemmeno uno – doveva restare per ricordare e parlare e raccontare.

Ci fermammo, a un certo punto, in mezzo a una radura e mi accorsi che i cani pastore venivano mandati in tutte le direzioni a perlustrare, a accertarsi di non so che, ma qualcosa doveva essere successo.

Io ero in fondo alla fila, mi sedetti e, senza nemmeno cercare di capire (non m'importava più capire questo meccanismo spaventoso e crudele nel quale vivevamo), voltai la testa avanti e indietro cercando di localizzarla.

Non la vedevo da quattro? sei? otto giorni? Non ricordavo più da quanto eravamo in marcia, però era tanto tempo che non la vedevo e, a quanto sapevo, poteva essere ferita o morta. No, non era morta. Non poteva essere morta perché sarebbe sopravvissuta. Doveva vivere. L'aveva promesso.

Doveva vivere perché l'aveva promesso a me, invece morì. Io so che non poté vivere: ne fu nauseata, spaventata; non poté portare avanti quella vita un giorno in più perché ogni giorno era pericolosissimo. Io so che se avesse potuto avrebbe vissuto ancora, si sarebbe sposata, avrebbe fatto tre bambini: due femmine e un maschio; io so che sarebbe andata avanti.

Non ne fu capace, non poté più vivere, perché ogni giorno le arrecava un dolore tremendo, mostruose sofferenze e la vita era tutto fuorché gentile.

Morì, ma io so che se avesse potuto, se qualcuno, qualcosa, l'avesse catturata, stretta dolcemente tra la braccia e la sua paura si fosse acquetata anche solo per un po', io so che non sarebbe morta.

L'aveva promesso, ma non poté.

Noi scappammo. Esattamente nove o dieci giorni dopo l'uscita da Mauthausen scappammo perché alcuni partigiani si era infiltrati tra di noi, vestiti da Kapò, e tutti insieme, con una forza che non sapevamo bene da dove veniva, eppure veniva dalla letteratura e dalla letteratura sola, ci unimmo e scappammo.

La letteratura sola fu in grado di portarci fuori di lì, o meglio, noi e la letteratura, perché solo questa è in grado di adoperarsi perché tu possa cercare di più, più in alto; perché tu sappia che non sei solo, che sei importante e fai la differenza e, quando tutti ti ha ormai abbandonato, la letteratura sola ti farà chiaramente sapere che c'è un posto, una poesia, un albero anche per te, solo per te.

Furono le nostre gambe, allora, il nostro cervello e il cuore della letteratura, il nocciolo, il cuore di tenebra della letteratura che, piano, grave, ci portò fuori da Mauthausen.

Satana disse più d'una volta che il piano aveva diverse falle. Aveva ragione, e anch'io avvisai Bolero che, porco diavolo!, eravamo pochi, che i tedeschi sicuramente si aspettavano un'imboscata, che il tempo non era ben calcolato,porco diavolo! Ma lui rispose che non importava, che il tempo non c'era e che gli avevano rotto i coglioni quei cazzi di tedeschi di merda. Così agimmo, e i risultati ... beh, sono alla storia.

L'avevo detto con William: "Guarda che il piano non va!", però, ormai, non ero più io che decidevo: tutto era passato in mano a quelli di Bolero già da un po', soprattutto dopo la morte di Nord e Paolo. Che poi, boh, magari Paolo non era nemmeno morto ... Le ultime notizie le ebbi mesi prima da Sergio, e mi diceva che era prigioniero e che, come gli altri, aspettava il suo turno. Ci furono diversi scambi, ma Paolo non uscì mai. Questo comunque non voleva per forza dire che fosse morto. Con William lo dissi, comunque, che il piano non sarebbe funzionato, e lui rispose di dirlo a Bolero e che in fondo gli alleati avrebbero vinto lo stesso. Mi ferì. Sì, è vero: gli alleati avrebbero vinto anche senza di noi, ma allora i nostri sacrifici? Nord morto? Sergio ammazzato a quel modo a ventiquattro anni? Era stato inutile? No, nulla era stato inutile, nulla era stato vano, tutto era servito. Lo so. E so che anche William la pensava così. Quello che disse sugli alleati e su noi – era ovvio – lo diceva per sua sorella, perché se anche poteva accettare il fatto che Nord fosse morto e che Paolo fosse morto e che Sergio, insieme a mille altri con o senza nome, fosse morto, non poteva assolutamente darsi pace per la situazione di sua sorella, per quello che le era stato fatto. Non poteva accettare una cosa del genere, come avrebbe accettato la morte di Paolo. Che poi, boh, magari Paolo non era nemmeno morto ...

Satana aveva mandato il suo galoppino a dirmi che il piano era scadente, che faceva schifo. Bella novità! Lo sapevo anche da me. E allora? Il comando l'avevamo noi: quei quat-

tro avevano fallito. Avevano mandato due ragazzi alla morte certa e non erano stati in grado di proteggerli. Così avevo deciso. E poi mi ero rotto i coglioni di quei nazisti di merda!

Ci abbiamo provato: nessuno potrà dire che non abbiamo provato. La riunione l'abbiamo fatta, il piano era stabilito, ma ci è andata male. Peccato.

Athos e Milena sostengono che abbiamo provato e, anche se è andata male, alla fine, in un modo o nell'altro siamo sopravvissuti, dunque non dobbiamo essere così pessimisti. Sì, siamo sopravvissuti: ma quanti? E quelli che sono morti? Fveirrolh, che voleva dire "perseverante", morto di stenti lungo la tremenda marcia; Giosuè, che era solo un bambino quando il dottor Morte se lo prese e lo cacciò via. E Eva, che passò dal bordello della strada in cui abitava a quello di Mauthausen, con l'unica insignificante differenza che prima soddisfaceva per due lire grandi, rozzi contadini dalle mani callose, che venivano subito e subito se ne andavano, e lì, a Mauthausen, lavorava gratis per la razza più spietata e crudele del mondo. E quel ragazzo, Eliah, che morì con un colpo alla nuca perché si pisciò addosso all'appello del mattino. E poi, Angelica. Anche Angelica morì, ma non seppi mai bene come. Io penso che non ne poté più e desiderò fortemente morire, non volle più vivere anche se si era alla fine dell'inferno, forse proprio perché lei – che era una scrittrice – sapeva che l'inferno sarebbe continuato, che non sarebbe finita qui, così si arrese e si lasciò morire.

Non vidi più nessuno di loro. Non seppi più nulla delle loro vite. Qualcuno mi disse che Damiano Malabaila e quello di La Cruz ... Federico qualcosa, non ricordo, se ne andarono insieme, lontano dall'Austria, lontano dall'Europa, fino A Buenos Aires e lì vissero per alcuni anni e aprirono un'agenzia di non so che. Altro non seppi. Rividi Marcello a alcune riunioni del Partito Comunista verso gli anni '60 e ci sposammo subito, nel '70. Tutto qui quello che mi resta da Mauthausen. Un numero scritto e un marito.

Per tutto il tempo in cui non potei parlare, io pensavo. Anche oggi, non parlo, ma penso. Penso e sento. E a Mauthausen non ebbi mai dubbio, io sentii chiaramente che qualcuno mi teneva, forte, sicura una mano sulla testa.

Estate
La rivincita

La studentessa entrò piano e chiuse piano la porta dietro di sé.Guardò avanti e respirò forte l'odore incantevole di carte, libri vecchi e familiari, inchiostro. Respirò a lungo quell'odore di casa, casa nella quale era finalmente ritornata dopo tanto dolore, dopo tanto vagare, e piano salì le scale attaccandosi, come per farsi forza a vivere, alla ringhiera di pietra.

Salì piano, contando ogni passo, carezzandosi la pancia dolcemente, leggera. Il cuore era pieno, il sogno chiaro, e semplicemente si sentiva bene.

Entrò afferrando salda la maniglia come se potesse dissolversi da un momento all'altro e il sogno finire, invece lei voleva restare aggrappata a quel sogno, stringersi a lui e non muoversi mai più. Tirò la maniglia verso il basso, e la porta s'aprì.

Il professore si voltò verso la studentessa. Sorrise. Pose il libro sulla scrivania e attese come sempre aveva fatto. Attese lei che, in sogno, gli veniva davanti, che finalmente la smetteva di fuggire, d'essere chi non era e tornava lì dov'era il suo posto.

La studentessa sorrise. Chiuse la porta dietro di sé, senza voltarsi, ma armeggiando con le mani dietro la schiena. Fissava lui e gli sorrideva.

Fece qualche passo in avanti: non strascicava più i piedi, né sembrava timida o imbarazzata, piuttosto certa, sicura che quello fosse il suo posto e che finalmente era tornata a casa.

Il professore non parlò: non ce ne fu bisogno.

Lei avanzò ancora, carezzandosi piano la pancia e sorridendo, e disse: "Eccomi, professore. Sono tornata".

Storia che si ripeterà sempre, finché sulla faccia della terra esisteranno gli uomini e i caporali.

TOTÓ

Appendice fotografica

Il secondo uomo, in camicia chiara, è Massimiliano Villa: il partigiano "William".

Il partigiano Giacomo Saccone "Paolo" è il primo, in rilievo, da sinistra.

Il partigiano Piero Balbo "Poli",
il comandante "Nord".

Partigiani liberano Torino il 25 aprile 1945.

La partigiana Rina Chiarini Scappini "Clara".

Il partigiano Angelo Testi "Satana" è sul camion.

Mauthausen, la baracca n. 10.

Il comandante SS Frantz Ziereis insegnava al figlio a esercitarsi al "bersaglio vivente" sui deportati.

Lavoro alla cava delle pietre di Mauthausen.

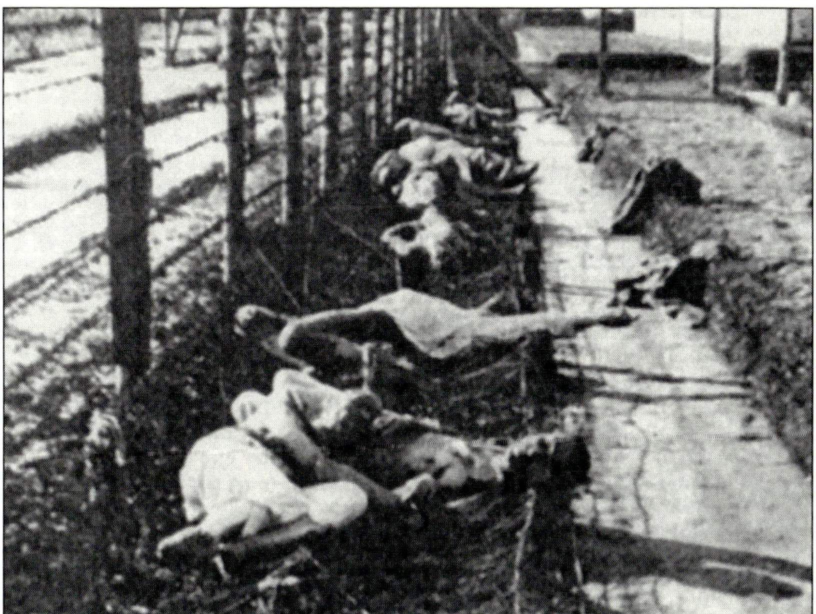

Entrata principale del campo di concentramento di Mauthausen (Austria)

Il crematorio di Mauthausen

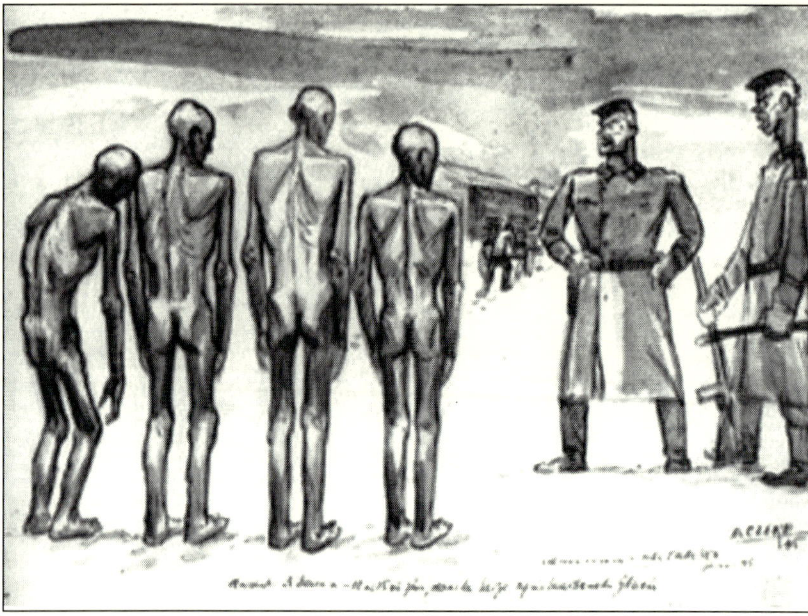

Deportati e SS in un disegno di David Olère

Il bordello di Mauthausen

Il cielo a Mauthausen

Parte II
Sergio

Dresda, 22 novembre 1943

Mia amata Angelica,
continuamente ti disegno, così sempre sei con me perché, per tenerti con me, ho bisogno di disegnarti.
Ti ho dipinta, le tue mani ho disegnato, dappertutto, in mille fogli. Ogni giorno disegno le tue mani e sempre sento che sei con me anche se sei lontana.
Disegno solo le tue mani che sono la parte più buona di te e, soprattutto, quella meno riconoscibile, meno identificabile visti i tempi durissimi e pericolosi in cui viviamo. Che strano! Io, le tue mani, so distinguerle tra mille perché sono le tue e quelle di nessun altro; invece, mi si dice che sono la parte meno pericolosa perché meno identificabile. Che strano ...
Pensa, Angelica: sono qui da tre giorni e, il primo giorno, avevo fatto un ritratto intero di te. Ricordi quel bel cappotto rosso che hai dovuto comprare a rate perché ti piaceva tanto ma soldi non ne avevamo? Ecco, ti avevo disegnata con quel cappotto e le tue mani che toccavano appena le tasche del cappotto come sempre fai tu che non infili mai le mani in tasca come se, le mani e le tue sole mani, non avessero mai freddo. In testa avevi quella bella fascia rossa che metti sempre con quel cappotto e, poi, la tua espressione: guardavi in alto, come al solito, verso il cielo quand'era azzurro, non il cielo di adesso che non si può guardare. E eri triste: sei sempre triste e non so mai il perché.
Nord è arrivato e ha strappato il disegno perché "non è sicuro e non siamo in villeggiatura", ha detto. L'ha gettato nel fuoco ma un pezzo è caduto a terra e sono riuscito a salvarlo: la tua mano sinistra.
Così ho capito.

Ho bisogno di disegnarti sempre, Angelica, per tenerti con me e solo le tue mani voglio disegnare. Anche scrivere è pericoloso, immagino, però, fino a quando Nord non verrà a strappare la lettera, posso continuare.
Dove sei? Che cosa fai? Come stai ovunque tu sia?
Qui nessuno mi dice nulla, nessuno pronuncia il tuo nome, come se tu non esistessi più, ma io, quando ti disegno, quando disegno te, quando disegno per te, sento con certezza assoluta che tu sei ancora. Nessuno potrebbe dirmi: "Angelica non è più", perché io so che non è così.
Nord e Paolo non mi dicono quasi nulla della situazione, ma io so che è difficile e pericolosa. Mi hanno parlato di un tale Mengele, il dottore di Auschwitz, che fa certi esperimenti raccapriccianti sui bambini, sui gemelli e i nani. E si può, mi chiedo, chiamarlo dottore? E' un dottore uno che tollera solo i forti e i sani? E' un dottore uno che uccide tutti quelli che, secondo lui, non sono degni di vivere? Per un dottore non dovrebbero essere tutti degni di vivere?
Stanno morendo in tanti, sai? E non solo nei campi. C'è gente che muore ovunque. Anche gli animali muoiono di paura, perché non potrebbero morire di questo anche gli uomini? E invece no.

Cara Angelica,
in questi pochi giorni, già ho avuto conferma di quello che ho sempre pensato: l'uomo è poco, ma nella sua pochezza, nel suo essere feribile, mortale, spaventabile, affamabile, l'uomo è tanto. Mi sembrava una contraddizione: ora non più perché ho l'esempio davanti a me ogni giorno, ogni ora. Paolo e Nord sono uomini e, come tutti noi, sono poco: sono feribili e feriti, sono mortali, sono spaventabili e spaventati anche se cercano di non darlo a vedere, ma, sai Angelica, con tutte le loro paure e le loro ferite continuano, vanno avanti, non si fermano perché, credo, loro sono aggrappati a qualcosa.
E noi?, mi chiedo. Noi a che cosa siamo aggrappati, Angeli-

ca? Io mi aggrappo a tutto il buono che c'è in questo mondo, che sembra poco ma non lo è. Nella sua pochezza è tanto. Mi aggrappo ai miei disegni, a te, a quello che eravamo noi due e che, chissà, forse, passata questa guerra (perché passerà, Angelica, anche se non sembra passerà) potremo ancora essere; mi aggrappo a Satana, William, Paolo e Nord e a quello cui, anche loro, sono aggrappati: qualunque cosa sia. Mi aggrappo a quella signora dai capelli grigi che, venendo qui l'ho vista, porta segretamente da mangiare a quattro bambini ebrei e rischia la vita e lo sa.

Mi aggrappo a tutte queste cose e mi chiedo, Angelica: si può dire che stiamo rischiando la vita anche io e te, come quella signora e come i quattro partigiani? O, piuttosto, non sarebbe meglio dire che tutti noi la stiamo donando la vita? Non è appena più esatto dire che la mia vita e la tua, tutte le vite che in questo periodo si spendono, non sono a rischio ma un dono? Io credo che tutte le vite, che le vite di tutti, siano poi una sola vita e che, come c'è un mondo solo e, checché ne dicano molti, c'è una razza sola che è quella umana e che va rispettata e preservata da qualunque cattiva idiozia, c'è una sola vita, una vita di tutti. E se c'è un mondo solo e una solo collettiva vita in questo mondo, allora tutti siamo responsabili di come le tante vite che compongono l'unica vita vengono trattate: se manca anche solo un bullone, la nave imbarca acqua e affonda, quindi, io penso, non sarebbe lo stesso se mancassimo io, te, William, Nord o la signora che sfama i bambini ebrei. Non sarebbe la stessa cosa.

E tu, Angelica, a che cosa sei aggrappata?

Tuo,
Sergio

Consapevole dell'importanza e della solennità dell'atto che compio e dell'impegno che assumo, giuro:
di esercitare la medicina in libertà e indipendenza di giudizio e di comportamento rifuggendo da ogni indebito condizionamento;
di perseguire la difesa della vita, la tutela della salute fisica e psichica dell'uomo e il sollievo della sofferenza, cui ispirerò con responsabilità e costante impegno scientifico, culturale e sociale, ogni mio atto professionale;
di curare ogni paziente con eguale scrupolo e impegno, prescindendo da etnia, religione, nazionalità, condizione sociale e ideologia politica e promuovendo l'eliminazione di ogni forma di discriminazione in campo sanitario;
di non compiere mai atti idonei a provocare deliberatamente la morte di una persona;
di astenermi da ogni accanimento diagnostico e terapeutico;
di promuovere l'alleanza terapeutica con il paziente fondata sulla fiducia e sulla reciproca informazione, nel rispetto e condivisione dei principi a cui si ispira l'arte medica;
di attenermi nella mia attività ai principi etici della solidarietà umana contro i quali, nel rispetto della vita e della persona, non utilizzerò mai le mie conoscenze;
di mettere le mie conoscenze a disposizione del progresso della medicina;
di affidare la mia reputazione professionale esclusivamente alla mia competenza e alle mie doti morali;
di evitare, anche al di fuori dell'esercizio professionale, ogni atto e comportamento che possano ledere il decoro e la dignità della professione;
di rispettare i colleghi anche in caso di contrasto di opinioni;
di rispettare e facilitare il diritto alla libera scelta del medico;
di prestare assistenza d'urgenza a chi ne abbisogni e di mettermi, in caso di pubblica calamità, a disposizione dell'autorità competente;
di osservare il segreto professionale e di tutelare la riservatez-

za su tutto ciò che mi è confidato, che vedo o che ho veduto, inteso o intuito nell'esercizio della mia professione o in ragione del mio stato;
di prestare, in scienza e coscienza, la mia opera, con diligenza, perizia e prudenza e secondo equità, osservando le norme deontologiche che regolano l'esercizio della medicina e quelle giuridiche che non risultino in contrasto con gli scopi della mia professione.
Joseph Mengele dichiara in un discorso: "i bambini di Auschwitz sono le mie cavie. Sono soggetti da esperimento". E continua: "Ogni anno, in Germania, si spendono 700 milioni di marchi per malati di mente, storpi e ciechi. Sapete voi quanti soldi si potrebbe risparmiare e destinare al vero popolo tedesco sopprimendo questi infelici?"
Mengele, ad Auschwitz, si dedicò a una serie di esperimenti sui gemelli, i nani e i malati di tubercolosi. Questi ultimi, "i venti bambini di Bullenhuser Damm", vennero selezionati tra gli ebrei del campo di Auschwitz II Birkenau: dieci maschi e dieci femmine e vennero portati a Neuengamme come cavie umane per osservare gli effetti della TBC.
"Chi vuole vedere la mamma faccia un passo avanti!", dice Mengele una mattina del novembre 1944. Tatiana Bucci, che stava nella baracca n.7, era stata avvisata di dire "no" e non si mosse. Dalla baracca n. 11, però, partì una triste fila di bambini che, inconsciamente e del tutto in buona fede, aveva decretato la propria fine. Una volta giunti al campo trovano ad aspettarli Kurt Heissmeyer, assistente di Mengele e incaricato di trarre delle conclusioni dagli esperimenti.
Heissmeyer fa incidere la pelle sul petto dei bambini, sotto l'ascella destra, con tagli a X, lunghi da tre a quattro centimetri; poi introduce con una spatola i batteri della tubercolosi e quello sempre utilizzato da Mengele, l'EVIPAN-NAUTRIUM; infine copre le incisioni con un cerotto.
In questo modo, i bambini contraggono la malattia nello stadio più avanzato e, nel giro di qualche giorno, presentano sin-

tomi molto evidenti.
A uno a uno, i venti bambini di Auschwitz II Birkenau, vengono fatti coricare sul lettino e, con un'incisione, Heissmeyer asporta loro le ghiandole linfatiche sotto le ascelle. Ogni intervento dura circa un quarto d'ora.
Giosuè, in fila con gli altri, ancora aspetta di vedere la mamma. Perché non è arrivata? E, una volta insieme, sarebbero tornati subito a casa?
La porta si apre e un uomo alto con un lungo camice bianco lo guarda e lo prende per un braccio; sta per portarlo via, forse a vedere la mamma, quando un altro uomo in divisa, uno di quelli che Giosuè conosce bene, che lo spaventano perché sono cattivi e urlano, dice: "Achtung! Achtung!" e alza un braccio. Il dottore lascia il braccio di Giosuè e se ne va con il soldato.
"C'è un ordine di esecuzione da Berlino", dice la SS. "Devi eliminare i bambini con il gas o con il veleno". E, rialzato il braccio, se ne va.
Giosuè, assieme ad altri bambini, viene fatto salire su un camion diretto alla scuola di Bullenhuser Damm, usata come luogo di detenzione.
"Forse adesso ci portano dalla mamma", dice Giosuè a una bambina. Lei non risponde e nemmeno lo guarda.
Una volta arrivati, i bambini vengono fatti scendere e rinchiusi in una stanza. "Sì", pensa Giosuè, "adesso arriverà la mamma!". Il tempo passa ed è ormai sera: nessuno si presenta dai bambini né i soldati né l'uomo in camice bianco tantomeno la mamma.
Giosuè sente un rumore e si affaccia alla finestra, ma è troppo piccolo e non riesce a vedere. "Ecco la mamma", pensa, e si sistema il berretto e il vestito.
"Fuori!", grida un uomo aprendo la porta, e i bambini, di nuovo in fila, lo seguono. "E' fatta", dice Giosuè alla bambina che non parla e non lo guarda mai. "Adesso andiamo dalla mamma!"
Un'ora prima di mezzanotte, un uomo aveva aperto la por-

ta della stanza dove erano rinchiusi i bambini e aveva gridato "Fuori!". Un'ora prima di mezzanotte comincia il massacro: i bambini vengono svestiti, Giosuè si sveste quando vede gli altri farlo e pensa che forse li avrebbero fatti lavare prima di vedere la mamma. Viene, poi, somministrato loro un sonnifero molto potente e, mentre Giosuè, che ha otto anni ed è molto bravo a scuola, si addormenta piano in mezzo ad altri bambini, tutti nudi come lui, pensa che "forse ci fanno prima fare la nanna e poi vedere la mamma".

Vengono impiccati tutti, lì, in una scuola come quella in cui anche Giosuè andava e con ottimi risultati.

In quel mondo di follia, ove la vita umana, non aveva più alcun valore, anche le ipotesi più pazze sembravano degne di verifica: in mezzo ai criminali, la scienza stessa delirava.

Dresda, 23 novembre 1943

Mia amata Angelica,
ho sempre creduto e continuo a credere ora, ancora più forte di prima, che nessuno su questa terra sia indegno di vivere.
Continua a crederlo anche tu, ti prego, nonostante i tempi dicano il contrario: c'è chi grida che non è vero, ma tu non gli credere e continua a pensare quello che pensavi prima che il mondo impazzisse.
La Resistenza è anche questo: credere in qualcosa, nonostante tutto e portarlo avanti, questo qualcosa, fino alle ultime e estreme conseguenze.
Che cosa ti insegnano? E come stai?
Io ho la testa piena di nomi e gerarchie: spero qualcosa mi rimanga. E' davvero difficile ma sto cominciando a capire meglio, credo, l'intera struttura nazista che, per quanto deleteria e folle, ha il privilegio di essere molto molto organizzata quindi facilmente studiabile. Oppure Paolo e Nord sono maestri eccezionali.
Oggi Paolo e Nord mi hanno parlato del capo delle SS, Hein-

rich Himmler: è a lui che dovrò fare riferimento. Così, da quando sono qui, mi hanno parlato delle camere a gas, dello Zyklon B, Mengele e i suoi esperimenti cretini e Himmler e la sua passione per gli oggetti in pelle umana. Paolo e Nord sono molto bravi e mi spiegano ogni cosa: io non capisco però. Non riesco a capire, Angelica.

Quello che dobbiamo fare, facciamolo e in fretta: forse è un modo per capire. Tuttavia, sempre più mi convinco che capire non si può. Non mi chiedo "perché?": credo sia una domanda inutile. Sbagliamo, e lo dicevo a Nord, a chiederci "perché?": non c'è un motivo, secondo me, che faccia in minima parte capire l'orrore in cui stiamo vivendo. Dovremmo chiederci, piuttosto, "che cosa fare?" perché, se non c'è un motivo, se non c'è modo di capire; c'è, deve esserci, qualcosa da fare. E io voglio farlo.

Cambierò nome, ma non posso scriverti come mi chiamerò là dove andremo perché c'è il rischio che i fogli vengano trovati. Voglio dirti una cosa, però: cambierò solo nome, Angelica, null'altro. Sarò sempre Sergio, per te, e ti amerò sempre come sempre ti ho amata e come ti amo ora. Saremo sempre gli stessi: non avere paura.

Viviamo in un momento di grande importanza, ma nulla di tutto quello che dovremo cambiare ha davvero importanza: non importa se dovremo cambiare nome, lingua, vestiti; non importa se dovremo stare dove non vogliamo o vedere cose che non vorremmo vedere. Io e te saremo sempre gli stessi, quindi, Angelica, non avere paura di chiamarti Antonia, Anna o Brygida: sarai sempre Angelica.

Io so chi sei, tu ricordalo e potrai essere chi vorrai.

Tuo,
Sergio

Discorso di Heinrich Himmler del 4 ottobre 1943 a Posen (Polonia)

"Vi parlerò qui con grande franchezza di un argomento molto serio. Dobbiamo ora discuterne apertamente tra di noi, ma non di meno mai accennarne in pubblico, così come non abbiamo parlato e non parleremo mai di quando il 30 giugno (1934) abbiamo eseguito senza esitare il dovere che ci era stato ordinato, mettendo al muro i camerati traditori e fucilandoli. E' stata una forma di discrezione per noi ovvia, grazie a Dio, quella che ci ha spinto a non discuterne mai, a non accennarvi mai. La cosa ha fatto rabbrividire tutti, ma tutti sapevano che l'avrebbero rifatto se avessero ricevuto l'ordine e fosse stato necessario.
Mi riferisco alla evacuazione degli ebrei, allo sterminio del popolo ebraico. Si tratta di una di quelle cose che sono facili da dire. "Il popolo ebraico deve essere sterminato" sostiene ogni membro del partito. "E' chiaro, è parte del nostro programma, la eliminazione degli ebrei, lo sterminio, ebbene, lo faremo". Ma ecco che vengono tutti, gli 80 milioni di buoni tedeschi, e ognuno ha il suo ebreo decente da segnalare. Certamente gli altri sono maiali, ma questo è proprio un ebreo speciale. Di tutti coloro che parlano così nessuno ha dovuto assistere, nessuno ha dovuto sopportare.
La maggioranza di voi sa che cosa significhi vedere cento cadaveri che giacciono insieme, cinquecento o mille. Essere passati attraverso tutto ciò e, a parte qualche caso, esempio di debolezza umana, essere rimasti decenti, questo ci ha reso duri. Questa è una pagina gloriosa nella nostra storia che non è mai stata scritta né sarà mai più scritta in futuro.
Noi però sappiamo quanto sarebbe tragico se oggi, con le incursioni aeree, le sofferenze e le privazioni della guerra, ci fossero ancora in tutte le città gli ebrei a sabotare, ad agitare e a provocare di nascosto.
Ci troveremmo probabilmente nella stessa situazione del

1916 e del 1917, se gli ebrei fossero ancora avvinghiati al corpo del Volk tedesco.

Abbiamo sottratto agli ebrei le loro ricchezze. Ho dato l'ordine tassativo - e l'Ober gruppenfuhrer delle SS Pohl l'ha eseguito - che tutte queste ricchezze siano, naturalmente, restituite al Reich. Per noi stessi non ne abbiamo trattenute. Individui che abbiano contravvenuto a questo principio saranno puniti conformemente a un ordine che ho emesso in principio e che minaccia: chiunque sottragga anche solo un marco morirà. Un certo numero di SS, non molti, hanno disobbedito a questo ordine e moriranno, senza pietà. Abbiamo il dovere morale, abbiamo il dovere verso il nostro stesso popolo di uccidere questo popolo che voleva ucciderci. Ma non abbiamo alcun diritto di arricchirci anche solo di una pelliccia, un orologio, un marco o una sigaretta o altro. Solo perché abbiamo sterminato un bacillo, non vogliamo esserne infettati e morirne. Non permetterò che compaia anche un solo bubbone che metta radici. Se dovesse comparire, noi lo sradicheremo. Non rimarrò inerte a osservare che la minima infrazione trovi spazio qui. Laddove si verifichi, la cancelleremo insieme. Approssimativamente, comunque, possiamo dire di avere adempiuto questo compito per amore del nostro popolo. E non ne abbiamo sofferto danno nella nostra interiorità, nella nostra anima, nel nostro carattere. "

Dresda, 24 novembre 1943

Mia amata Angelica,
N. mi ha giustamente rimproverato perché sulle lettere ho fatto bellamente i loro nomi e, per di più, non sono ancora riuscito a spedirle: da qui è impossibile. D'ora in poi dovrò stare più attento.
Vorrei dirti tante cose, Angelica, ma non posso. Vorrei scriverti quando partiremo da qui (perché non so se sarà lo stes-

so giorno), vorrei dirti come fare a rintracciarmi quando saremo là dove dobbiamo andare, ma come scrivertelo?
Se solo potessi disegnare, ma qui e nei tempi in cui viviamo tutto è pericoloso, tutto è potenzialmente mortale; così, mi limito a dirti quello che nessuno può impedirmi: ti amo, Angelica, e mi manchi tanto.
Continuo la mia preparazione memorizzando nomi, comandi e non ho quasi più la voce a forza di gridare. Non so se posso scriverlo, ma è bene che tu sappia, se già non te l'hanno detto W. e S., che quel certo castello vicino a dove andremo è altamente pericoloso e, sostiene N., come tutte le cose altamente pericolose là è facilissimo esserci trasportati. In questo castello fanno dei certi esperimenti sugli esseri umani: stai attenta, Angelica. N. mi ha detto che, mesi fa, hanno condotto degli esperimenti per testare la resistenza fisica del corpo umano nel ghiaccio, lasciando delle persone in ammollo in acqua gelida per settantadue ore. Tutto questo per cosa? Nel caso in cui i tedeschi dovessero trovarsi in ammollo nei mari del nord. Stai attenta, Angelica. Io tenterò di metterti una mano sulla testa.
Sono molto preoccupato per te e ti penso sempre. Non dormo molto e, l'altra sera, P. mi ha chiesto perché non disegnassi "cose neutre", dice lui, dal momento che non riesco a dormire. Io gli ho risposto che non posso disegnare "cose neutre", infatti non disegno molto adesso, non disegno più.
Abbiamo sbagliato tutti e due, sai? Tu avresti dovuto iscriverti a quella scuola di scrittura e diventare quello che volevi essere; avresti dovuto ascoltare il tuo professore e ritornare all'Università, e io non avrei dovuto rifiutare la mostra del sig. Pezzetti. Chissà, a quest'ora potevo davvero essere un pittore. Ricordi la mostra? Solo io e quel tale Carlo - quello col cognome da cigno - solo noi rifiutammo: io per paura, lui per pigrizia. Non so lui, ma io ho sbagliato e mi pento ora, perché non è lo stesso, Angelica. Non è lo stesso fare l'imbianchino e il pittore. Non è lo stesso lavorare in un bar o scrive-

re. Non è lo stesso se sei sempre triste: non va bene e, credo, la scrittura, il fatto che non vuoi o non puoi scrivere, c'entri molto in questa tua tristezza.

Tuo,
Sergio

Frantz Ziereis nasce a Monaco di Baviera il 13 agosto. Entra nelle SS il 30 settembre 1936 e, nel 1938, viene trasferito in Austria al campo di Mauthausen - Gusen.
Lì stava anche il prigioniero n. 115 609 che, in realtà, si chiamava Luigi Massignan. Il comandante SS Ziereis diventa tristemente famoso per la "caccia al prigioniero" alla quale addestrava, con il proprio fucile dal porticato, il figlio undicenne.
"Il giorno del mio anniversario", dice il bambino, "mio padre ha fatto allineare quaranta detenuti davanti a me; mi ha dato un revolver e io ho abbattuto i quaranta detenuti uno dopo l'altro perché dovevo imparare a tirare su dei bersagli viventi".
Il sig. Luigi è nato il 2 ottobre 1919 a Montecchio Maggiore ed è uno dei tre sopravvissuti del gruppo di vicentini deportati. Non era tra i quaranta bersagli viventi.
Mariolino Bini è nato il 14 novembre 1920 a Calderara e si sarebbe sposato il 20 marzo 1944 se non fosse stato arrestato e se non fosse stato offerto come regalo di compleanno al figlio della SS Zieris. Era il quarto dei quaranta bersagli viventi.

Dresda, 28 novembre 1943

Mia amata Angelica,
B. ha avvertito N. che avete subito un attacco. Come stai?Ho chiesto di te ma nessuno mi dice nulla; solo P. ha detto che sei illesa.
Ho saputo del tedesco: non sei illesa, allora. Angelica, ascoltami: non è stata colpa tua e spero che qualcuno te l'abbia detto. Hai salvato una vita e chi salva anche solo una vita

umana, salva tutta l'umanità; quindi adesso non essere triste e non sentirti in colpa. Hai fatto quello che dovevi. Sei sempre buona, Angelica. Lo sei comunque.
Noi ancora non abbiamo ricevuto attacchi ma sento che ci siamo vicini e, soprattutto, N. non ha la più pallida idea di cosa fare.
Preparano un piano e stracciano tutto; decidono per un'azione, perché è l'azione che manca, Angelica, poi pensano che è meglio evitare e non si fa nulla. Immagino siano molto frustati: lo sono anch'io.
Oltre alla mia preparazione per le SS, non facciamo nulla, ma credo a N. arrivino notizie terribili. Lo sento, anche se non ne parla davanti a me.
Stiamo esaminando in fretta la tremenda gerarchia e oggi, P. mi ha parlato di tale Julius Streicher, leader del Partito Nazista.
Sai, all'inizio, ho quasi tirato un sospiro di sollievo ... Insomma, dopo Mengele e Himmler ... E invece non è così. Questo è anche peggio.
Secondo P., Streicher ha sostenuto una fortissima forma di propaganda, razzista e antisemita, intervenendo anche nelle scuole.
E allora mi chiedo: se mai ci fosse un livello di responsabilità, non sarebbe ancora più responsabile degli altri? Non avrebbe ancora più colpa? Sì, lo so: non è importante e non siamo noi a doverlo stabilire; tuttavia, non riesco a fare a meno di domandarmi se ha più responsabilità chi istiga all'orrore e inneggia all'odio razziale o chi si attiva e uccide e picchia in nome di questa presunta superiorità.
Poi mi dico che sono domande inutili, ed è così: sono tutte domande inutili quelle che si fanno in questo senso. Non cambia nulla avere una risposta o non averla e così, l'unica conferma che ottengo, è quella sull'inutilità di queste domande.
Tante cose mi sembrano inutili ultimamente, ma non noi: non io e te e non quello che stiamo facendo con P., S., W. e N.:

questo non è affatto inutile.
Se moriremo, perché io credo che moriremo, Angelica, non sarà invano.

Tuo,
Sergio

"Questo è il testo del problema", dice la maestra indicando la lavagna. "Ricopiatelo tutti".
I bambini si abbassano di più sul foglio e cominciano a scrivere: "In un ospedale psichiatrico ci sono 50 malati di mente, in una casa di carità 50 nullafacenti che mangiano, senza assolutamente contribuire all'economia della Germania, due volte al giorno; in più, ci sono, in una Casa Protetta, 100 ragazze facili che insidiano il maschio ariano tedesco al solo scopo di restare incinte e di continuare a vivere a spese dello Stato. Sapendo che lo Stato spende 300mila marchi annui per mantenere i malati di mente, 150mila marchi all'anno per sfamare i nullafacenti e 250mila marchi annui per il riscaldamento, vitto e alloggio delle ragazze facili, quanto si potrebbe risparmiare e dunque destinare a una coppia di giovani sposi ariani che desidera mettere su famiglia, se tutti questi inutili individui venissero soppressi?"
"Avete 20 minuti a partire da adesso", e la maestra si siede alla cattedra.
Hans Krützer ha 9 anni e frequenta la classe III. Ricopia il testo del problema, e guarda fuori dalla finestra un uccellino che sta cercando di fare il nido: vede che continua a portare da terra fino al più alto albero del cortile della scuola pezzi di terra, foglie e rami. Prova faticosamente a fare il suo nido, la sua casa perché non è solo: ci sono altri tre uccellini con lui. Due sono piccoli piccoli e uno è più grosso e con delle lunghe piume rosse: deve essere la mamma, pensa Hans, perché le femmine sono più grosse.
L'uccellino prende da terra un grosso ramo e lo porta su fino all'ultimo angolo più alto della grande quercia: il nido è quasi

pronto. La mamma e i piccoli aspettano e, dopo un po' di lavoro, l'uccellino fa un verso a terra e la mamma vola su fino al nido. I piccoli la imitano. Ecco, la casa è pronta e, pensa Hans, l'uccellino che ha costruito con le sole sue forze il nido sembra ben felice di mantenere la moglie e i figli che non paiono affatto uccelli inutili da sopprimere solo perché non hanno collaborato.
Hans capisce in un attimo qual è la soluzione del problema. Distoglie lo sguardo dalla finestra, si abbassa sul foglio, fa un veloce calcolo e si alza verso la cattedra.
"Hai finito?", chiede la maestra aprendo il compito.
Hans annuisce.
"Ma hai sbagliato tutto!", fa la maestra alzandosi in piedi con il compito aperto sull'operazione di Hans. "Cosa vuol dire", chiede gridando a tutta la classe, "50 + 50 + 100 = 200? Somaro! Non sai qual è la soluzione di un problema così semplice?"
Hans è tranquillo e risponde: "No, signora maestra, non so quanto si risparmierebbe sopprimendo queste persone. Ma so quanto perderemmo: 200 vite umane".

Dresda, 25 novembre 1943

Ho paura, Angelica. Ho tanta paura.
Mi sembra di non riuscire a imparare nulla e credo non sarò mai pronto.
E se peggiorassi le cose? Se, invece di aiutare i nostri amici e gli altri che tu sai là dove dobbiamo andare, gli procurassi altra sofferenza? Se, non riuscendo a mettergli una mano sulla testa, aggravassi la loro pericolosissima situazione?
Mi sento totalmente incapace e del tutto indifeso. Se non fossi mai pronto, Angelica? Se procurassi a tutti voi un danno più grave di quello presente?
Mi blocco sempre di fronte a queste domande, poi mi dico che devo smettere: bisogna andare avanti e avere coraggio.

Il coraggio è fondamentale in tempi come questi, e poi sono stanco di avere paura. Basta avere paura.
La notte, però, è molto dura per me: è lunga, è tanto lunga. Non riesco quasi mai a dormire, ma qui nessuno dorme, né io, né P. né N e, non appena prendo sonno, ecco, faccio sempre lo stesso incubo: su un pagliericcio ci sono sei bambini che hanno qualche giorno di vita, sono molto piccoli. Sono spaventosi.
La faccia, le mani, i piedi sono tutti secchi e la pancia è gonfia a tal punto che sembra scoppiare: gonfia e livida, quasi viola. Vicino a loro ci sono delle donne, le madri, rosse in viso e febbricitanti. Una canta qualcosa che dovrebbe sembrare una ninna nanna. Entra qualcuno dalla porta ma non riesco a vedere chi è. Entra e le grida di tacere, di stare zitta; ma lei non pare nemmeno aver sentito: continua a cantare con quegli occhi rossi e gonfi, tutta secca, tutta nuda canta a quelle pelli secche e a quelle pance gonfie e viola. Ancora le viene detto di tacere, ma lei continua, non sente non sente continua continua e un colpo tremendo.
E' morta e tutto il sangue le cola sulla faccia. E io sto lì, fermo, immobile, accanto a quelle pance gonfie e livide e non faccio nulla.

Tuo,
Sergio

Discorso di un milite SS all'entrata del campo di concentramento di Dachau, il 19 gennaio 1944
"Nessuno di voi rimarrà per portare testimonianza e, se anche qualcuno scampasse, il mondo non gli crederà.
La gente dirà che i fatti sono troppo mostruosi per essere veri.
Forse ci saranno sospetti, discussioni, ricerche di storici,
ma non ci saranno certezze, perché noi distruggeremo le prove assieme a voi".

Dresda, 1 dicembre 1943

Mia amata Angelica,

è possibile distruggere un uomo con la sola lingua.

E' possibile cominciare a inoltrare il sospetto che faccia parte di un qualsiasi gruppo di resistenza, che abbia dato asilo a non si sa quanti ebrei, che si sia silenziosamente rivoltato contro il regime. Non è necessario picchiarlo, urlare, trascinarlo chissà dove nella pubblica piazza: è possibile semplicemente distruggere quell'uomo recandosi, in una bella mattinata di sole, al più vicino comando di polizia e fare due chiacchiere con il commissario.

E' un metodo seguito da molti perché permette di non assumersi responsabilità alcuna e di tornarsene, anzi, a casa belli e leggeri, con la coscienza quasi a posto. Quell'uomo, infatti, non è chi lo denuncia che lo picchia, lo tortura o lo uccide: sono altri, non siamo noi. Sempre la solita storia, dunque, la solita vecchia storia degli altri che non siamo noi. Non siamo mai noi.

E' iniziata così la strage a Libau: tutti gli uomini fuori, lontani da casa e allineati sopra una fossa. Era una bella mattina di sole, perché non tutte le cose brutte avvengono sotto la pioggia o al buio. C'era il sole a Libau quella mattina ed è guardando il sole che tutti quegli uomini hanno dovuto salutare la vita.

Li hanno fatti avanzare in fila, uno dietro all'altro, senza nemmeno lasciarli salutare le famiglie, i bambini che non capivano - o che avevano già capito tutto, non so, le mogli oppure nessuno se erano soli. E lì lo erano: erano soli a 20 - 30 metri dalla fossa, alcuni piangevano e altri no; qualcuno chiudeva gli occhi e qualcun altro, invece, li teneva aperti, fissi al sole, al cielo o a quello che sta sopra di noi ma nessuno, nessuno teneva gli occhi bassi. Poi la nota scarica di mitra, il tonfo dei corpi nella fossa, la terra gettata sui corpi, le grida e i pianti e il silenzio.

Quando si passa così vicino alla morte, poi si vuol tenere la

vita per i capelli; dunque non ho intenzione alcuna né di tirarmi indietro né di morire ma se questo dovesse capitare, se morirò e me ne andrò in fumo, come tutti se ne vanno nel vento, nel vento, poi, da te ritornerò di sicuro.
Domani entro nella Gestapo.

Tuo,
Sergio

Campo di concentramento di Mauthausen, 8 dicembre 1943

Mia amata Angelica,
quel tempo passato con N. e P. è stato stupendo, un periodo molto bello, soprattutto mi manca se penso a dove sono ora e con chi. Si rischiava la morte ogni giorno, è vero, ma c'era la vita: qui, invece, dov'è la vita? Che cosa ne è della vita? Qui, amore mio, la vita non vale nulla.
Si era uniti perché si lottava assieme ed è la lotta, non la pace, la staticità, l'assenza di lotta che unisce. Qui, Angelica, c'è una totale assenza di comunicazione, non c'è un ideale comune. Ero pronto davvero a rispettare, non a condividere bensì a combattere, ma a rispettare un ideale opposto, diverso dal mio, ma mi accorgo che non c'è: dov'è, mi chiedo, questa superiorità, questa presunta o certificata ariana perfezione per cui si picchia, si interna, si estirpa e si uccide? E la superiorità può mai essere un ideale? Si può uccidere qualcuno solo perché lo si pensa inferiore?
Non c'è nulla che lega queste persone oltre a questo. Che cos'è che li porta avanti, allora? Per che cosa lottano? Perché combattono? Per così poco? E' realmente così importante stabilire se qualcuno è superiore, decidere a chi, perché e su quali basi?
Il vuoto totale, Angelica. Vivo in mezzo al vuoto, all'assenza di senso, alla stupidità più feroce. Eppure, io sento che non può essere tutto inutile, che non tutto è vano. Si soffriva, si

soffre e si soffrirà ancora molto ma il finale sarà stupendo: un giardino di fiori, Angelica mia.
Però c'è una guerra in corso, qui e ora si deve combattere, ora e sempre perché il giardino non fiorirà solo ma andrà coltivato, così cerco di pensare a questo e di farmi forza. Ognuno deve fare la sua parte, credo, e nessun altro, nessuno, può farla per noi.

Tuo,
Sergio

Campo di concentramento di Mauthausen, 25 dicembre 1943
Mia amata Angelica,
facciamo tutto contro la nostra volontà, contro il cuore, contro il nostro stesso cuore perciò non possiamo vincere né essere felici.
Non parlo di noi - di me, di te, dei partigiani; parlo degli uomini in generale, di tutti gli uomini, perché anche questi, nonostante i tempi ci siano contro, io non voglio smettere di considerarli uomini, non voglio fare quello che fanno loro. Non voglio uccidere, deridere, mancare di rispetto, insultare, giudicare, trattar male, infangare, picchiare, torturare; non voglio giudicare, Angelica, non loro, non come loro.
Ogni guerra finirà quando nessuno di noi si sentirà più in diritto di giudicare: non prima né dopo.

Tuo,
Sergio

Campo di concentramento di Mauthausen, 12 gennaio 1944
Mia amata Angelica,
ho sperato tanto che non venissi, che W. e S., alla fine, avessero cambiato idea o trovato un altro piano, invece eccoti qui.
Non avere paura, amore mio. Si soffre e si soffrirà ancora molto, sarà doloroso e tremendo, ma passerà, vinceremo: tu

sai che vinceremo.
E' possibile, anzi, che tutto passi prima ancora che ce ne accorgiamo, che tutto sia già passato, che quella "soluzione finale" di cui tanto si parla non sia quella che ci porterà alla fine. Si sbagliano, Angelica. Sto in mezzo a loro giorno e notte e lo vedo, lo sento che si sbagliano. Non capiscono nulla, e per questo perderanno. Si sono invischiati in una cosa più grande di loro, che in parte non capiscono; vedono che è distorta, lo vedono anche loro, e non sanno come uscirne, e per questo perderanno.
Perderanno, amore mio, perché hanno torto: si sono arrogati diritti che non hanno, decidono su vite di cui non sono responsabili, e per questo perderanno.
Tu sai che perderanno.

Tuo,
Sergio

Campo di concentramento di Mauthausen, 28 febbraio 1944
Perderanno, Angelica, ma per il momento si muore.
Siamo scoperti, ma ho fatto in modo di cambiare delle carte, dunque la punizione sarà soltanto mia, per essermi innamorato di una deportata, di te, e se devo morire per quello – da Franz Horker o da Sergio - sono pronto.
Io muoio, ma tu vai avanti.
Probabilmente ti manderanno alle latrine, lì troverai due deportati e non sarà un caso. Ricordi quando ti ho detto che non siamo soli? Non lo siamo, amore mio. Pochissimi sono qui per caso: né io né te, né Clara né il tuo professore; e ci sono molti più amici che nemici qua dentro. Si sentono meno perché stanno zitti, non gridano, camminano a testa bassa, ma ci sono. Non siamo soli e nemmeno tu ora lo sarai, nemmeno ora che me ne vado. Me ne vado, Angelica, ma non ti lascio: sarò con te in qualche modo, per sempre, ma tu vai avanti.
Vai avanti, Angelica, perché uscirai da qui: torna all'Univer-

sità, ascolta il tuo professore; lascia perdere il bar, studia, diventa quello che vuoi essere, scrivi, sposati William o qualunque altro tu creda e fai tanti bambini.
Vai avanti, Angelica: non morire qui, non così. Nessuno dovrebbe morire qui, in questo modo, tuttavia si muore, ma tu sopravvivrai, io lo so, e non sentirti in colpa: non è una colpa vivere, mai.
Abbiamo fatto quello che sentivamo, quello che andava fatto e io non mi pento di nulla: rifarei tutto, amore mio; partirei comunque anche sapendo la fine, anche sapendo di non tornare. L'abbiamo fatto con pazienza, con tenacia, goffamente a volte, come abbiamo potuto, e davvero saremmo potuti morire tutti, invece non è così.
Tu vivrai e devi farlo: vivi, Angelica, vai avanti.
Ti ho detto che venire qui era una maniera di chiedere perdono: l'abbiamo ottenuto, amore, ora basta: esci di qui, e quando sarai fuori dimentica presto tutto e sii felice, vivi, vai avanti, scrivi, Angelica, scrivi e sii felice.
Non pensare che la felicità non esista, non ci credere se te lo dicono: io so che non è così, perché per tutto il tempo, con te, sono stato un uomo felice.
Non credere nemmeno quando ti diranno che la realtà è così e che bisogna accettarla com'è: noi sappiamo che non è così, e che si può lottare per cambiarla se non ci piace.
Butta giù i muri di quella stanza di sughero dove vivi, basta soffrire, basta avere paura; spalanca gli occhi, alza la testa e guardati intorno; guarda gli altri, tutti gli altri, e non aver paura di nessuno, nemmeno di te, amore: non temere tutto quello che puoi fare solo perché è molto: sei in grado di fare tutto quello che vuoi, diventerai una scrittrice: io lo so.
Quando esci di qui, alza in fretta la testa, chiudi gli occhi e respira, decidi quello che vuoi essere; poi apri gli occhi e guarda il cielo.

Ti amo,
Sergio

Resta in contatto con noi:
www.parallelo45edizioni.it

Stampa: Universal Book - Gennaio 2015 -